读客® 这本史书真好看文库

轻松有趣，扎实有力

三国不演义 2

刘关张从未桃园结义？诸葛亮更没草船借箭？

翻开本书，还原历史上真实的曹操、刘备、诸葛亮……

王觉仁 著

河南文艺出版社

·郑州·

图书在版编目（CIP）数据

三国不演义. 2 / 王觉仁著. -- 郑州 ：河南文艺出版社，2021. 11
ISBN 978-7-5559-1227-9

Ⅰ. ①三… Ⅱ. ①王… Ⅲ. ①中国历史－三国时代－通俗读物 Ⅳ. ①K236. 09

中国版本图书馆CIP数据核字（2021）第197893号

三国不演义2

著　　者 王觉仁
责任编辑 张恩丽
特邀编辑 王　珺　　乔佳晨
责任校对 丁　香
策　　划 读客文化　021-33608320
版　　权 读客文化
封面设计 陈　晨
封面插画 朱嘉伟
出版发行 河南文艺出版社
印　　刷 三河市龙大印装有限公司
开　　本 680mm × 990mm　1/16
印　　张 18.5
字　　数 266千
版　　次 2021年11月第1版　2021年11月第1次印刷
定　　价 54.00元

目　录

第四章　三雄争霸

第五章　荆州争夺战

第六章　三国鼎立

第七章　南征与北伐

第一章

荆州乱

三顾茅庐：诸葛亮登场

一切过往，皆为序章。

建安十二年（公元207年）秋，曹操平定乌桓，完成了统一北方的大业，然后大气磅礴地写下了“老骥伏枥，志在千里；烈士暮年，壮心不已”的豪迈诗篇。

很显然，在曹操看来，过往的一切只是序章而已，因为“一统天下”的好戏还在后头——不管是江东的孙权、荆州的刘表，还是益州的刘璋、汉中的张鲁，都是秋后的蚂蚱，蹦跶不了多久了，很快会被他一一收拾掉。

对曹操来讲，待到群雄授首、四海归心的那一天，才是他真正走上人生巅峰的时刻。至于眼下取得的功业，虽说足以羡煞世人，也足以让他引以为豪，但说到底，还是远远匹配不了他的野心和能量。

有道是几家欢乐几家愁。这一年，当曹孟德站在历史舞台的中央睥睨天下、傲视群伦时，有一位仁兄，却正在某个无人注目的角落里，独自咀嚼着无边的落寞与忧伤。

他就是刘备刘玄德。

自从建安六年（公元201年）投奔荆州刘表后，玄德兄的人生就从“激情创业”模式切换到了“佛系养老”模式。

其实，刘表对他还是挺不错的，不但给了他兵马，给了他地盘（新野），还待他为上宾，三不五时就请他聚宴喝酒，丝毫不曾怠慢了他。

可问题是，喝酒吃肉、养尊处优从来不是玄德兄想要的人生。他想要的是驰骋沙场，建立霸业，复兴汉室，拯救苍生！

换言之，玄德兄的野心一点儿都不比曹操小。然而尴尬的地方在于，他的精力似乎远远比不上曹孟德，而运气更是跟曹操差得不可以道里计。

自从建安五年（公元200年）官渡之战后，曹孟德就如同开挂一般，一路攻城略地，大杀四方，凯歌高奏，捷报频传。相形之下，刘备就像游戏玩一半忽然卡在了副本里，而且一卡还卡了七八年。

人生能有几个七八年？玄德兄当真是欲哭无泪！

如果说对于曹操而言，“一切过往，皆为序章”的话，那么对于此刻的刘备来讲，可以说“一切过往，皆如梦幻”。

是的，过去纵横沙场、金戈铁马的一幕幕，都已恍若隔世。从中平元年（公元184年）出道到现在，一晃二十多年过去了，如今的玄德兄，已经是马上就要奔五的中年大叔，虽说一腔雄心还在，但两鬓已然斑白，连身材都变形了，真是令人好不伤感。

关于玄德兄身材变形的问题，还真不是我八卦，而是史书记载的。

在《三国志·先主传》的注里，裴松之引《九州春秋》说，有一次，刘表宴请刘备，酒过三巡，刘备去上厕所，裤子一脱，蓦然看见自己的大腿，不禁悲从中来，慨然流涕。

大腿怎么了？为何看到自己的大腿就哭了？

其实也没怎么，就是大腿变粗了。

玄德兄这一哭，当然不是因为身材管理不到位而自责，也不是因为这样穿衣服不好看而惆怅，而是被“大腿变粗”这一事实，诱发了壮志难酬的感伤。

话说玄德兄上完厕所，回到座位时眼圈还是红红的。刘表一看很是奇怪，就问他怎么了。刘备长叹一声，道：“吾常身不离鞍，髀肉皆消。今不复骑，髀里肉生。日月若驰，老将至矣，而功业不建，是以悲耳。”

翻译成大白话就是：我以前天天骑马，大腿肉都是精瘦精瘦的。如今好久没骑马，大腿都长肥肉了。日月飞驰，马上就成老头了，而功业到现在还没个影儿，所以我悲伤啊！

这就是“髀里肉生”的典故。

说者无心，听者有意。刘表听完嘴上没说什么，心里却犯了嘀咕：看来你刘玄德终究还是不愿屈居于我刘景升之下啊。想当初你走投无路才来投靠我，我好心好意收留你，好吃好喝供着你，你现在反倒委屈了，难不成，要我把这荆州牧的位子让给你才满意？

此念一起，刘表对刘备越来越不放心，没过多久，便把刘备和他的部众从新野前线调了回来，安置在后方的樊城。

荆州的治所在襄阳，与樊城隔水相望（两地均属今湖北襄阳市）。刘表这么做，目的就是把刘备放在自己眼皮底下，便于监视和控制，以防生变。

建安十二年，曹操亲率大军北征乌桓的消息传到荆州，刘备立马觉得这是偷袭许都的绝佳机会，便力劝刘表出兵，往曹操后背狠狠捅上一刀。

可是，刘表拒绝了。

拒绝的原因很简单：刘备建议出兵，当然是想让刘表派兵给他，然后由他去打许都。在刘表看来，刘备把兵马拉出去，且不论会不会卖力打仗，从此一去不返的可能性倒是很大。

想当年，刘备本来在老同学公孙瓒那儿混饭吃，徐州的陶谦一给他抛橄榄枝，他二话不说就跳槽了；之后，刘备到了曹操麾下，又趁着曹操派他阻击袁术的机会，脚底抹油，一溜烟跑到了袁绍那儿；再后来，袁绍跟曹操在官渡相持不下，刘备就蒙骗袁绍来荆州搬救兵，然后再一次溜之大吉，转投到了刘表帐下。

像这种前科累累的“惯犯”，刘表怎么放心让他带着兵马出征呢？

可能有人会说，既然刘表这么猜忌刘备，索性放人家走好了，为何还要留着呢？

刘表之所以不让刘备走，原因其实也很简单，就是留着他防备曹操——万一将来曹操打过来，像刘备这种雇佣兵肯定是要推到前面去打头阵的，现在当然不能让他走。

正因为存着这种既要防范又想利用的心思，所以当曹操平定乌桓，事情都已经翻篇之后，刘表为了安抚刘备，还假惺惺地对他说：“不用你的建议，错失了一个大好机会啊！”

刘备当然知道刘表心口不一，但也不点破，只是笑笑说：“如今天下分裂，天天打仗，机会有的是，这绝不是最后一次。若以后多加留意，就没什么好遗憾的。”

双方都是聪明人，看破不说破，表面上都是和和气气的。毕竟，刘表在利用刘备，刘备也在利用刘表，大家不过是各有所图、各得其所罢了。

对刘备而言，投靠刘表绝不只是暂时得到一个栖身之所，更重要的是，他要利用在荆州当寓公的这段闲暇时光，不动声色地做一件大事——招揽人才。

在当时的东汉天下，荆州是一个很特别的地方——移民特别多。

自从黄巾起义、董卓之乱后，天下战火纷飞，唯独荆州在“骑墙派”刘表治下，显得颇为太平，几乎没怎么打仗，成为乱世中难能可贵的一方净土。所以，各州的士人百姓为了躲避战乱，就纷纷移民到了荆州。

这其中，就有不少才俊之士。最先被刘备招揽的人是徐庶。

徐庶，本名福，字元直，颍川（治今河南禹州市）人，出身寒微，兼习文武。年轻时仗义任侠，曾经为了替朋友报仇而杀人，被官府逮住，后来一帮朋友劫狱救人，才捡回一条命。董卓之乱后，他与同乡友人石韬一起避乱荆州，结识了同样客居于此的诸葛亮，二人遂结为至交。

在刘备屯驻新野期间，徐庶慕名投到了他的帐下。而第一个向刘备推荐诸葛亮的人，正是徐庶。

徐庶知道刘备求才若渴，便主动向他推荐：“我有个朋友叫诸葛孔明，人称‘卧龙’，将军是否愿意见见他？”

对于人才，刘备自然是来者不拒，马上道：“请先生带他过来。”

徐庶却淡淡一笑：“此人必须将军亲自去请，他是不会主动来见的。要我说，将军还是应该屈尊去拜访一下他。”

刘备一听，不禁有些意外。

什么人这么牛，还得我刘玄德亲自登门？这架子是不是大了点儿？

不过作为老板，刘备身上有个很大的优点，那就是——礼贤下士，尊重人才。

有才的人难免清高，但往往因为清高，反而不太适合做老板；反之，好的老板不一定有才，但一定有肚量，所以人才往往能为他所用。

刘备当时人在新野，而诸葛亮隐居襄阳隆中，可能碍于军务缠身，刘备并未立刻前去拜访，但徐庶推荐的这位卧龙先生，显然已经在他心里挂了号了。

不久后，刘备调回樊城，有一次去襄阳拜访名士司马徽。无独有偶，他居然从司马徽口中再次听到了卧龙先生的大名。

司马徽，字德操，跟徐庶一样也是颍川人，世称其“清雅有知人鉴”，也就是颇有知人之明，故人送雅号“水镜先生”。

刘备本来也想招揽这位水镜先生，不料司马徽并无出仕之心，自谦说自己不过是一介“儒生俗士”，不懂当世时务，还对刘备说：“识时务者在乎俊杰。”（《三国志·诸葛亮传》注引《襄阳记》）这就是“识时务者为俊杰”的出处。

刘备一听，赶紧问他俊杰何在。司马徽道：“此间自有伏龙、凤雏。”

伏龙？怎么除了一个卧龙还冒出一个伏龙？这荆州大山里到底藏着多少条龙？

刘备忙问：“伏龙和凤雏是谁？”

司马徽道：“伏龙就是诸葛孔明，凤雏就是庞统庞士元。”

又是这个诸葛孔明！

能让徐庶和司马徽都如此推崇的人，一定不简单，看来得赶紧去会会他了。

刘备大喜，也顾不上那位凤雏先生了，决定还是先把这个卧龙招入麾下要紧。随后，刘备拎上礼物，快马扬鞭，直奔襄阳城西二十里外的隆中而去。

《三国演义》最经典的情节之一“三顾茅庐”，就此上演。

在《三国演义》中，罗贯中老先生用极富戏剧性的笔法，把刘备冒着风雪三度寻访诸葛亮的故事演绎得一波三折、生动无比，直到吊足了看官们的胃口，才让“身长八尺，面如冠玉，头戴纶巾，身披鹤氅，飘飘然有神仙之概”的诸葛孔明闪亮登场，跟刘备和众看官见面。

然而，在正史《三国志》中，真正的“三顾茅庐”其实只有干巴巴的一句话：“由是先主遂诣亮，凡三往，乃见。”（《三国志·诸葛亮传》）

刘备跑了三趟才见到诸葛亮，至于诸葛亮到底干什么去了，为何让刘备屡屡扑空，史书并未记载。有人认为是诸葛亮为了试探刘备的诚意，故意一再回避；也有人认为这是诸葛亮为了自抬身价，刻意吊刘备的胃口。其实，这些说法通通没有证据，而且让诸葛亮看上去就跟偶像剧里故意躲避帅哥的美女一样，显得十分矫情，并不靠谱。

事实上，与其认为诸葛亮用的是“欲迎还拒、欲擒故纵”这样烂俗的套路，还不如借用《三国演义》中诸葛亮弟弟诸葛均“出外闲游”的说辞更为合理。当刘备问他卧龙先生去“何处闲游”时，诸葛均的回答是：“或驾小舟游于江湖之中，或访僧道于山岭之上，或寻朋友于村落之间，或乐琴棋于洞府之内；往来莫测，不知去所。”

罗贯中的这一合理推测也许更符合事实。

前文说过，当时的荆州，四方的豪杰才俊避乱于此者甚多，诸葛亮肯定会时常与他们往来交游，一来增长见闻，了解天下大势；二来免于隐居生涯的枯燥无趣，通过社交活动拓宽人脉，丰富自己的文化生活。简言之，诸葛亮不大可能一天到晚宅在草庐中。

所以，刘备连跑三趟才见到诸葛亮，实属正常。

隆中对：三分天下的战略构想

在介绍诸葛亮著名的“隆中对”之前，我们先来了解一下这位牛人的生平。

诸葛亮，字孔明，琅琊郡阳都县（治今山东沂南县）人，生于光和四年（公元181年），先祖诸葛丰在西汉元帝时做过司隶校尉，父亲诸葛珪在东汉末年做过泰山郡丞。由于出身官宦之家，诸葛亮从小应该受过不错的教育，从而为他日后的才学奠定了基础。

只可惜，在成年之前，其父诸葛珪便亡故了，诸葛亮和弟弟诸葛均便由叔父诸葛玄收养。起初，诸葛玄带着兄弟俩到了袁术的地盘，做过一段时间的豫章太守，不久后丢了官。因诸葛玄与刘表有些交情，便来到荆州投靠。数年后，诸葛玄病故，诸葛亮带着弟弟在南阳山区的隆中盖了几间草庐，开垦了少许田地，然后过起了“躬耕陇亩”“不求闻达”的半隐居生活。

据陈寿在《上〈诸葛亮集〉表》中称，诸葛亮“少有逸群之才，英霸之器，身长八尺，容貌甚伟，时人异焉”。汉代的“八尺”，相当于今天的将近一米九，是绝对的大长腿；而“容貌甚伟”，也说明他颜值很高，若是再加上“头戴纶巾，身披鹤氅”的装扮，妥妥的就是古装剧里的男神。

虽然隐居隆中，表面上过着闲云野鹤的生活，但诸葛亮却是一个胸有韬略、志在天下之人。他对自己的学识和才干颇为自负，经常自比于春秋名相管仲和战国名将乐毅。然而，当时荆州的名士圈子里，却很少有人认同他，都觉得这个年轻人是在吹牛，只有荆襄名士司马徽、庞德公（庞统的叔父），以及好友徐庶、崔州平等寥寥数人看好他。

有一次，诸葛亮与徐庶、石韬、孟建三位好友一起论及平生抱负，并且展望未来。诸葛亮说，诸位从政，官可以做到刺史、郡守。徐庶等人就问他，那你呢?

诸葛亮却没有回答他们，只是笑而不语。

其实徐庶等人不用问也知道，诸葛亮的抱负远在他们之上，区区刺史或郡守，根本不足以实现他的理想，否则怎么会“自比管仲、乐毅”呢?

换言之，诸葛亮想要的，绝不仅仅是一般的功名富贵，而是辅佐明主，成就霸业，澄清宇内，平治天下!

所以，蛰伏隆中的诸葛亮，表面上淡泊宁静，其实内心一直隐藏着一种热切的渴望。

他渴望的，就是一位明主，一位值得他鼎力辅佐、追随一生的明主。

终于，建安十二年（公元207年），刘备来了。

这一年，诸葛亮年仅二十七岁，而刘备已经四十七岁。

虽然诸葛亮志向远大，在当地名士圈中小有名气，但毕竟年未而立，阅历浅，经验少，且从未到外面的乱世闯荡过，当然更谈不上有什么功业。尽管有颜值、有才华，看上去颇具潜力，可到底有没有真本事就没人知道了。

反之，刘备虽然迄今为止还没有自己的地盘，却已在乱世中摸爬滚打了二十多年，从平原相干到了徐州牧、豫州牧、左将军，其资历、才干和知名度丝毫不亚于汉末以来的枭雄袁绍、袁术、吕布、公孙瓒、刘表等人，更不用说还博得过曹操“今天下英雄，惟使君与操耳”的赞语，其名声早已传遍天下，纵然创业尚未成功，却不失为当时业界最火的一位草根创业明星。

这样的两个人，其身份、地位之悬殊，肉眼可见。

然而，求才若渴的刘备还是纡尊降贵地来到了诸葛亮的草庐中，而且一连跑了三趟。如此心胸，如此诚意，无疑深深打动了诸葛亮。

那天，宾主坐定后，略加寒暄，诸葛亮便屏退了众人。然后，刘备迫不及待地开始了对诸葛亮的面试，一下就抛出了最重磅的议题：“如今汉室倾颓，奸臣窃据皇权，主上蒙尘，我不顾自己德行和能力的欠缺，欲伸张大义于天下，怎奈智术短浅，一再失败，以至于今。不过我的志向从未消失，想知道先生有何计策可以助我？”

诸葛亮蛰伏隆中的这些年，一直在静观时局的演变，对四方群雄的割据态势和实力对比进行过深入的研判，因而对整个天下大势洞若观火，心中早已有了一套成熟完整的战略构想。所以刘备之所问，恰恰是他酝酿已久、深思熟虑的东西。于是，诸葛亮胸有成竹地道出了他的天下大计。

> 自董卓已来，豪杰并起，跨州连郡者不可胜数。曹操比于袁绍，则名微而众寡，然操遂能克绍，以弱为强者，非惟天时，抑亦人谋也。今操已拥百万之众，挟天子而令诸侯，此诚不可与争锋。孙权据有江东，已历三世，国险而民附，贤能为之用，此可以为援而不可图也。荆州北据汉、沔，利尽南海，东连吴会，西通巴、蜀，此用武之国，而其主不能守，此殆天所以资将军，将军岂有意乎？益州险塞，沃野千里，天府之土，高祖因之以成帝业。刘璋暗弱，张鲁在北，民殷国富而不知存恤，智能之士思得明君。将军既帝室之胄，信义著于四海，总揽英雄，思贤如渴，若跨有荆、益，保其岩阻，西和诸戎，南抚夷越，外结好孙权，内修政理；天下有变，则命一上将将荆州之军以向宛、洛，将军身率益州之众出于秦川，百姓孰敢不箪食壶浆以迎将军者乎？诚如是，则霸业可成，汉室可兴矣。（《三国志·诸葛亮传》）

这就是历史上赫赫有名的“隆中对”。

这是一个十分宏大和长远的战略规划，大致可以概括为一个核心、三个步骤。

一个核心，就是结好孙权，对抗曹操，即“联吴抗曹”。

确立了这一基本的战略方向，接下来就是成就霸业的三个具体步骤：第一步，据有荆州；第二步，谋取益州；第三步，平定中原。

诸葛亮这番对策，开宗明义就告诉刘备：如今的天下大势，是“豪杰并起，跨州连郡”，也就是大家都在不择手段地抢地盘，别的都在其次。所以，不管你玄德兄是想自己称霸还是真的要匡扶汉室，前提就是弄一块属于自己的地盘，否则一切免谈。

第一句话，诸葛亮就一针见血地刺中了刘备最大的痛点。

刘备又何尝不知道地盘的重要性呢？问题是他的综合实力太弱了。这么多年来，除了关羽、张飞、赵云等一帮铁杆兄弟不离不弃地跟着他，其他方面实在是乏善可陈。要想从别的诸侯手上抢地盘，无异于与虎谋皮，谈何容易？

诸葛亮却不这么看。他认为，强弱之势是随时都在转化的。想当初，跟袁绍相比，曹操的声望和实力都远远不如，可最后怎么样？还不是以弱胜强，在官渡之战中一举击败了袁绍。所以，关键是要善于把握老天爷给的机会（天时），同时尽力发挥人的主观能动性（人谋）。

那么，面对如今曹操雄霸北方、孙权割据江东的形势，刘备该怎么做呢？

诸葛亮的策略是：北不可与曹操争锋，南不可图谋孙权。换言之，面对当今天下这两个实力最强的诸侯，应该采取拉一个、打一个的办法，与孙权结盟，共同对抗曹操。

要达成这个战略目的，首先当然要有足够的实力，否则人家孙权凭什么跟你结盟？所以，当务之急，就是要拿下荆州。

诸葛亮从地缘政治的角度，分析了荆州这个地方的重要性和特殊性：它北临汉水、沔水，南接南海，东面与江东毗邻，西面与巴蜀相通，这样一个四通八达的战略要冲，实属兵家必争之地，故而称其为“用武之国”。

可如此重要的地盘，却落在刘表这种胸无大志的人手中，曹操和孙权无疑都对这块肥肉虎视眈眈。既然刘表守不住它，那不如交给你刘备。换言之，荆州不啻上天赐给你刘玄德的一份厚礼，就看你敢不敢出手了。

拿下荆州后，就要进一步扩张，西取益州。

益州有山川之险，又有沃野千里，自古以来便是“天府之国”，所以高祖刘邦当年才能据之以成帝业。可眼下益州的两个诸侯，成都的刘璋庸懦无能，不得人心；汉中的张鲁只会以神道设教，蛊惑百姓。二者皆非明主。可惜了益州这样一块“民殷国富”的宝地，却白白被庸主糟蹋了，所以益州士民日夜企盼明君的到来。

刘玄德身为皇室贵胄，又以仁义著称四海，麾下英雄用命，又有求贤若渴之心，益州士民盼望的明君不就是你吗？

诸葛亮隐居隆中，却对千里之外的益州形势了如指掌，足见平时没少搜集情报，可谓是做足了功课，用“足不出户而知天下”来形容也毫不为过。所以刘备听到这里，内心一定大为叹服，同时肯定也万分庆幸这样不世出的人才最终能够为己所用。

一旦占据了荆、益二州之地，那么霸业之基就算奠定了。诸葛亮继续陈述，说接下来要做的，就是扼守险要，巩固地盘，然后尽量采取政治手段安抚西面和南面的蛮族部落，稳住大后方，同时致力于内政外交——“内修政理，外结孙权”。做完这一切，一方霸业差不多就缔造成功了。最后要做的，也就是最重要的第三步，便是从割据一方的霸业走向定鼎中原的帝业！

当然，诸葛亮也承认，这最后一步，也是最不容易的。这一步要成功，不仅要靠人为的努力，更要等待天时。

什么样的天时？

诸葛亮的说法是：“天下有变”。

这是一种含混晦涩又意义丰富的表述。所谓“天下有变”，可以理解为曹操篡位、汉室倾覆，那刘备便师出有名；也可以理解为曹操死了，内部陷入混乱，所以刘备可以乘虚而入；再或者，就是经过一段时间的此消彼长，刘备的实力强过了曹操；等等。

总之，如果合适的时机终于出现，那么就派一员大将从荆州出兵，取道宛城，直逼洛阳；同时由刘备亲率主力大军，取道秦川，直取长安。待到两路皆胜、定鼎中原之后，则肃清宇内、一统九州的那一天也就不远了。

到那时，不论刘备是想复兴汉室还是想自立为帝，就都是顺理成章、水到渠成之事了。

想必，听完诸葛亮这一席话，刘备定然是茅塞顿开、心潮澎湃。

日后，刘备几乎是完全按照诸葛亮的这套战略构想，一步一步打造了他的蜀汉霸业，从而与曹魏和孙吴鼎足而立，奠定了“三分天下”的历史格局。

所以后来有史学家称，诸葛亮是“未出隆中，已定三分”！

当然，这一战略规划的最后一步，却没有在历史上真正实现——不仅在刘备生前未能完成，于诸葛亮而言，终其一生也是一个遥不可及的梦想。

不过唯其如此，才有了后来诸葛亮五次北伐、含恨病逝于五丈原的悲壮一幕，也才有了“鞠躬尽瘁，死而后已”的忠义故事流传千古。

建安十二年的这个冬日，在大雪纷飞的隆中，诸葛亮之所以会把自己多年来的心血结晶毫无保留地和盘托出，全部贡献给刘备，是因为他已经认定刘备就是那个值得他一生追随的明主。

当然，诸葛亮做出如此重大的抉择，绝不仅仅是看上了刘备礼贤下士的品格和“三顾茅庐”的诚意，而是经过了一番全面审慎的考量。

借用东汉名将马援对光武帝刘秀说过的一句话：“当今之世，非但君择臣，臣亦择君。”诸葛亮在隆中隐居了这么多年，如果想要出仕为官的话，那他早就出山了，何必等到今天？之所以一直潜心蛰伏，正是因为在刘备出现之前，当时天下的几大诸侯，没有一个是合乎诸葛亮心意的主公。

离他最近的刘表就不必说了，偏安一隅，胸无大志；而稍远的刘璋、张鲁、马腾之流，更是等而下之，不值一提。其实真正值得考虑的老板，也就只有曹操和孙权两位了。

先说曹操。按理说，曹操对天下士人是最有吸引力的，因为他地盘最大、实力最强，而且手里还握着天子，名义上代表了大汉朝廷。给他打工，最为名正言顺，而且薪资和各种福利待遇肯定也是最优厚的。

可正如前文所言，诸葛亮想要的，并不是一般人艳羡的功名富贵，而是一个能够让他经纬天下、廓清四海的广阔舞台。曹操的实力固然雄厚，排面也够大，但其麾下人才济济，可谓“谋臣如云，猛将如雨”，诸葛亮若去给他打工，捞一个体面的职位或许不难，可想要从一帮精英中冒出头来，进而大有作为，恐怕就不太容易了。

事实上，诸葛亮的几个好友徐庶、石韬、孟建后来的确去了曹操那里，可结果如何呢？徐庶历任右中郎将、御史中丞，石韬历任郡守、典农校尉，孟建历任凉州刺史、征东将军，虽然官职都不算小，但也没做出什么值得称道的功业。诸葛亮便为此感叹，曹魏那边就是人才太多了，所以他这几位好友都“不见用”。

此外，正因为曹操现在已经雄霸北方，家大业大，所以成长性反而没有那么强，能够让诸葛亮施展抱负、缔造不世之功的机会自然就少了，其职业前景和上升空间也就相对有限。倘若诸葛亮真的去了，最后也只能像徐庶等人那样，拼死拼活才干到大集团的中层，又怎么可能比肩于春秋名相管仲和战国名将乐毅呢？

总之，曹操太强，反而不是诸葛亮心目中最合适的老板。个中道理，就跟当初张绣想要投靠实力最强的袁绍，贾诩却劝他转投实力较弱的曹操一样——前者的成长性远远不如后者，所以投奔后者更有用武之地。

再来看孙权，各方面综合比较来看，似乎比曹操更不理想。

首先，江东历经孙坚、孙策、孙权的长期经营，内部的利益分配和权力格局已相对固化，后来者只能按照既定的游戏规则来玩，在行为方式上要按部就班，在班位座次上要论资排辈。想要在这样的环境中干出一番事业，不仅会处处受限，而且势必要把大量精力耗在“办公室政治”上，很难有什么作为，更谈不上做出什么开创性的贡献。

其次，孙权集团的实力虽然不如曹操，但江东的人才却同样是济济一堂，如周瑜、鲁肃、张昭、张纮等，个个都是孙策当年的左膀右臂，堪称“两朝元老”，连孙权见了他们都要客客气气、尊重有加，诸葛亮去了能混出什么名堂？

很显然，他有再大的本事，也只能韬光养晦，屈居于这帮元老的光芒之下。倘若想冒尖，先得问问这帮人答不答应。换言之，孙家的庙虽然不大，但里头的神却不少，恐怕无处安放诸葛亮这尊自视甚高的大神。

有一个例子，足以说明诸葛亮不选择孙权的原因。

那是在赤壁之战前夕，诸葛亮奉命出使江东，张昭看出他是个人才，就向孙权力荐，而孙权也有意要招揽他。然而，诸葛亮却婉言谢绝了。有人问他什

么缘故，诸葛亮说："孙将军可谓人主，然观其度，能贤亮而不能尽亮，吾是以不留。"（《三国志·诸葛亮传》注引《袁子》）

很显然，在诸葛亮看来，孙权虽然是个不错的老板，但不论是其个人的气度和格局，还是他所能给到诸葛亮的舞台和空间，恐怕都是有限的，充其量只能做到尊重和礼遇，却不足以让诸葛亮尽情地施展才干和抱负。

综上，当时天下最牛的两个大老板，就这样被诸葛亮一一排除了。

直到，他等来了刘备。

平心而论，相比于曹操和孙权，刘备其实是毫无优势可言的，至少表面看上去是这样。

首先，他出道这么多年，至今还寄人篱下，上无片瓦遮身，下无一地立锥，始终在各大诸侯的夹缝中辗转求存，可谓朝不保夕，时刻有性命之忧。其次，他年纪大了，虽然志向未改，但锐气和拼劲已在岁月中消磨大半，早已没有了年轻时意气风发的精神状态，甚至因为"髀里肉生"而"老大徒伤悲"，产生了强烈的自我怀疑和深深的挫败感，这样的人还有创业的激情和雄心吗？最后，刘备眼下还在给刘表打工，而刘表早已在猜忌和防范刘备，所以就连荆州这唯一的栖身之所，刘备恐怕也待不长久，随时有可能发生变故，从而再度踏上流亡之路。

跟着这样一个要什么没什么、年纪却又一大把的老板，连起码的安全感都不能保证，还怎么建功立业，又有什么前途可言呢？

然而，在诸葛亮看来，这些表面上的劣势其实无关大局。他从刘备身上看出的，恰恰是一般人看不到的，也是曹操和孙权都不具备的优势。

首先，刘备身为"帝室之胄"，拥有一块先天的金字招牌。虽然当时的汉室早已倾颓，天子刘协只是曹操手中的傀儡，汉室宗亲的招牌远远不如承平之世的时候值钱，但在绝大多数士人百姓的心目中，刘汉皇室依然是当时天下唯一的正统，即便是曹操，表面上也仍然要尊奉大汉正朔，并以匡扶汉室为口号。

所以，刘备的皇族身份使他天然就站在了一个道义制高点上。要知道，曹操可是费尽心机，且不惜背负"挟持天子"的骂名才爬上这一制高点的。可见如果刘备能够善用，这块金字招牌对于凝聚人心、壮大队伍、开拓根据地都是大有用处的。

而且，诸葛亮本人的意识形态和政治立场也是偏于正统的，这一点显然与刘备的身份和“复兴汉室”的政治路线正相契合。所以，诸葛亮绝对有信心也有能力帮助刘备把这个得天独厚的品牌运作起来，让它在创业过程中发挥最大的效用。

其次，刘备礼贤下士，体恤百姓，有英雄之气度，以仁义著称四海，这些都属于可以变现的无形资产。

诚然，乱世之中，枪杆子和地盘才是最重要的，但是如果没有强大的人格魅力和道德感召力，没有海纳百川的容人之量和高明的用人之道，再多的枪杆子、再大的地盘，到头来也是守不住的，终究会风流云散、转眼成空。袁绍、袁术、公孙瓒、吕布等盛极一时的枭雄，都是血淋淋的前车之鉴。

刘备眼下虽然枪杆子不多，也没有地盘，但只要能够把上述无形资产加以盘活，有计划、有步骤地进行资本扩张，迟早会创造出这些有形资产。

最后，刘备拥有一帮忠义无双的铁杆兄弟，如关羽、张飞、赵云，还有大舅子糜竺等人，个个都可以为刘备上刀山、下火海。这是一支足以傲视群雄的人才队伍，也是刘备创业之路上最强大的一笔核心资本。

尽管曹操、孙权麾下也有很多人才，也都是忠心耿耿，但他们跟曹操、孙权之间更多的是上下级的从属关系，在感情层面上显然不及关、张、赵等人与刘备的关系。换言之，假如有一天，曹操和孙权落到刘备这步田地，没有地盘，四处漂泊，寄人篱下，朝不保夕，那么他们麾下的许多文臣武将恐怕就会头也不回地离他们而去。即使没有立刻跳槽，其忠诚度想必也会大打折扣。

反观刘备，不管他混得多惨，只要还活在世上，关羽、张飞、赵云等人就会永远不离不弃、生死相随。他们忠于刘备几乎是无条件的，而追随刘备也基本上就是他们的人生意义所在。就这种纯粹性而言，无论是曹操麾下的曹氏、夏侯氏兄弟，还是孙权麾下的周瑜、张昭等人，虽然忠心也都无可怀疑，但生死不渝的情感成分恐怕就弱一些了。

乱世之中这份弥足珍贵的情义，就是刘备之所以能够屡败屡战、屡仆屡起的主要原因，也是他最终能够咸鱼翻身、转弱为强、开疆拓土、缔造霸业的最根本的力量！

这一切，诸葛亮全都看在眼中。

刘备眼下的实力不济和处境艰难，在诸葛亮看来反倒是自己可以大展身手的机会。正因为刘备现在很弱，亟须咸鱼翻身，才恰恰给了诸葛亮用武之地，让他可以尽情展现自己的才干；正因为刘备的创业还在路上，其内部人事关系相对简单，不存在那些惯有的“大企业病”，诸葛亮才能免去很多干扰和掣肘，得以心无旁骛地辅佐刘备开业立基，从而建立可比肩管仲、乐毅的奇功伟业，实现人生价值的最大化！

打个比方，如果说刘备是一只潜力股，那么诸葛亮必须在其股价低迷的时刻介入，未来才有足够的上升空间，而像曹操、孙权那种估值已经很高的大白马，进去了之后即便不是高位套牢，收益只怕也不会可观。

简言之，选择曹操、孙权充其量就是锦上添花，人家有你没你区别不大；而选择刘备才是雪中送炭，刘备必然对你倍加珍惜。很显然，刘备和诸葛亮，彼此都需要对方，也都知道对方是那个足以改变自己一生命运的人。所以，他们二人的相遇和携手，注定会成就一段千古佳话，也注定会书写一段波澜壮阔的历史。

史称刘备听完诸葛亮的“隆中对”，激动万分地大喊了一声“善”，此后的日子，刘备就与诸葛亮形影不离、“情好日密”了。

二人好到什么程度呢？

好到关羽和张飞都吃醋了，忍不住当着刘备的面大发牢骚。

刘备才不管他们吃不吃醋，只给了他们一句话：“孤之有孔明，犹鱼之有水也，愿诸君勿复言。”（《三国志·诸葛亮传》）我得到孔明，如鱼得水，你们就不要多嘴了！

关、张二人一听，这才意识到诸葛亮在大哥心目中的地位和分量，从此就乖乖闭嘴，不敢再说三道四了。

这就是刘备这种小企业的好处，人事关系简单，有什么不爽敞开来说，做大哥的一句话就可以把事情搞定。倘若在曹操和孙权那儿，诸葛亮胆敢一来就跟人家老大“情好日密”，那些元老和高管可能明里不说，暗地里一定会想方设法排挤你，让你吃不了兜着走。

所以，仅此一例，就足以证明诸葛亮选择刘备是多么明智。

四征黄祖：孙权的复仇

自从建安五年（公元200年）继承大哥孙策的基业后，年轻的孙权以雷霆手段平定了孙辅、李术等人的内部叛乱，又调兵遣将对遍及江东各地的山越暴动进行镇抚，前后大概用了三年时间，就稳定了人心，安定了整个江东六郡，并成功地巩固了自己的权力和地位。

就是从这个时候起（及之后数年），不论是孙坚、孙策留下的元从宿将，还是孙权上位后着意提拔的后起之秀，都陆续团结在了他的周围，逐步形成了一支阵容强大的人才队伍。我们不妨在此开列一张名单，看看都有哪些牛人。

> 周瑜，张昭，张纮，鲁肃，诸葛瑾，顾雍，太史慈，吕蒙，甘宁，陆逊，黄盖，程普，韩当，周泰，陈武，董袭，徐盛，贺齐，蒋钦，凌统，吕范，潘璋，朱桓，朱然……

这是一份不完全名单，却足以见出江东集团的人才之盛。

到了建安八年（公元203年），终于坐稳了主公之位的孙权立刻把一件大事提上了议事日程。

这件事，是孙权最大的心病，也是大哥孙策当年未能完成的一桩遗愿——剿灭黄祖，为父复仇！

黄祖是刘表麾下最重要的大将之一，任江夏太守，长年驻扎在沙羡（今湖北武汉市西南），扼守着长江要冲夏口（今湖北武汉市汉口地区）。所以，攻克沙羡、诛杀黄祖不仅是为了替父报仇，也是孙权集团扩张地盘、夺取荆州首先要做的事。

早在建安四年（公元199年），年仅十八岁的孙权就曾跟随孙策西征黄祖，那一仗打得异常激烈，虽然重创黄祖，歼灭了他的有生力量，可惜还是让他给溜了。

这几年，黄祖休养生息，积极募兵，重新训练了一支部队，显然已经缓过劲来了。所以，孙权不想再等，决定动手。

当年十月，孙权亲自挂帅，命周瑜、徐盛、吕范、程普、黄盖、韩当、周泰、吕蒙等大将水陆并进，大举进攻黄祖。

战事进行得很顺利，孙权大军很快便击溃了黄祖的水军，遂一路西进，兵临沙羡城下，将其团团包围。黄祖不想坐以待毙，企图率部突围，结果被孙权军打了回去。

就是在这场战斗中，孙权方面牺牲了一位将领。他就是凌统之父凌操，时任破贼校尉。而杀死凌操之人，就是上面那张牛人名单中的一位、日后的东吴虎将甘宁。

当时，甘宁还在黄祖麾下效力。据《三国志·甘宁传》注引《吴书》记载，黄祖突围失败，被迫撤退。甘宁自告奋勇，负责断后。凌操率部追击，结果被甘宁一箭射杀了。

凌操阵亡后，孙权大军更是同仇敌忾，遂全力攻城。眼看已经胜利在望，可就在这个节骨眼上，孙权的后院却突然起火了。后方传来急报，说豫章、丹阳、庐陵、吴郡、会稽等地的山越部族全面复叛，形势异常危急。

孙权无奈，不得不下令大军班师。

如果算上建安四年孙策指挥的那场西征，这已是江东集团第二次征讨黄祖了，可同样是功亏一篑。

这条复仇之路，看来要远比孙权想象的艰难得多。

不过，短短数年后，孙权就卷土重来了。黄祖的脑袋，只不过是在肩膀上多扛了几年而已。最后帮助孙权砍下黄祖脑袋的，不是别人，正是甘宁。

那么，甘宁又是怎么到了孙权麾下的呢？

这就要从头说起了。

甘宁，字兴霸，巴郡临江县（治今重庆忠县）人，少时便喜欢当游侠，曾纠集了一帮“轻薄少年”，自己当起了黑老大，没少干杀人越货的事，连当地官府都怕他三分。后来年纪渐长，人也慢慢成熟了，遂幡然悔悟，痛改前非，开始刻苦读书，学习诸子。此后进入官场，历任县吏、郡丞，不久又弃官归家。

数年后，甘宁离开益州，率部属八百人投到了刘表麾下，可惜却不受重用。甘宁看出刘表不是个成事的主，迟早会被人吞并。为了免于跟他一块儿完蛋，甘宁决定投奔江东。可是，他带着部众刚走到夏口，就被黄祖拦住了。

甘宁当然不敢说自己要去投奔孙权，那可是黄祖的死对头，而自己手下又只有八百人，想打也打不过。怎么办？

打不过就加入呗，还能有啥办法。

就这样，甘宁阴差阳错地成了黄祖的手下，然后在他这儿一干就干了三年。

黄祖跟刘表一样，有眼无珠，愣是没看出甘宁是个人才，一直拿他当普通的兵头使唤，甘宁为此十分郁闷。转眼到了建安八年，孙权大举来犯，甘宁摩拳擦掌，认定立功的机会到了，所以才会在前面讲的那场战斗中那么卖命。

果然，他一出手就了不得，一箭射杀了凌操，生生救了黄祖一命，这回可算是立下奇功了。

然而，令他万万没想到的是，黄祖竟然一扭头就把这事给忘了，非但没为他庆功，也没赏他一官半职，甚至连一句感谢的话都没有。

甘宁越发郁闷，却又无计可施，只好抱着混吃等死的态度，在黄祖手底下又熬了几年。

当时在军中，甘宁交了一位朋友，名叫苏飞，官居都督。此人知道甘宁绝非久居人下之辈，同时也替他打抱不平，便多次在黄祖面前力荐甘宁，可黄祖还是听不进去，始终不为所动。

甘宁彻底绝望。

看来，不想办法摆脱黄祖，这辈子就没指望了。可是，此地是前线，黄祖的防备异常森严，若带着手下那八百人逃跑，穿越防线去投奔江东，其性质属于叛变投敌，一不留神就会被干掉，危险性太大，所以断不可行。

苏飞很仗义，见甘宁束手无策，便替他想了个金蝉脱壳的办法。苏飞又去找黄祖，建议派甘宁去当邾县（今湖北黄冈市黄州区）县长。

之前苏飞推荐甘宁，定然是希望黄祖重用他，比如拜他个偏将、都尉什么的，现在却只建议让他去当一个小小的县长，这样的要求在黄祖看来，显然是可以接受的。于是这回，黄祖总算是答应了。

甘宁如蒙大赦，就这样一溜烟跑到了邾县，在这里又招了数百人马，然后挂冠而去，头也不回地投奔了孙权。

从建安八年至建安十一年，孙权用了很大的精力一一平定了山越的叛乱。到了建安十二年冬，他就迫不及待地对黄祖发动了第三次西征。

这场战事在史书中的记载极为简略，只有一句话："西征黄祖，虏其人民而还。"（《三国志·吴主传》）

几乎没有任何值得一记的战功，只是带回了一些百姓。

此次出征为何如此草草收场，《三国志》没有给出原因。但据《资治通鉴·汉纪五十七》记载，很可能是因为孙权的母亲吴氏病逝了："权母吴氏疾笃，引见张昭等，属以后事而卒。"

第一次随孙策西征，让黄祖逃之夭夭；第二次西征，因后方叛乱不得不撤兵；这第三次西征，又碰上了这么一个天大的噩耗——孙权内心的悲愤与不甘，可想而知。

按《资治通鉴》的记载，孙权很可能是心急火燎地往回赶，却还是没能见上老母亲最后一面。吴氏没等到儿子归来，只好召见张昭等人交代了后事。

倘若如此，那么孙权一定会把这笔账又记到黄祖头上——老子就是为了去讨伐你，才没能见上母亲最后一面！

新仇旧恨一齐涌上孙权的心头，最后必然化为一种毁天灭地的可怕力量；当这种力量再一次爆发，也必然会将一连三次侥幸逃生的黄祖彻底碾为齑粉！

甘宁的到来，就在很大程度上促成了孙权的第四次西征。

孙权麾下多的是明眼人，所以甘宁一来，周瑜、吕蒙等人就极力向孙权举荐。孙权当然也不是刘表、黄祖那种脑子进水的老板，他一接见甘宁，便看出此人才堪大用，于是丝毫没把他当新员工看待，直接破格给了他元从老臣的待遇。

老板如此大气，甘宁岂能不感激涕零、拼死报效？

他很快就给孙权献上了一套扩张方略。这个方略与诸葛亮的"隆中对"，以及鲁肃之前所献之策可谓异曲同工，同样都是把目光瞄向了荆州和巴蜀。

甘宁是这么说的："今汉室衰微，曹操终有一天会篡夺皇权。荆州之地，山川险要，与我西边接壤。我观察过刘表，此人既无深谋远虑，两个儿子又不成器，都不是能传承基业之人。主公当尽快行动，不可落于曹操之后。具体的策略，就是先取黄祖。黄祖现在老糊涂了，脑子越来越昏聩，军中的粮秣给养都很缺乏，左右亲信皆贪墨放纵之徒，将士们都心怀怨恨，且水军的舟船战具皆破烂不堪，农民不愿耕种，部众军纪涣散。主公若现在出击，一定能灭掉黄祖。然后大军一路西进，夺取楚关（今湖北长阳县西），地盘就能得到极大扩张，到时候，便可进一步规划如何夺取益州。”

甘宁是益州人，在家乡当过好些年黑帮老大，又在荆州待了不少年头，对两地的政风、民情都很了解，对黄祖的军事部署更是了如指掌。所以，他给孙权献上的，绝不仅止于上面这套宏观战略，一定还有很多具体的情报，如黄祖的兵力布防情况等，只是史书没有记载而已。

孙权得到这些情报，自然是如获至宝，喜出望外。尤其是这一次极有把握干掉黄祖，孙权更是抑制不住内心的激动。

可是，当时在座的还有一个人：张昭。

这位老成持重的顾命大臣听完后，却一点都不兴奋，只是淡淡道："如今江东不宁，人心浮动，倘若大军西征，恐怕会发生变乱。"

当时，孙权虽然已经将山越叛乱镇压下去了，但山越人本来就散居于各地的深山老林，尽管大部已被击溃，却很容易化整为零、四处藏匿，自然也就很容易死灰复燃、卷土重来。所以，张昭担心的应该就是这个。

有道是攘外必先安内，倘若内部不稳，大军的确是不宜出征的。

可在斗志昂扬的甘宁看来，这白胡子老头就是太保守了。要是成天怕东怕西、瞻前顾后，那还复什么仇？成什么霸业？

更何况甘宁一来便受到孙权厚待，正急于建功回报老板，哪能被张昭一句话给堵回去？他当即很不客气道："主公将当年萧何一样的重任托付于先生，让先生留守后方，而先生却担忧变乱，还怎么效法古圣先贤？"

以甘宁初来乍到的身份，敢跟两朝元老、顾命大臣这么说话，丝毫不给老人家面子，实在是有些鲁莽和不自量力了。如果孙权不给他撑腰的话，那甘宁接下来在江东的命运，恐怕不会比在黄祖那儿好多少。

所幸，孙权是一位明主，而且是一位血气方刚、锐意进取、一门心思想要复仇的明主。他当然不想受制于张昭。更何况，即使没有复仇这件事，启用甘宁这样的少壮派来制衡张昭这样的元老，本来便是一个霸主必定会采用的驭下之术。

所以，孙权压根不去理会脸色变得很难看的张昭，而是举起酒杯对甘宁道："兴霸，我今年一定起兵讨伐黄祖，喝完这杯酒，这个方略就交给你了。爱卿只管尽力筹划，彻底诛灭黄祖，只要建立大功，何必在乎张长史说什么呢？"

当着张昭的面说这种话，乾纲独断的霸气可谓表露无遗，且制衡和敲打的用意也相当明显。闻听此言，张昭也只能悻悻闭嘴、保持沉默了。

建安十三年（公元208年）春，经过一番精心筹划，第四次西征黄祖的战役终于拉开了帷幕。

孙权仍旧亲掌帅印，然后以周瑜为前军主将，以偏将军董袭、破贼都尉凌统、平北都尉吕蒙三人为前锋将领，又率前两次西征的其他将领，水陆并进，对黄祖发起了声势浩大的进攻。

黄祖严阵以待，布置了三道防线。

第一道防线，以两艘“蒙冲”（即艨艟）战舰横在沔口（今湖北武汉市汉口地区），然后用棕榈搓成粗绳，下面系着大石头，以此为锚固定舰船，封锁江面，并在两舰之上共部署了一千名弓弩手。

所谓艨艟，是汉代水军的主力舰，以生牛皮蒙住船身，船形狭长，船速快；船舷两侧开有小孔，船桨可从孔中伸出，并在其上部开窗，用以射箭及伸出长矛。

第二道防线，由都督陈就率水军组成战阵。

第三道防线，由黄祖亲率步兵坐镇沙羡城中。

孙权大军发起进攻后，在第一道防线就遇阻了。两艘艨艟上面的弓弩手拼命发射，一时间箭如雨下，极大地阻遏了对手。

身为前锋的董袭和凌统见状，马上各自组织了数百人的敢死队，每人都身披两层铠甲，然后乘坐巨型战船，突入两艘艨艟之中。董袭身先士卒，挥舞长刀砍断了那两根固定船身的粗绳。两艘艨艟同时失去控制，顺流而去，孙权军成功突破了第一道防线。

紧接着，吕蒙率部与陈就激战，双方短兵相接。经过一番鏖战，冲锋在前的吕蒙亲手砍下了陈就的首级，将黄祖的水军彻底击溃，突破了第二道防线。

随后，水陆两路大军齐头并进，包围沙羡，对黄祖发起了总攻。

黄祖，你的末日到了。这一次，我绝对不会再让你逃出生天！

孙权命众将遴选出一批最精锐的士兵，然后不惜代价，轮番攻城。黄祖自知不敌，在抵抗了一阵之后，再次故技重施，率残部拼死杀出了重围，企图再度上演一场死里逃生的戏码。

然而这一回，幸运女神终究还是抛弃了他。

孙权的部众奋力追击，在城外不远的地方追上了黄祖，然后手起刀落，砍下了他的首级……

十六年前，孙坚在襄阳城外的岘山被黄祖部下射杀，当时的孙策虚岁十七，而孙权年仅十岁。可想而知，当父亲被杀的消息传回江东，复仇之念必定已在他们的心中深深扎根了。当年的黄祖断然没有想到，这两个孩子日后竟然会相继成为江东之主，并矢志不渝、前仆后继地要拿他的脑袋祭奠亡父的在天之灵。

哥哥孙策没做完的事情，弟弟孙权不但接着做了，而且一连做了三次。

这场复仇之旅虽然旷日持久，艰辛而曲折，但有志者事竟成——黄祖那白发飘飘的首级，最后还是沾着尚未凝固的鲜血，被送到了孙权面前。

生子当如孙仲谋。

这是曹操五年后在濡须口（今安徽无为县东南）所发的一句感慨，不过我想，当黄祖被砍下脑袋的这一瞬间，他的心中一定也会闪过类似的念头。

从史书的记载来看，甘宁并未参加这场由他全力策划的西征。

前文说过，大企业都有这种先来后到、论资排辈的毛病，甘宁要想一飞冲天是不大可能的。除此之外的具体原因，应该还有两个。

其一，甘宁毕竟在黄祖麾下待了不少年头，那边的朋友应该不少，比如都督苏飞便与他交情深厚，所以让他参战不太合适；其二，甘宁之前杀了孙权这边的骁将凌操，而凌操之子凌统不仅继承了其父的破贼校尉一职，且担任了此役的前锋将领，若是让仇人甘宁与他一同出征，不管从哪个角度看都是不妥当的。

虽说没有参战，但庆功宴自然少不了他这个策划有功之人。

在宴席上，甘宁一边享受着成功的喜悦，一边又心情沉重，因为对他有大恩的好友苏飞要被砍头了。

这次西征，孙权志在必得，所以事先命人做了两个木匣子，一个准备装黄祖的脑袋，而另一个，就是为黄祖的副手——都督苏飞准备的。

现在，黄祖的脑袋已经装了进去，苏飞的脑袋虽然暂时还扛在肩膀上，但也快了，顶多这场庆功宴过后就得搬家，住进匣子里了。

甘宁能有今天，全靠苏飞仗义相助，甘宁是游侠出身，最重这个“义”字。所以，他绝不能眼睁睁看着苏飞脑袋搬家。

酒过三巡，甘宁忽然离席，跪在地上，对着孙权连连磕头，磕得血都出来了，同时涕泪横流，对孙权道：“苏飞对我有恩，若是没有他，我早就转死沟壑、曝尸荒野了，更不可能在您麾下效力。如今苏飞虽然大罪当诛，可我还是想请求将军饶他一命。”

孙权听了，颇为感动，便道：“好吧，看在你的面子上，我可以免他一死。不过，他万一逃跑怎么办？”

甘宁大喜，忙道：“苏飞能免于身首分离之祸，受将军再生之恩，恐怕赶都赶不走，又怎么会逃跑呢？假如他真的跑了，甘宁就代他把自己的头颅装进匣子里。”

孙权很欣赏甘宁的义气，于是赦免了苏飞。

就这样，甘宁保住了苏飞的脑袋，可他自己的脑袋却很快就被人盯上了。

这个人就是凌统。

杀父之仇，不共戴天，凌统岂能放过他？

孙权就怕凌统来这一手。虽然凌统的心情他完全能理解，可当初是各为其主，甘宁也没想到后来会跟凌统成为同僚。眼下既然都在一口锅里吃饭了，孙权当然不能让凌统跟甘宁自相残杀。所以，孙权就给凌统下了死命令，让他绝不能动甘宁。

为了防止凌统一意孤行，孙权下完命令后还是不放心，就索性把甘宁调了出去，让他领兵到外地驻扎，省得二人抬头不见低头见，早晚惹出事端。

司马懿：待时而动，待价而沽

曹操完成统一北方的大业后，就寻思着该给自己升个官了。

当初他把大将军的名头让给袁绍，自己屈居司空之位，这么多年一直顶着这个虚衔，跟他的实力和贡献其实是很不匹配的。

如今他曹孟德功盖天下，这个司空就更显得寒酸了，必须换一顶足够大的官帽，才能名实相符。

那么，什么样的官职才配得上今天的曹孟德呢？

曹操思来想去，觉得还是丞相这个职位最合适。

丞相是西汉初年的三公之首，下面是御史大夫和太尉。虽然三者同为三公，但丞相这个位子天然就是一人之下、万人之上的，自古以来便是百官之首。所谓“掌承天子，助理万机”，丞相的权力是相当大的。东汉一代的三公（司徒、太尉、司空），只是名义上显贵，几乎没有实权，纯属中看不中用。到了董卓之乱后，三公更是成了烂大街的玩意儿，几乎一钱不值。

所以，曹操这回想给自己升官，自然是将这东汉的三公弃如敝屣，绝不会再用这些毫无意义的名头。

建安十三年六月，曹操以朝廷名义废除了三公之职，同时恢复丞相和御史大夫的设置，然后晋位为丞相。

曹司空就此成为历史，曹丞相从此闪亮登场。

既然已经成为名副其实的百官之首，那么对于官员选拔这件事，曹丞相自然要比之前更加重视。为此，他特意任命了两个清廉正直的官员：以崔琰为丞相西曹掾，以毛玠为丞相东曹掾，让他们专门主持选举。

崔琰，字季珪，清河东武县（今河北衡水市故城县）人，河北名士，师从大儒郑玄，曾在袁绍帐下任职，为人刚正不阿，且文武双全。

毛玠，字孝先，陈留平丘县（今河南封丘县）人，少时为县吏，以清廉公正著称，建安初年便已在曹操麾下效力。我们前文说过，早在十几年前，他就向曹操提出了“奉天子以令不臣，修耕植以畜军资”的战略规划。

史称，二人“并典选举”后，“其所举用皆清正之士”，虽享有盛名，但行为不检之人一概入不了他们的法眼。二人选拔的，都是敦厚务实、谦逊温和之人，而那些华而不实、阿谀奉承之辈，就全都靠边站了。

自此，朝廷的风气为之一变，天下士人莫不以清廉守节自励，就连朝中的高官显贵们，也纷纷表现出艰苦朴素的样子，车马服饰的规格和档次都严格遵照制度，不敢有丝毫炫富摆阔的举动。据说，有的官员离职回乡时，还故意把自己弄得蓬头垢面，衣服也穿得很破旧，然后独自乘坐一辆简陋不堪的马车，连随从都不敢带。

虽说如此现象未免有些矫枉过正，且颇有作秀之嫌，却足以说明崔琰和毛玠自从掌管“组织部”后，廉政建设的确抓得不错，可以说蔚然成风。

这些上行下效、移风易俗的转变，当然都被曹操看在了眼中。他不禁感叹道：“用人如此，使天下人自治，吾复何为哉！”（《三国志·毛玠传》）

用人如此恰当，让天下人都能自觉地管好自己，我还操什么心呢。

这话当然是在夸崔琰和毛玠，不过顺道也把自己给夸了——我曹孟德多么会用人啊！

事实上，曹操的用人之道的确值得称赞。尽管他本人在用人时更加注重才干，并不太看重一个人的私德，可这并不妨碍他任用称职的“组织部长”，让他们去选出德才兼备之人。

此外，曹操用人的宗旨和标准也是随着形势的变化而变化的。此前二十年属于抢地盘、创基业的阶段，用人当然要唯才是举，有能耐就上，一切以实用为准；而如今，随着北方的平定，至少在河南、河北地区，乱世烽烟渐渐消散，曹操就必须从长治久安的角度来选拔官员，所以自然会倾向于德才兼备之人，而不是光看一个人的才干。换言之，只有吏治清明、官员廉洁，才能政通人和、四境安定，从而让社会慢慢回到正轨。

从这个意义上说，曹操此时的用人之道，其实已经从“打天下”的阶段悄悄向“治天下”的阶段转变了。当然，现在的局势离真正的“治天下”还很远，但曹操却不妨未雨绸缪，把好的规矩先立起来。

通过崔琰、毛玠的努力，一大批青年才俊在这个时期纷纷进入了朝廷。其中，就有一位日后足以左右三国局势甚至改变历史走向的牛人。

这个人，就是司马懿。

司马懿，字仲达，河内温县（今河南温县）人，出身官宦世家，其父司马防历任洛阳令、京兆尹，据说早年曾多次举荐曹操。史称，司马懿自幼聪明，胸有大略，博学多闻，尊奉儒教，“汉末大乱，常慨然有忧天下之心”（《晋书·宣帝纪》）。当时的南阳太守、同郡之人杨俊以善于看人著称，他在司马懿年未弱冠时，便对他下了一句断语，说这个年轻人是“非常之器”，即非同寻常的大才。

早在建安六年，曹操便听说了司马懿，遂下诏征辟他到司空府任职。司马懿不想出来做官，就谎称得了痛风病，行动不便，婉拒了曹操。曹操不信，派人在夜里潜入他家去刺探虚实，结果发现他果然躺在床上，一动不动。

就这样，司马懿一直装病装了七年，直到这一次，建安十三年，他终于装不下去了。原因出在他哥哥司马朗身上。

早在曹操任司空期间，司马朗就被他招到麾下了。这回，崔琰又命司马朗担任丞相府主簿，然后对司马朗拼命夸司马懿，说："君弟聪亮明允，刚断英特，非子所及也。"

文言文就是言简意赅，崔琰评价司马懿的这八个字，用现代汉语表示，就非得用一大串词语不可。"聪亮明允"就包括聪明、睿智、有洞察力、诚信；而"刚断英特"则包括刚毅、果断、英武、卓尔不群。

这么多褒义词是否都适合司马懿，我们暂且不论。单说这"诚信"（"明允"的"允"），难道不是在暗示并敲打司马懿，劝他别再骗人、别再装病了吗？

崔琰最后对司马朗说，你比不上你弟弟啊。这话也是半真半假，首先司马懿的才干的确在他大哥之上，这点毫无疑问；但与此同时，这话似乎也可以理解为：你弟弟比你滑头多了！

想必，当司马朗把崔琰的话说给司马懿听时，司马懿一定会惊出一身冷汗。

正当司马懿惊疑未定之际，曹操再次征辟的命令就到了，让司马懿到丞相府去当文学掾。同时，曹操还让传命之人给司马懿带了一句话："若复盘桓，便收之。"

如果再徘徊拖延，就把你打入大牢！

至此，曹操和崔琰演的这出双簧就完全揭开了。搞这么多事，目的无非就是要告诉司马懿：再敢抗拒我的命令，不但你自己小命不保，连你哥也跑不掉！

毕竟，司马朗在曹操手底下打工，你司马懿就算不为自己着想，也得替你大哥考虑吧？

到了这一步，司马懿无论如何也躲不过去了，只好乖乖从床上爬了下来，到丞相府报到上班了。

纵观司马懿与曹操这段微妙的博弈故事，几乎就是在看一出权谋古装戏。曹操的霸道、多疑和司马懿的坚忍、机变，全都跃然纸上。

那么问题来了，司马懿为何宁可装病七年，也不愿接受曹操的征辟、出来做官呢？

《晋书·宣帝纪》给出的理由是：“帝知汉运方微，不欲屈节曹氏。”

翻译成白话就是：司马懿眼见汉室衰微，不愿牺牲自己的气节去为曹操效力。

这理由看上去冠冕堂皇，把司马懿说得跟个大汉忠烈似的，大有“汉贼不两立”的风骨，简直比刘皇叔还刘皇叔。

事实上，这完全是在用“政治正确”的套话来美化司马懿。但是结果适得其反，反而把司马懿写得单薄了。

众所周知，由于后来晋武帝司马炎追尊爷爷司马懿为晋宣帝，所以司马懿的传记在《晋书》里是以开国皇帝的身份来写的，故称“纪”而不称“传”。按照二十四史惯用的春秋笔法，对于历朝的开国皇帝向来是不吝溢美之词也不惜为尊者讳的。因此，《晋书》给出的这个理由听听则已，不必当真。

倘若如此，那司马懿拒绝曹操的真正原因又是什么呢？

答案可以用两句话来概括：一、明哲保身，待时而动；二、藏器于身，待价而沽。

何谓明哲保身，待时而动？

曹操第一次征辟司马懿，是在建安六年。当时，虽然曹操已经打赢了官渡之战，但袁绍还没死，河北还在袁绍手里，此后的局势如何演变还在未定之中。除非司马懿料定曹操必能平定河北，否则他绝不会把自己的身家性命绑到曹操的战车上。从司马懿的性格和后来的一生行止来看，不管做什么抉择，只要局势尚不明朗，时机尚未成熟，他一贯是隐忍不动的，绝不会轻易出手。

乱世之中，活下去比活得好要重要得多。先保证活下去，再找机会慢慢活得好，这才是明智之举。有道是“君子不立于危墙之下”，尽管建安六年的曹操已经是天下实力最强的诸侯之一，或许不能算是“危墙”，可在他取得绝对优势之前，司马懿也绝对不会视他为坚强的靠山。

到了建安十三年，时移势易，曹操不仅消灭了袁绍父子，而且平定了乌桓，完成了统一北方的大业。此刻，时局已经比七年前明朗多了，司马懿还有必要装模作样吗？若是这辈子都不想做官倒也罢了，如果他还想干一番事业，那么在这个时候投靠曹操，就是最合适的时机，也是最明智的选择。

所以，就算曹操不跟崔琰演一出双簧逼司马懿出仕，他迟早也会出来做官的，只是换一个出道的方式而已。

以上，就叫明哲保身，待时而动。

那么，何谓藏器于身，待价而沽呢？

按《晋书》所言，司马懿“聪朗多大略”，乃“非常之器”。也就是说，他是一个聪明睿智、谋略深远、格局宏大、器宇非凡之人。这样的人，对自己的未来必然是有高度期许的。建安六年，曹操第一次征辟时，司马懿虚岁才二十三，即使再有才华，也不太可能得到重视。而且，若是曹操一叫，你就屁颠屁颠地跑过来，甚至有可能被曹操看轻。

所以，与其二十出头就急着出来做官，还不如多花一些时间自我沉潜，积蓄实力，提升修为，同时静观时局演变。换言之，越是对自己的未来有信心的人，越不会急吼吼地把自己变现——因为太急着变现，金主对你的估值往往不会高。司马懿胆敢称病拒绝曹操，恰恰会让曹操感到意外，从而在曹操心目中留下一个与众不同的印象。

而人的心理往往是——越是得不到的东西，越觉得可贵。像曹操这样的雄主，占有欲比一般人更强，你越是拒绝他，他就越想得到你。如此一来，你的估值就在无形中大大提高了。

这就叫藏器于身，待价而沽。

从这个意义上说，司马懿其实是看透了人性，也摸准了曹操的心思。

当然，想让估值大幅提升，就得付出相应的代价。司马懿便为此付出了七年时间，而且是以装病这种不正常的状态熬过了这七年。没有一种超越常人的坚忍意志，是做不到这一点的。

建安十三年，当刘备和孙权不约而同地打起荆州的主意时，曹操的目光自然也盯上了这块肥肉。

事实上，早在年初，曹操刚刚平定乌桓、回到邺城不久，便已命人在邺城开凿了一片大型的人工湖，称为“玄武池”，专门用来训练水军。

其目的，就是攻打荆州，消灭刘表和刘备。一旦拿下荆州，向东可以顺江而下，攻略江东，消灭孙权；向西可以溯江而上，夺取益州，消灭刘璋和张鲁。

如此，便可平定天下、一统九州！

不过，在实施这个宏大的战略计划之前，曹操必须先做一件事，就是搞定关中的马腾和韩遂。

这两个家伙，前些年结拜为兄弟，后来却又互相攻击，反目成仇。之前，曹操为了稳定关中局势，特意命司隶校尉钟繇和凉州刺史韦端去做和事佬，好说歹说把二人给劝和了，然后把马腾调到了槐里（今陕西兴平市），让两人分开驻扎，以免再生事端。

如今，曹操准备南征荆州，还是对马腾不放心，觉得这家伙终究是个隐患，就又命钟繇的属下张既去游说马腾，让他把部众交给长子马超，然后携次子马休、三子马铁及家眷一同入朝。

很显然，对于一个军阀而言，放弃兵权入朝，那就成了人质，不管封多大的官，都无异于曹操砧板上的鱼肉。

所以，马腾虽然一开始勉强答应，可细细一想就反悔了，这件事就一直定不下来。张既见状，就想了个办法，将马腾即将入朝的消息传给沿途州县，并命各州县都要准备盛大的欢迎仪式，负责提供一应所需，且二千石以上官员都要出城迎接，总之就是怎么隆重怎么来。

这么一弄，入朝就是既成事实了，你马腾要是敢变卦，看看天下州县的官员们会不会一人一口唾沫把你淹死！

马腾没辙，只好乖乖入朝，带着两个儿子和家眷来到了邺城。曹操当即封马腾为卫尉，同时任命留守关中的马超为偏将军，统领原部众。把马腾和一大家子捏在手里，曹操相信借马超十个胆，他也不敢轻举妄动。

至此，关中的后顾之忧总算解除了。

建安十三年七月，曹操亲率大军，挥师南下，吹响了进攻荆州的号角。赤壁之战的序幕，也就此拉开……

刘表归西，荆州失陷

就在曹操大举南下、荆州形势危急之际，无巧不巧，刘表竟然在这个节骨眼上病倒了。而且，这一病还不轻，一下就卧床不起了。

这种特殊时刻，荆州自然面临两个生死攸关的问题。

第一，接下来，谁来当这个荆州之主？

第二，曹操来势汹汹，荆州是该战，还是该降？

刘表共有三个儿子，长子刘琦，次子刘琮，三子刘修。这老三刘修没什么存在感，史书上关于他的记载少得可怜，几乎可以忽略不计。所以这荆州牧的位子，也就是刘琦和刘琮两个人在争夺了。

正常来讲，传位肯定是要传给嫡长子的。起初，刘表也的确有意立长子刘琦为嗣，因为他觉得刘琦长得很像他，颇为喜爱。可问题是，刘表的原配早年亡故，他又娶了个小老婆蔡氏，而蔡氏把自己的侄女嫁给了刘琮——如此一来，蔡氏自然就喜欢刘琮，厌恶刘琦，所以没少给刘表吹枕头风。日子一长，刘表内心的天平就朝刘琮倾斜了。

此外，蔡氏的哥哥蔡瑁和外甥张允又颇受刘表宠信，这两个人也经常在刘表面前说刘琦的坏话。众口铄金之下，刘琦当然就失势了。

一个失势的长子，最怕的还不只是失去了继承人之位，而是随时有性命之忧——因为老爷子一旦归天，蔡氏一党和刘琮为了防止他反扑，必定会置他于死地。

为此，刘琦惶惶不安，就去找诸葛亮问计。诸葛亮出于避嫌的考虑，不愿搭理他。刘琦没办法，就用了一个损招。有一天，他请诸葛亮到一座高楼上喝酒，却暗中命人把梯子撤掉了，然后对诸葛亮说："现在，上不着天，下不着地，话从先生嘴里出来，只落入我一人之耳，你可以说了吧？"

这就是"上屋抽梯"这个典故的出处，后来被收入了《三十六计》。

诸葛亮苦笑不已。无奈之下，只好给他出了一招，说："君不见申生在内而危，重耳居外而安乎？"（《后汉书·刘表传》）

这里用的是一个春秋时期的典故：晋献公宠幸小老婆骊姬，想废掉太子申生，立骊姬生的儿子奚齐为太子。骊姬遂诬陷太子申生企图弑父篡位，申生被逼自杀。晋献公的另一个儿子重耳被迫流亡，直到二十一年后才回国继位。

诸葛亮的意思明摆着，就是劝刘琦赶紧找机会跑路，否则就是第二个申生。

刘琦如梦初醒。不久，恰好黄祖被孙权干掉了，江夏太守出缺，刘琦便主动向刘表要求顶替此职，出外镇守，随即溜之大吉，离开了这个是非之地。

而眼下，刘表病重，刘琦自然要回来探望。

可是，他刚一进襄阳城，蔡瑁等人立马就紧张了：哟嗬，你小子又回来了，这表面上是探望父亲，其实不还是惦记着荆州牧的位子吗？老爷子现在病得稀里糊涂，见了你之后，万一动了父子之情，把大位传给你，那我们岂不是没了活路？

于是，蔡瑁等人立刻把刘琦给拦了下来，说："将军命你镇守江夏，责任重大，你现在却脱离部众，擅自回来，必定惹将军生气，若是因此病情加重，你可就要背上不孝的骂名了。"

这刘琦也是废柴一个，人家拦着不让他见，他果真就不敢见了，然后哭哭啼啼就回了江夏。

日后，曹操在发出"生子当如孙仲谋"的感慨时，后面还有一句："刘景升儿子，若豚犬耳！"（《三国志·吴主传》注引《吴历》）

骂人家儿子如同猪狗，似乎有些不太厚道，不过话糙理不糙，刘表这两个儿子，智商的确都不在线——刘琦如此，刘琮也不遑多让。

刘琦走后没几天，刘表就寿终正寝、驾鹤西归了。

他就死在曹操即将大兵压境的前夜，可以说死得非常及时，不必去为荆州该战还是该降的问题头痛，也不必再为荆州的文臣武将、士绅百姓负什么责任，可谓两眼一闭，万事皆休。

刘表这一生，虽然胸无大志，偏安一隅，经常被时人和后世史家讥为"坐谈客""自守之贼""不见事变""尢君人之体""非戡乱之才"等，但平心而论，正因为他在残酷的诸侯战争中始终保持"坐观时变""从容自保"的中立态度，才能在将近二十年的时间里保得荆州一方平安；正因为他不是曹操、孙权那样的霸王之才，也不是袁绍、袁术、董卓、吕布那样野心勃勃的枭雄，所以辖下七郡一百一十七县的士民才能够在这战火纷飞的乱世之中保全性命，休养生息。

从这个意义上说，不也是难能可贵的功德一桩吗？

刘表在位期间，不仅肃清了境内的宗族豪强，使“群民悦服”，而且开立学官，博求儒士，让荆州成了海内俊杰、四方学者的避难之所。出于“爱民养士”、保护文化的动机，刘表大力安抚和赈济这些才俊之士，从而让他们安心在此读书治学。据有关学者研究，当时荆州的学校，在规模和制度上已经远超一般的州郡之学，几乎可以说是洛阳太学的南迁。这一点，仿佛可以让我们联想起抗战期间迁到昆明的西南联大。

如此种种，又何尝不是刘表的政绩？

遗憾的是，刘表生错了时代。在汉末三国这样一个征战杀伐的乱世，不喜欢打仗，却喜欢文化，或许本身就是不可饶恕的“原罪”！

在一个以杀人和抢地盘论英雄的时代，像刘表这种不思进取、苟且偷安的人，当然怎么看都是毛病。无怪乎陈寿会把刘表和袁绍放在一块儿，给二人盖棺论定，说他们都是“外宽内忌，好谋无决，有才而不能用，闻善而不能纳”（《三国志·刘表传》）。

若是承平之世，这些毛病无伤大雅；可在大乱之世，这些缺点却足以致命。

这是刘表的无奈，也是一个时代的无奈。

还好，刘表非常及时地撒手而去了，侥幸躲过了这场注定到来的灭顶之灾，起码得了个善终，没有成为曹操的阶下之囚或刀下之鬼。至于他身后的荆州，乃至身后的这个世界，还要打多少仗、死多少人，还要乱多少个年头，就统统与他无关了。

刘表死后，蔡瑁、张允等人顺理成章地把刘琮扶上了荆州牧的位子。

刘表生前，还有一个“成武侯”的爵位，刘琮为了安抚大哥，就派人把这个聊胜于无的侯爵印信送了过去。

刘琦一看，真是气不打一处来。你小子夺了州牧的大位，却拿这么个没用的东西来施舍我，这不是打发叫花子吗？！

他勃然大怒，把印信狠狠摔在了地上，然后终于雄起了一回，决定以奔丧为由，带兵打回襄阳去，夺回州牧之位！

可是，好不容易展现出血性的刘琦帅不过三秒，立马就又蔫了。因为，就在这时，他得到了曹操大军南下的消息。

恐惧立刻吞噬了他。

想来想去，还是躲在江夏比较安全，那什么鸟州牧，谁爱当谁当，老子不稀罕！

曹操来了，刘琮慌得六神无主。

他猛然发现，原来这荆州牧的位子就是个火炉，坐上来的结果就是在炉子上烤。早知今日，当初就不该费尽心机去抢这狗屁州牧！

然而现在发牢骚是没用的，还是得赶紧想办法。

就在这时，荆州主要谋士、时任章陵太守的蒯越，以及荆州“亲曹派”代表人物韩嵩，还有一个叫傅巽的官员，都一起来给他出主意了。

他们的对策很简单，就一个字——降。

可刘琮毕竟刚刚当上这荆州之主，让他放弃已经到手的一切，去向曹操俯首称臣，这落差实在是太大了，自然不甘心。

蒯越和韩嵩见状，就授意傅巽，给刘琮摆出了三条应该投降的理由，大意如下：

第一，曹操现在是朝廷的丞相，代表的是朝廷的意志，他来讨伐你，是顺乎大义，你若敢抗拒，就是逆臣贼子。顺逆强弱之势如此明显，你还有几分胜算？

第二，你刚刚继任州牧，位子都还没坐热呢，恐怕连荆州有多少能打仗的将领和士兵都不清楚，而曹操率领的是中原的百战之师，试问你如何抵御？

第三，你或许以为，可以把客居荆州的刘备派到前线去抵挡曹操，可你也该知道，刘备是曹操的手下败将，他打得过曹操吗？如果刘备打不过曹操，那你就更打不过了，届时恐怕举整个荆州之力也难以自保。退一步说，就算刘备打赢了曹操，可不妨想想，到了那一天，刘备还肯屈居于你之下吗？

刘琮听完，哑口无言。

人家说的句句在理，的确没有丝毫反驳的余地。

而且，蒯越是荆襄望族出身，属于典型的实力派，他和韩嵩一向都是亲曹的，倘若你始终不答应，那他们二人要联手取你刘琮的项上人头，不是易如反掌吗？到时候，人家把你的首级和整个荆州一并献给曹操，岂不是功劳更大？

事已至此，投降尚可保住一命，抗拒却注定是死路一条，刘琮没得选了。

建安十三年九月，曹操大军如入无人之境，一路进抵新野（今河南南阳市新野县）。刘琮赶紧派出使者北上，恭恭敬敬地献上降表和州牧符节，向曹操宣誓效忠。

曹操很满意，旋即率军继续南下，兵锋直指樊城。

直到此刻，驻军樊城的刘备还被蒙在鼓里，压根不知道刘琮已经举州投降了曹操。刘备只是觉得情形有些不对劲，就派快马去询问刘琮。刘琮这才派了一个叫宋忠的属官，带上文书来到樊城，算是正式通知刘备。

而这一刻，曹操大军已经迅速推进到了宛城（今河南南阳市），距樊城已不足三百里。

得知刘琮已经降曹，仿佛一声惊雷在刘备的头上轰然炸响。

这个叫宋忠的家伙，果然是来“送终”的！

刘备暴怒，对宋忠咆哮道：“你们做人做事怎么可以这样？不早告诉我，现在大祸临头了才让我知道，是不是太过分了！”

这个宋忠其实挺冤的，他除了名字起得晦气，其他也没犯啥错误，人家老板要投降，跟他一个打工的有半毛关系吗？

可刘备现在找不到人撒气，也只能拿这个倒霉家伙泄火了。他拔出刀来架在宋忠脖子上，怒骂道：“就算砍下你的脑袋，也不足以泄我心头之愤。滚吧，我刘玄德身为大丈夫，耻于临别之际还要杀人。”

泄完火，刘备就把宋忠轰走了，然后赶紧召集诸葛亮和关羽等人商量对策。

可想而知，众人一听，都是义愤填膺。有人建议，索性攻打襄阳，杀了刘琮，趁势把荆州据为己有。

很显然，这是个馊主意。可陈寿却在《三国志·先主传》里说，这个主意是诸葛亮出的。我觉得这几乎不可能。固然，“取荆州”是诸葛亮既定战略中最重要的一步，因为必须拿下荆州，刘备集团才有立足之地。可想取荆州也得看时候吧？眼下曹操的虎狼之师已经近在咫尺，你和刘琮还要窝里斗，那不是便宜了曹操吗？更何况，如果襄阳攻不下来，曹操大军又至，岂不是腹背受敌，死得更快？退一步说，即便拿下了襄阳，就能保得住荆州吗？倘若单凭刘备的力量就能对抗曹操，那诸葛亮又何必在“隆中对”里着重提出“联吴抗曹”的战略？

可见，说这个主意是诸葛亮出的，显然不太合理，所以陈寿的这一记载不足采信。

至于这个主意到底是谁出的，一点都不重要，因为它当场就被刘备否决了。不过，刘备否决的理由，却比我们这里说得冠冕堂皇得多。

刘备的理由是："刘荆州临亡托我以孤遗，背信自济，吾所不为，死何面目以见刘荆州乎！"

翻译成白话就是：刘表临终前把刘琮托付给了我，如果我乘人之危把荆州据为己有，那就是背信弃义、自私自利的行为，这是我不愿做的；假如这么做了，那我死后有何颜面去见刘表?

刘备此言，引出了一桩"刘表托孤（托国）"的悬案。之所以称为"悬案"，是因为刘表究竟有没有把刘琮或荆州托付给刘备，实属真假难辨，在历史上并无确论。

关于此事，裴松之在《三国志·先主传》的注里引用了三本书，罗列了三种不同说法。

上面刘备这段话，出自晋人孔衍所著的《汉魏春秋》。此外，还有时人王粲的《英雄记》和王沈的《魏书》两种说法。

《英雄记》的记载最简单，只有一句话："表病，上备领荆州刺史。"意思是刘表病重期间，专门给朝廷上表，推荐刘备任荆州刺史，这就是无条件地把荆州让给刘备了。

《魏书》的记载则比较详细。

> 表病笃，托国于备，顾谓曰："我儿不才，而诸将并零落，我死之后，卿便摄荆州。"备曰："诸子自贤，君其忧病。"或劝备宜从表言，备曰："此人待我厚，今从其言，人必以我为薄，所不忍也。"

刘表病重时，把荆州托付给了刘备，说："我的儿子没有才干，得力将领又很少，我死以后，你就统领荆州吧。"刘备答："将军的几个儿子都很贤能，您还是安心养病吧。"有人劝刘备照刘表说的做，刘备说："刘表待我不薄，我若这么做，世人会骂我无情，我自己也不忍心。”

综观三种说法，分别是让位、托国、托孤。

前两个说法大同小异，都是把荆州交给刘备，只是前一个说法简单粗暴，后一个说法写得较为详细，增加了具体的对话，也给出了托国的理由，但二者同样不合常理，所以不足采信。

原因很简单：刘表一直在猜忌和防范刘备，怎么可能临死前突然把荆州交给他？倘若如此，那他的两个儿子怎么办？刘表难道不担心，到时候两个儿子会跟刘备爆发权力冲突吗？还有蒯越、蔡瑁这些人物，在荆州可谓根深势大，实力都不可小觑，刘表凭什么说“诸将零落”？这显然违背事实。像蒯越、蔡瑁这样的实力派，又怎么可能眼睁睁看着荆州落入刘备之手而无动于衷？假如刘表真的这么做，那无异于亲手给荆州埋下一个巨大的火药桶，也无异于让两个儿子以及蒯越、蔡瑁等人跟刘备混战血拼。这既不是一个父亲应有的做法，也完全不是一个成熟的政治人物会干的事。

事实上，裴松之在引用了这两种说法后，也特意下了一段按语，对其表示了怀疑和否定。原话是：“臣松之以为，表夫妻素爱琮，舍嫡立庶，情计久定，无缘临终举荆州以授备，此亦不然之言。”

大意就是，裴松之认为，刘表和妻子蔡氏向来宠爱刘琮，废嫡立庶是他们很久以来就计划好的，没有理由在临终前把荆州交给刘备，可见这两种说法是不对的。

既然刘表不可能让位或托国给刘备，那么最后一种说法，即《汉魏春秋》所言的托孤，又是否可信呢？

我认为有一定的可信度。理由有二。

首先，自己的儿子几斤几两，刘表心里最清楚，把这份偌大的家业交给刘琮，他肯定是不放心的。所以，临终前找一个相对可靠的人来辅佐，就是合情合理之事。唯一的问题是：刘表不是一直不信任刘备吗，为何又要托孤？

不信任是肯定的，但是要利用他也是肯定的。前文说过，刘表对刘备的态度，向来是既防范又利用。对刘表和荆州而言，刘备最大的利用价值就是抵挡曹操。所以刘表临终前对刘备的嘱托，重点很可能就在于此。

其次，按《汉魏春秋》的记载来看，所谓刘表托孤之事，是刘备自己说的。

倘若刘表只是嘱托他加强军备、抵御曹操，这当然也是在辅佐刘琮，却不能等同于历史上的周公、霍光那种“辅政”意义上的“托孤”，更不等于赋予刘备“顾命大臣”的权力。此外，刘表可以把抵御曹操的事交给刘备，当然更有必要把其他重要的政务交给蔡瑁、蒯越等心腹。换句话说，刘表临终前一定要有所托付的话，首先肯定是找蔡瑁、蒯越等人，其次才是找刘备，只是前者没有被历史所记载而已。

综上，我们的结论就是：刘表临终前对刘备有所嘱托，这点应该是可信的，但刘备自己在转述此事时，很可能有意无意地将其粉饰成了意义重大的“托孤”，从而美化自己的人设，并借此表示自己不是那种背信弃义、乘人之危的人，如此便进一步完善了自己重情重义的道德形象。

如果刘备真的像他自己说的那么高尚，那么几年以后，他就不会在受刘璋重托的前提下，悍然背弃约定，从人家手中夺取益州了。

当然，作此结论并不是说刘备就是一个伪君子，只是想表明：人是复杂的，搞政治的人就更复杂了，用“高尚/卑鄙”“真诚/虚伪”这种非黑即白的二分法去简单地概括和评价，是不恰当的，也是不成熟的。

无论一个政治人物做什么，最根本、最重要的考量，永远都是“利害”，而不是“是非”。刘备当然也不例外。这不是道不道德的问题，而是道德考量在残酷的政治博弈和军事斗争中并不适用。

因此，当有人建议在曹操大兵压境的情况下攻打刘琮、夺取荆州时，刘备之所以否决，真正的原因并不是担心对不起刘表（道德因素），而是自知打不过曹操（现实因素）。

长坂坡之战：两大名将的高光时刻

面对来势汹汹的曹操大军，刘备只能拿出他最擅长的本事——跑路。

但这回并非一逃了之，而是有计划的战略撤退，从樊城撤往南边五百里外的军事重镇江陵（今湖北荆州市江陵县）。

因刘备在荆州长达七年，其间专门命关羽组建了一支水军，士兵近万人，战船数百艘，所以这回跑路，刘备决定兵分两路：由他本人及张飞、赵云、诸葛亮、徐庶等人，率步骑兵走陆路；由关羽率水军走水路，两军约定在江陵会师。

樊城与襄阳只隔了一条汉水。刘备率部经过襄阳城下时，派人向城头上喊话，让刘琮出来相见。史书没有记载刘备此举的目的，不过料想，估计是要找这小子骂一顿，教教他做人的道理。毕竟这回从头到尾都被这小子蒙在鼓里，险些被他害死，这口恶气总得出一出。

可是，刘琮现在已经降曹，跟刘备就变成敌人了。敌人居然带着兵马在城下叫嚣，这可不是什么好事儿，所以刘琮就缩着不肯露头。

刘备无奈，只好作罢。接下来，他本该争分夺秒抓紧跑路才对，可据史料记载，他居然在这生死攸关的时刻，跑到刘表墓前去拜别，还流了不少眼泪："备过辞表墓，遂涕泣而去。"（《三国志・先主传》注引《典略》）

以眼下的处境而言，刘备这么做，实在不是明智之举。

紧接着，更不明智的事情发生了。

如果说辞别刘表还只是耽搁了一点时间，不至于因此就被曹操追上的话，那么下面发生的这件事情，却几乎可以说是"自寻死路"，简直让人匪夷所思——就在刘备一行自襄阳南下的一路上，从四面八方陆陆续续涌来了十多万士绅百姓，死活都要跟着他刘玄德一块儿走！

要知道，百姓逃难跟部队行军那可是两个天差地别的概念。同样是跑路，部队急行军日行一二百里不在话下，而百姓则是扶老携幼、拖家带口，身上都背着行李，甚至很多还拉着板车、驴车、牛车，上面装满了各种各样的家当，那走起来不就跟乌龟爬一样吗？

《三国志・先主传》写得很清楚："众十馀万，辎重数千辆，日行十馀里。"

日行十余里，无异于一群慢慢腾腾的羊等着曹操的虎狼之师前来宰杀！

见此情景，刘备身边的人连忙建议道："应该急速行军，前往江陵，现在人这么多，可战士却太少，一旦曹操追上来，我们如何抵御？"

这是每一个脑子清醒的人，在这种时候都会出现的担忧。

可刘备的回答是："夫济大事，必以人为本，今人归吾，吾何忍弃去！"

创立大业，必以人民为根本，如今他们追随我，我怎么忍心弃他们而去？

所以，刘备决定带着他们一块儿走。

在这样的时刻，做这样的决定，无异于自杀！

刘备的脑子很清醒，并不糊涂，他当然知道以这种速度前进，很快就会被曹操追上。可明知如此，他为何还要这么做呢？

今天有不少人认为，刘备拜别刘表的行为，是在作秀；而他带着百姓一块儿走的目的，则是把他们当成肉盾，以便曹操杀来的时候可以拿他们挡刀。

若历史的真相果真如此，那么用“伪君子”来形容刘备简直太便宜他了，应该用“阴狠恶毒”“丧尽天良”来形容还差不多。

然而，这显然不是历史的真相。

理由很简单：倘若刘备真的这么想、也这么做了，那他从今往后就别想在汉末三国的江湖上混了，用不了多久，他必定会身败名裂、众叛亲离，变成人人喊打的过街老鼠，然后死得比谁都难看，根本不可能活得长久，更不可能逆袭成后来的蜀汉昭烈皇帝。

为什么这么说？

因为汉末三国虽然是个礼崩乐坏的乱世，但不等于当时的人都不讲名节和道义。恰恰相反，世道越乱，人们往往越看重忠义、仁德这些品质，因为它们比平时更稀少，所以显得更为珍贵。正因如此，暴虐无道的董卓、骄奢放纵的袁术，还有专门在老板背后插刀的吕布，不论曾经多么强大、多么嚣张，最后无一不是落入失道寡助、众叛亲离的绝境；而像关羽、张飞、赵云这样的忠义之士，才会博得世人的称道和崇敬。

可见，人心就是一杆秤。

这杆秤不论在治世还是乱世，都会准确地称量出一个人的人品。因此，假如刘备真的干了“拿百姓当肉盾”这样的烂事，那肯定是瞒不过世人的，也必定要承担相应的后果。

首先，他身边的诸葛亮、关羽、张飞、赵云等人就不可能接受这样的事。因为这种做法已经突破了人性的底线，他们又怎么可能无动于衷，继续追随如此没有人性的主公呢？

可想而知，他们一定会对刘备感到深深的失望，乃至深深的厌恶，然后或迟或早弃他而去。

没有了这帮人的生死相随和鼎力辅佐，刘备还怎么打天下？还怎么开创蜀汉霸业？

此外，这种事情一旦做了，必定会传扬开来。到时候，四方诸侯及天下人会怎样看待刘备？比如说，孙权还会与他结盟抗曹吗？刘璋还会请他入蜀去对付张鲁吗？益州谋臣法正、张松还会做他的内应吗？关中悍将马超、长沙老将黄忠还会投奔他吗？失去了天下人的信任，刘备还怎么在荆州立足，进而拿下益州、汉中，最终与曹操、孙权三分天下？

所有这些，都将成为不可能之事。

当一个曾经叱咤风云的枭雄走到众叛亲离、人人厌弃的地步，他就离死不远了。随便一个小地方的县令，都可以轻轻松松砍下他的人头。在汉末三国的历史上，这样的事情并不少见。

另外，我们还可以换个角度，也就是从刘备的动机来思考这件事。

说刘备拿百姓当肉盾，必须有一个前提，就是刘备自己估计跑不过曹操，才有必要这么干。但纵观刘备这大半生，打胜仗的次数很少，战败跑路的经验却相当丰富，逃命的功夫更是一流。所以，如果他一心只想逃命的话，何苦要带上十余万百姓这么大一个拖累呢？既然自己跑路有很大把握摆脱曹操，又何必拉百姓来当肉盾，从而背负千古骂名？这不是多此一举、得不偿失吗？

综上所述，我们有理由认为，刘备绝对不可能干出“拿百姓当肉盾”这种自毁名节、自绝于天下的蠢事。

那么，接下来的问题就是：既然刘备明知带着百姓跑不快，为何还要这么做？

其实，答案就是我们前面说过的两个字：道义。

刘备名义上虽是汉室宗亲，但仅仅凭借这块招牌，远远不足以让他在这个乱世安身立命。那他的立身之本又是什么呢？

就是两个字——道义。

我们就拿曹操来做个比较。曹操是官二代出身，拥有很多足以立身创业的资源，所以道义在他那儿只是个工具，需要的时候拿来装点一下门面，不需要的时候便可弃置一旁。而刘备呢？苦孩子出身，一介草根，白手起家，他凭什么跟曹操、袁绍、袁术这些高干子弟出身的人一起逐鹿天下？

要比拼有形资产，刘备连上场的资格都没有。所以，刘备只能跟他们拼人品，以及由人品衍生出来的人设和名声。

可别小瞧这些无形资产的分量。我们说过，世道越乱，人们往往越看重忠义、仁德这些品质。所以，不管有意还是无意，也不论是先天秉性还是后天养成，刘备注定要以仁义立身处世，以道义凝聚人心，从而扬名立万，驰骋沙场。

换言之，“道义”在刘备这儿，显然不是可有可无的工具和手段，而是他立身、创业的大根大本，可以说有之则生，无之则亡！

因此，无论是去刘表墓前拜别，还是危急时刻带着百姓一块儿跑路，都是刘备这个人应该也必须做的事情，是由他的一贯人设所决定的逻辑必然。不管人们说他是作秀也好，是真情也罢，刘备都只能这么做，别无选择。

至于带着百姓跑路无异于自杀，刘备当然也知道。可这又有什么办法呢？

所谓两害相权取其轻。若是弃百姓而去，刘备首先会感到良心不安，其次，苦心经营多年的人设会一朝崩塌，这个损失将是无法估量的；带着百姓一块儿跑，虽然很危险，但实在不行再设法跑路，总会有一线生机，至少首先不违背良心，其次不破坏人设。

可见，面对这个两难的选择，刘备终究也没有最优解，只能握紧拳头对百姓们大喊一声——老乡们别怕，跟我走！

现在，让我们回到建安十三年的历史现场，看看接下来都发生了什么。

当刘备从樊城紧急南撤后，曹操马上判断出刘备是要逃往江陵。而江陵是个战略要地，储存了大量的粮秣和军用物资，绝不能落入刘备手中。

因此，曹操立刻把辎重留给后勤部队，然后亲率精锐，轻装急进，火速赶到了襄阳。到了这里，又听刘琮报告说刘备已经过去了，曹操索性把其他部队也扔下，只率领五千虎豹骑全力追击。

我们前文介绍过虎豹骑，这是一支精锐中的精锐，其战斗力和机动性在当时的军队中都是最强大的，没有之一。

就这样，曹操亲率五千虎豹骑，一日一夜疾行三百多里，终于在当阳境内的长坂坡（今湖北当阳市西南）追上了刘备，以及跟随他的十余万百姓。

当一支身经百战的虎狼之师对上十余万手无寸铁的逃难百姓，其结果是可想而知的。史书没有记载当时刘备有多少部众，估计也就是几千人，而且以步兵居多，其战斗力跟虎豹骑比起来，自然是弱爆了。

所以，这场历史上著名的长坂坡之战，与其说是一场两军对阵的战役，还不如说是一场一边倒的屠杀。

曹操一声令下，恐怖的屠杀就开始了。

刘备的部众虽然进行了顽强的抵抗，但战力对比太过悬殊，很快就全线崩溃了。至于那十余万百姓，被杀的被杀，被俘的被俘，剩下的就只能四散逃命、自求多福了。

当初曹操一时疏忽放跑了刘备，这些年来一直深感懊悔，因为他知道刘备是个人物，迟早会成为自己的劲敌。现如今，刘备就在眼前，曹操的目光就像一支利箭，瞬间越过无数乌泱泱的人头，直直射在了刘备仓皇而逃的背影上。

这一次，曹操绝对不会再放过他！

不过，身为汉末天下久负盛名的“常败将军”兼“跑路高手”，刘备逃命的本事绝对不比虎豹骑杀人的功夫逊色，所以曹操注定要失算。

眼看大势已去，刘备就跟此前的几回跑路一样，再一次扔下自己的老婆、孩子，仅带着诸葛亮、张飞、赵云等人和数十骑兵逃离了战场。

此时，身边有个谋士却没有跟刘备一起逃，而是决定投奔曹操。

他就是徐庶。

徐庶做此决定，并非背叛刘备，而是迫不得已。因为，在混乱之中，他的老母亲被曹军抓了。徐庶心急如焚，只好向刘备告别，指着自己的心口说：“本来想与将军共图王霸之业，全凭这方寸之心，如今老母被俘，我方寸已乱，不能再辅佐你了，就此与将军别过吧。”

刘备固然惜才，却也没有理由阻拦人家，只好让他走了。

就这样，徐庶被迫成了曹操的人。

后世据此将徐庶奉为孝子的典范。他辞别刘备时说的话，就是“方寸已乱”这个成语的出处。此外，经过《三国演义》的艺术加工，后来又有了“徐庶进曹营——一言不发”的歇后语，意思是徐庶身在曹营却不肯为曹操出谋划策。徐庶这件事，还与当初关羽不肯为曹操所用的事迹一起，演化出了成语“身在曹营心在汉”。

事实上，徐庶进了曹营真的可以一言不发、只拿工资不干活吗？若说他在情感上一直没有忘记刘备，或许可信，可要说他在曹操那儿尸位素餐、啥事都不干，肯定与历史不符。徐庶后来在曹魏官至右中郎将、御史中丞，岂是靠“一言不发”就能混上去的？可见，这只是罗贯中的艺术虚构，绝非历史事实。

言归正传，我们继续来看长坂坡之战的经过。

话说，刘备虽已年近半百、“髀里肉生”，可跑起路来，身形还是那么矫健，宛如风一样的男子，呼地一下就从曹操的视野中消失了。

曹操大怒，命虎豹骑继续追击，不砍下刘备的人头誓不罢休。

于是，一队虎豹骑紧紧咬住了刘备等人。

渐渐地，眼前出现了一条河流，河上横跨着一座窄窄的木桥，要摆脱追兵，守住这座木桥就是唯一的机会。张飞当机立断，让刘备和诸葛亮等人先走，自己则带着二十名骑兵，大马金刀地横在了桥上，就等追兵到来。

很快，那队虎豹骑就风驰电掣地来到了河边。然后，他们就被瞋目横矛、如铁塔一般立在桥头的张飞给挡住了。

准确地说，这些杀气腾腾的虎豹骑是突然间被吓住了。因为，他们感觉眼前这个家伙身上的杀气，要比他们强大得多，也可怕得多。

就在他们惊疑未定之际，张飞又猛然发出一声暴喝：“身是张翼德也，可来共决死！”

这一幕，无疑是张飞人生中的一个高光时刻。

用《三国演义》的话说，就叫“长坂桥头杀气生，横枪立马眼圆睁”。虽然真实的历史没有罗贯中老先生写得那么夸张，什么张飞一声怒吼，曹军大将“夏侯杰”就“肝胆碎裂，倒撞于马下”，然后曹军“自相践踏”云云，但张飞舍身救主的忠义和视死如归的胆气，的确是罕有人及的。

仅此一举，就足以奠定他在汉末三国的名将地位，也足以令他名垂青史、享誉后世。

当然，曹操麾下的虎豹骑也不是吃素的，他们如果鼓起勇气全部压上去，张飞和他的二十名骑兵终究是抵挡不住的。可问题在于，当时张飞“万人敌”的威名早已传开，这些虎豹骑深知，要想跨过这座木桥追上刘备，其代价便是——至少得有一二十人横尸于张飞的长矛之下。

谁愿意率先冲上去，成为那个代价呢？

这样的人恐怕很少。就算有人愿意充当这样的“先烈”，在冲上去之前，也必定需要一个酝酿勇气和下定决心的过程。

战机稍纵即逝。仅仅是这个思想斗争的过程，就足够让刘备一行绝尘而去、逃出生天了。

刘备、诸葛亮等人过河之后，埋头狂奔，等稍一回过神来，才蓦然发现——赵云不见了。

有人赶紧向主公汇报，说亲眼看见赵云掉转马头奔北边去了。言下之意，就是说赵云叛变了，在这危急关头投降了曹操。

刘备一听，毫不犹豫地拔出手戟扔向那个人，怒道：“子龙绝不会弃我而走！”

这倒霉家伙有没有被刘备一戟刺死，史书没有记载，不过从刘备的这一强烈反应来看，便足以说明他对赵云的信任之深。

没错，赵云掉头而去，并不是去投降曹操，而是去救刘备唯一的儿子——尚在襁褓之中的阿斗。

刘备早年戎马倥偬，虽然先后娶了几个老婆（生了两个女儿），但一直没能生下一个儿子，为此还特意收了一个养子刘封。直到客居荆州期间，甘夫人好不容易才为他生下刘禅，也就是阿斗。

阿斗生于建安十二年，眼下也才一岁。甘夫人抱着他，乘坐的是马车，根本跑不快，自然没办法跟着刘备逃命。

对于年近半百的刘备而言，失去阿斗，不仅很可能从此“绝后”，而且未来即便能够成就霸业，也没有自己的骨血来继承。这样的损失，无疑比战败本身惨痛得多。

赵云深知这一点，所以才会义无反顾地冲了回去，并且单枪匹马地杀进了曹军的虎豹骑中。此时刘备的部众早已溃败，即使甘夫人的马车旁边还有少数护卫，必然也是深陷虎豹骑的重兵包围之中。因此，赵云的这次救援行动，胜算是非常渺茫的，极大的概率是有去无回，就此捐躯。

相信，在掉转马头的那一刻，赵云一定已经做好了慷慨赴义、战死沙场的准备。

那一天的长坂坡，遍地尸骸，残阳如血。赵云手提长枪、纵马而去的背影，显得无比悲壮而决绝……

史书没有记载赵云是如何救出阿斗和甘夫人的，不过我们不难想象，要从成百上千的虎豹骑手中救出一个女人和一个幼儿，是一件多么艰难的事情；也可以自行脑补一下，这场战斗会是多么血腥、惨烈、惊心动魄、险象环生。如果用罗贯中的话说，就是："血染征袍透甲红，当阳谁敢与争锋！古来冲阵扶危主，只有常山赵子龙。"

就像张飞在长坂桥头的那一幕一样，赵云"单骑救主"的这一幕，无疑也是他人生中的一个高光时刻。

《三国演义》中，赵云"七进七出"的故事情节虽然是虚构的，但这场救援行动的艰难、惊险和曲折，却是毋庸置疑的事实，怎么渲染都不为过。

长坂坡之战，只是中国历史上无数的战斗之一，然而就是这场战斗，一举成就了张飞和赵云"忠肝义胆""义薄云天"的千秋英名，也让无数后人读史至此，忍不住血脉贲张、心驰神往。

赵云拼死救出阿斗和甘夫人后，很快就与刘备、张飞等人会合了。

见到大难不死、安全归来的妻儿，刘备内心的激动和喜悦是难以言表的。《三国演义》说，刘备无以表达对赵云的感激，就把阿斗狠狠摔在了地上，还说了句："为汝这孺子，几损我一员大将！"

这当然是虚构的。历史上的刘备不太可能做出这么戏剧性的动作，但是对赵云说一些感谢和勖勉之语，应该是少不了的。

此时，曹操的虎豹骑还在身后紧追不舍，而刘备这边的部众早已溃散，继续这么跑下去，很可能是死路一条。所以，刘备和诸葛亮等人商议了一下，决定改变原计划，不再走陆路去江陵了，而是往东南方向走，到汉水的渡口去跟关羽的水军会合。

曹操的骑兵天下无敌，可他的水军却是刚刚招募的新兵蛋子，只在邺城的玄武池里划过几天水，没那个本事追上关羽的水军，就算追上了，百分百也不是关羽的对手。

所以，刘备只能先摆脱曹操，然后再做打算。

就在这时，让刘备和诸葛亮都没想到的是，孙权方面派出的一个重要人物，竟然风尘仆仆地出现在了他们面前。

这个人就是鲁肃。

更让刘备和诸葛亮感到惊喜的是，鲁肃居然在这生死关头给他们递来了一枚橄榄枝。不，确切地说，是给他们递来了一根救命稻草。

第二章

赤壁之战

孙刘联盟：诸葛亮的首秀之作

曹操率大军一路南下，迅速占据了江陵。

拿下这个战略要地的同时，曹操也收降了此地的荆州水军。接下来，向东可以顺江而下，追剿刘备残部，进而攻略江东；向西可以溯江而上，进取益州。至此，曹操几乎是兵不血刃地占据了大半个荆州。南征的第一个战略目标，已经圆满达成。

随后，曹操开始大举封赏，任命刘琮为青州刺史，并将他与蒯越、蔡瑁等十五人全部封侯，同时任命蒯越为光禄勋，韩嵩为大鸿胪，蔡瑁为从事中郎，其余人等也各有任命。

对刘琮而言，虽然老板做不成了，但至少富贵可保，结局也不算太坏；而蒯越、蔡瑁等人对这个结果就更满意了——职位更高，薪水更多，一应福利待遇也都有提升，可谓皆大欢喜；至于谁来当这个荆州的老板，实在是无关紧要。

原荆州大将文聘，也是在这时候投到了曹操麾下，被任命为江夏太守，日后成了威震一方的曹魏名将。

面对荆州巨变，江东那边自然不会毫无反应。

早在刘表病卒的消息传到江东时，鲁肃便立刻向孙权建言，提出了“进据荆州，联刘抗曹”的战略。

他说：“荆州与我方接壤，江山险固，沃野万里，士民富庶，若据而有之，此乃帝王之资也。如今刘表刚死，两个儿子不和，军中诸将各怀鬼胎。刘备是天下枭雄，早就跟曹操结了梁子，他寄居荆州，被刘表猜忌而无用武之地。如果刘备与刘表二子能齐心协力，那我们就跟他们和平共存，缔结友好；倘若他们不能合作，那我们就另打主意，争取把荆州拿下。现在，我请求前往荆州，以吊唁为由跟他们接触，顺便拜访一下他们军中的重要将领，同时说服刘备，让他联手刘表的部众，共同对抗曹操，刘备必定欣然从命。若能达到这个目的，则荆州可保，天下可定。现在如不迅速前往，恐怕荆州就落入曹操之手了。”

孙权赞同这个方略，命鲁肃立刻出发。

鲁肃刚到夏口，便听说曹操大军已经进入荆州了。等他昼夜兼程，抵达南郡（江陵所在郡）时，又得到了刘琮降曹、刘备南撤的消息。

形势瞬息万变，看来荆州是保不住了，而今之计，只能是赶紧找到刘备，劝他联手抗曹。

鲁肃旋即北上，终于在刘备与关羽水军会合之前找到了他。鲁肃先是转达了孙权的问候，然后双方就目前的天下大势深入交换了意见。一番必不可少的外交辞令后，鲁肃终于对刘备提出了一个现实问题：接下来打算去哪儿?

眼下的刘备，对自己的未来其实是完全蒙圈的。江陵肯定是不能去了，现在比较靠谱的落脚之处就是刘琦驻守的夏口。可是，在摸清鲁肃的意图之前，刘备也不想露出自己的底牌，便随口道：“我跟苍梧（治今广西梧州市）太守吴巨是老朋友，打算去投靠他。”

鲁肃知道刘备是在试探，便不再兜圈子了，直言道：“我们孙将军聪明仁惠，礼贤下士，江东英豪，无不归附，现已据有六郡，兵精粮足，足以成就大业。如今，我替阁下考虑，不如派遣一位心腹，前往江东，与孙将军缔结盟约，共图大业。倘若去投靠吴巨，那个吴巨只是个凡夫，且在偏远之地，很快就会被人吞并，岂是托身之所？”

刘备一听，就像行将溺毙的人看见了一根救命稻草，不禁大喜过望，自然是满口答应。当时诸葛亮也在场，鲁肃就跟他拉关系，说：“我是子瑜的朋友。”

“子瑜”是诸葛亮之兄诸葛瑾的表字。诸葛瑾早年避乱江东，目前在孙权麾下担任长史，也算是江东集团的核心高管。有这个哥哥在，对于诸葛亮下一步与孙权方面洽谈合作，自然是有帮助的。

诸葛亮当即跟鲁肃攀谈了起来，两人就此定交。

接着，鲁肃向刘备建议，顺江东下，进驻鄂县的樊口（今湖北鄂州市）。此地与刘琦驻守的夏口相距不远，双方可遥相呼应，共御曹操。

刘备依计而行，随即率部众来到了樊口。

此时，曹操占据江陵的消息传来，诸葛亮料定曹操很快便会东征，遂主动请缨，愿立刻出使江东，向孙权求救。随后，诸葛亮与鲁肃一同东行，来到了柴桑（治今江西九江市西南）。而孙权早已在此等候多时了。

虽然鲁肃向刘备这边抛出了橄榄枝，但双方充其量只是达成了合作意向，至于最后能不能缔结正式盟约，其一，得看孙权的态度，其二，就得看诸葛亮的本事了。

这是诸葛亮自追随刘备以来，第一次独当大任，也是他职业生涯的“首秀”之作，其重要性自不待言。《三国演义》为了表现诸葛亮的超群绝伦，用充满戏剧性的笔法演绎了一个“舌战群儒”的精彩故事，让诸葛亮以雄辩滔滔的口才，把张昭、虞翻等一干江东谋士驳得哑口无言。罗贯中刻画的这一经典桥段，在后世广为流传，至今仍脍炙人口。

可事实上，这一幕从未发生。

按正史记载，诸葛亮是直接面见孙权，二人单独会谈的。虽然这场谈判没有“舌战群儒”那么激烈和跌宕，但也是暗藏机锋，张力十足，而且历史上真实的诸葛亮，口才也是极好的。

双方一见面，略加寒暄后，诸葛亮便直奔主题，道：“今海内大乱，将军起兵于江东，刘豫州驻军于汉南（汉水之南），与曹操并争天下。如今，曹操兵锋过处，所向披靡，攻破荆州，威震四海。正所谓英雄无用武之地，故刘豫州南撤至此，希望将军衡量自身实力，妥善考虑对策。将军若能率吴越之众与曹操抗衡，那就尽早与其断交；若无此能力，也不妨放下武器，脱下铠甲，向曹操北面称臣。可如今将军表面上服从他，内心却犹豫不决，事态危急，却无决断，恐怕大祸会随时降临啊！”

诸葛亮这一上来，调门就提得很高，明明是被曹操打得丢盔弃甲、狼狈而逃，只能向孙权求救，却摆出了外交使节不卑不亢的姿态，把刘备、曹操和孙权说成是“并争天下”、平起平坐的三方势力，没有丝毫求人救命的意思，更没有一丝弱势者惯有的媚态和可怜相。反之，诸葛亮甚至还毫不隐讳地将了孙权一军，说他要是打不过趁早投降，否则就大祸临头了。这架势，哪是来求人的啊，简直就是来指点江山、挥斥方遒的，仿佛现在走投无路的不是刘备，而是孙权。

然而，孙权可不是刘琦或刘琮，人家定力强得很，根本不吃诸葛亮虚张声势这一套。

他静静地听完这番话，只淡淡地回了一句：“若如阁下所言，刘豫州何不干脆向曹操北面称臣？”

不愧是江东集团的老板，这反将的一军十分犀利。

倘若形势真的如此严峻，连我们江东集团都岌岌可危的话，那你们刘豫州混到如今这步田地，也没必要打了，干脆你们先降了得了，何必废这么多话？

诸葛亮被孙权这么一逼，索性把调门提得更高，说：“秦末的田横，不过是齐国的一位壮士，尚且坚守大义，不愿接受屈辱，何况刘豫州乃汉室贵胄，英才盖世，天下士人无不仰慕，投奔他如万水东流回归大海！假如大事不成，只能说是天意，岂能屈居于曹操之下？”

这就是把底牌亮出来了——我们虽然很弱，但我们不怕死，大不了就慷慨赴义，绝不向曹操卑躬屈膝。换言之，在我们刘豫州的字典里，没有“投降”二字。

这番话，说得大义凛然，同时也是在用激将法，迫使孙权表明态度，就看你孙权接不接招了。

年轻的孙老板毕竟也是血气方刚，岂能被你诸葛亮给看扁了？打就打，谁怕谁啊！

孙权当即勃然作色，道：“我不可能以江东六郡之地、十万精锐之众而受制于人，我决心已定！”

所谓决心，当然就是决一死战了。

亮明态度后，孙权却话锋一转，把球给踢了回去，道："虽然说，没有谁比刘豫州更有勇气对抗曹操，但你们刚刚打了败仗，凭什么面对这个危局？"

高调谁都会唱，问题是仗该怎么打。我孙权有六郡之地、十万之众，完全有资本跟曹操血拼，可你们刘豫州有什么？先说说你们有多少家底，再来谈战略合作的事吧。大家都是出来混的，谁也没义务做慈善。要想合作，就得实力对等，否则免谈。

话说到这份儿上，就不能再玩虚的了。诸葛亮当即换了一种诚恳的语气，对"联手抗曹"的战略进行了一番深入的可行性分析。

他说："刘豫州虽然败于长坂，但归来的战士加上关羽的水军，足有精锐一万；此外，刘琦的江夏部众也不下万人。曹操虽然人多势众，但劳师远征，人马疲敝，听说之前为了追击我方，轻骑一日一夜行三百余里，这就是所谓的'强弩之末，势不能穿鲁缟'。对此，《孙子兵法》深以为戒，认为即使是最能征善战的将领，也必因此而败。况且，北方之人，不习水战，这也是他们的一大劣势。此外，荆州士众归附曹操，只是形势所迫，并非心服。如今，将军若能命猛将统领精兵数万，与刘豫州同心协力，必然可以击败曹军。曹操若败，只能北还。如此，则荆州与东吴的势力便强大了，鼎足而立的态势就会形成。成败之机，在于今日，望将军明断。"

诸葛亮亮出了家底，即关羽水军一万，加上刘琦部众一万，共计两万人。虽然不多，但他要求孙权的也不多，"数万"即可，大致就是三到五万。如此一来，孙权的"出资"比例固然比刘备这边大，可也不至于太过悬殊。

换言之，诸葛亮提出的这个"合资"方案，并没有占孙权太多便宜，还是比较合理的，所以孙权也觉得挺满意。至于诸葛亮分析的曹操的那些劣势，孙权当然也很清楚，否则他也没信心打这一仗。

既然双方取得了共识，且合作条件也基本谈妥，那么"孙刘联盟"就算正式缔结了。诸葛亮不辱使命，为刘备集团立下了一大功，也为自己的职业生涯赢得了一个漂亮且意义深远的开局。

抗曹还是降曹：孙权的抉择

孙权刚刚与诸葛亮达成合作协议，曹操的一纸战书就顺江东下，递到了他的手上。战书写得简洁明快，就两句话：

> 近者奉辞伐罪，旄麾南指，刘琮束手。今治水军八十万众，方与将军会猎于吴。（《三国志·吴主传》注引《江表传》）

近来，奉天子之命讨伐叛逆，大军一南下，刘琮就投降了。现在，我将率领水军八十万，与孙将军在江东一较高下。

有道是人狠话不多。虽然只有寥寥数语，但曹操的自负和骄矜之色、志在必得与胜券在握之态，以及对孙权的轻蔑和恐吓之意，皆已跃然纸上。

曹操的意思明摆着：这场“会猎”，他就是猎人，而孙权就是猎物，要想活命，那就乖乖投降。

在此刻的曹操看来，平定江东已是水到渠成之事，而回头去收拾益州的刘璋、汉中的张鲁，更是如同探囊取物一般，所以，天下一统，已然指日可待！

至于兵败当阳、狼狈逃窜到樊口的刘备，更是不被曹操放在眼里。当时，曹操和麾下的人大都认为，刘备甚至都不需要他们动手，很可能会被孙权干掉。他们的逻辑是——曹军大兵压境，孙权定然恐惧不安，为了自保，他只能用刘备的首级来向曹操示好。

此时的曹营之中，只有极少数人是清醒的，其中一个就是程昱。

他的判断跟曹操等人恰好相反。在他看来，孙权非但不会杀刘备，反而很可能会与刘备联手。为此，程昱向曹操进言道：“刘备素有英名，且他麾下的关羽、张飞皆有‘万人敌’之称，孙权必定会利用他们来对抗丞相。一旦他们联手，刘备便会借助孙权来站稳脚跟、巩固势力。所以，不但孙权不会杀他，我们要杀刘备，恐怕也不容易。”

如果曹操能够听进程昱的意见，那他一定会暂缓出兵，先设法离间孙权和刘备，破坏“孙刘联盟”，然后再稳扎稳打，逐步向东推进，寻找机会各个击破。与此同时，其部众也能得到休整和喘息的机会，从而克服水土不服、瘟疫流行的问题。倘若如此，那么赤壁之战的结局，乃至整个三国历史的走向，或许就将彻底改写了。

只可惜，此时的曹操根本听不进去。

自从官渡之战后，一连串的胜利早已让曹操有些飘飘然了。此次南征荆州又如此顺利，几乎不费吹灰之力，更让曹操生出了一种“天命在我”的绝对自信。因此，即便他相信孙权和刘备一定会联手抵抗，也有信心把他们一块儿收拾了！

骄兵必败。这是一个常识，曹操比任何人都懂。可当一个人被胜利冲昏头脑的时候，常识就会被忘记。而当一个人自以为天下无敌的时候，他最大的敌人，往往就是自己。

日后来看，曹操之所以会在赤壁之战中遭受他这一生中最惨重的失败，其根本原因，早在此刻便已露出了端倪。

接到曹操的战书后，孙权内心的恐惧是可想而知的。

他立刻召集臣僚，把曹操这封牛皮烘烘的“恐吓信”让众人传阅了一遍。

结果怎么样？

史书在这里用了非常传神的六个字：“莫不响震失色。”（《三国志·吴主传》注引《江表传》）

我们可以脑补一下那个场景，众人看完信，首先是嗡的一声，发出了抑制不住的惊呼，紧接着就是唰地一下，一个个变得面无人色。

曹丞相的兵威和震慑力，于此可见一斑，也难怪曹操那么自信。

首席谋士张昭率先发表了看法，然后众人纷纷附和，总结起来，大致是这么个意见：曹操是豺狼虎豹，挟天子以征四方，动不动就以朝廷的名义发号施令，如今我们若是对抗，便是名不正、言不顺。此外，我们唯一的屏障，就是长江。而今曹操拿下了荆州，又收降了刘表的水军，艨艟战舰数以千计。曹操顺江东下，水陆并进，这便是占据了一半以上的长江天险，敌众我寡、兵力悬殊，这也是明摆着的事实。所以，依我等愚见，出于大局考虑，不如迎接曹操，归顺朝廷。

衮衮诸公说了半天，其实也就一个字：降。

此时此刻，不难想见孙权内心的失望和愤怒。

这帮软骨头！平日高官厚禄养着你们，事到临头，却无一人可为江东分忧，个个都想着改换门庭，去跪舔曹操，你们的节操何在，骨气何在？！

当然，孙权只能在心里吐槽，表面上是不好开骂的。

偌大的殿堂上，只有一个人从头到尾不发一言。

他就是鲁肃。

孙权阴沉着脸，目光从众人脸上挨个儿扫过，然后默默地站了起来，上厕所去了。

他知道，鲁肃憋了一肚子话想说，但在这大堂之上，是说不得的，所以君臣二人只能另外找个地方。

果然，孙权刚一进厕所，鲁肃就跟了进来。

孙权一把抓住他的手，万分焦急道："你有什么话要说？"

鲁肃赶紧道："方才众人那些话，是成心要害将军的，这些人根本不足以共谋大事。说难听些，张昭他们可以降曹，我鲁肃也可以降曹，唯独将军不能！何以言之呢？我降了曹操，他定会让我回乡，给个一官半职，再不济也能当个'下曹从事'之类的幕僚官。到时候，牛车还是有得坐的，左右跟班也不会缺，只要跟那些高官多多结交，自可步步高升，日后也不失为州牧郡守。可将军呢？你一旦降了曹操，又能在何处安身立命？愿将军早定大计，别听那些人的馊主意。"

孙权苦笑，一声长叹："他们的意见，让我非常失望，而你的想法，正与我不谋而合。"

孙权不是刘琮那样的软蛋，更不是若干年后那个乐不思蜀的刘阿斗，要让他把父兄艰苦创立的基业拱手让人，只有一个办法，就是先把他杀了。

诚然，面对强大的曹操，恐惧和忧虑是在所难免的，孙权绝不会例外。但这恰恰是考验勇气、智慧和抗压能力的时候。越是在这种险恶的局面下，越是要挺直脊梁，咬紧牙关，拿出全部的血性和力量去迎接挑战。无论古今中外，这都是每一个成功创业者的必修课。

直面挑战，是一件很苦、很累、很难的事情。如果说创业者在这方面有什么秘诀的话，那就是两个字：硬扛。

舍此，别无他途。

要想轻松，趁早打工；想做老板，就得扛住种种非人的折磨。

欲戴王冠，必承其重。这就是做老板的宿命。

就像鲁肃说的，像张昭这些职业经理人，他们永远是有选择、有退路的，大不了就是换一个老板、换一家公司而已，薪水和职位都不会比原来差，甚至还可能更好。可是，像孙权这种做老板的，注定没有退路可言，因为一旦失败，就意味着人生的毁灭。

当然，毁灭不一定是肉体意义上的。正如刘琮和后来的刘禅一样，企业被强行收购后，他们照样可以过富家翁的日子。可从本质上讲，他们都不是创业者，只是富二代而已。他们的人生意义本来就不在于创业，而是保有富贵、享受生活，所以企业没了就没了，他们反倒乐得轻松自在。可孙权不同。他不是富二代，而是创二代。父兄草创的基业，正是在他的手上实现巩固和扩张的。对于有志气的创二代而言，一旦企业破产倒闭，承受的便是双重痛苦：既苦于自己的无能和失败，又苦于辜负了创一代。

简言之，如果孙权投降了曹操，其肉身或许可活，但精神却注定会被打入炼狱。

这是无法承受的。

因此，他没有退路，只能拼死一战。

当时，周瑜奉命在外办事，鲁肃提醒孙权赶紧召回周瑜，共商大计。

眼下的江东集团，资历最深、威望最高的元老就两个，一个是张昭，还有一个就是周瑜。孙权知道周瑜一定是主战的，所以一把他召回来，便又命张昭等人过来一起开会。其目的，就是要让周瑜发出主战的声音，说出他想说而不便说的话。

周瑜心领神会，所以在会议上，他面对孙权的慷慨陈词，其实是专门讲给张昭这些投降派听的。周瑜说：“曹操虽托名汉相，实为汉贼。将军英明神武，雄才大略，又继承了父兄之基业，割据江东，地方数千里，士众精锐，英雄用命，当横行天下，为汉室除残去秽。如今，曹操自己上门送死，我们为何要降？请让我为将军进一步分析：其一，北方并未全部平定，马超、韩遂又盘踞关中，这都是曹操的后背之患；其二，曹操舍弃鞍马，改乘战船，与我习于水战的吴越争锋，这是自不量力；其三，眼下正值严冬，千里冰封，马无草料，而曹操驱使北方部众远涉江河，水土不服，必生疾病。此三者，皆是用兵之大忌，曹操却贸然行之。将军生擒曹操，就在这一仗。我愿领精兵数万，进驻夏口，保证为将军破敌！”

这番话说得慷慨激昂，掷地有声。张昭等人无言以对，只能保持沉默。

孙权扫了众人一眼，知道表态的时机已经成熟，便朗声道：“曹操老贼，欲废汉自立久矣，只是顾忌袁绍、袁术、吕布、刘表和我而已。如今，这些枭雄都没了，只有我还在，我与曹贼势不两立。你主张迎战，正合我意，你就是上天派来助我的！”

说到这里，孙权霍然起身，拔出佩刀，狠狠地砍在面前的书案上，厉声道：“诸位将吏，如果还有人敢再说一句投降曹操的，与此案同！”

张昭等人顿时噤若寒蝉，一个个大气都不敢出。

很好，要的就是这个效果。

孙权收刀入鞘，拂袖而去。

当天晚上，周瑜又单独面见了孙权，提供了一个至关重要的情报：曹操的真实兵力。

曹操号称有水陆大军共计八十万，实际上有多少呢？

周瑜告诉孙权：“大伙只看见曹操在信中自称有八十万人，就都吓坏了，没有人愿意进一步了解虚实，便纷纷主张投降，简直不值一驳。事实上，我已经侦察过了，他这回带来的中原部众不过十五六万，且早已疲惫不堪；另外招降的刘表水军，顶多也就七八万人，况且还军心不稳。他这样子，以疲惫之师统御军心不稳的部众，人数再多，也不足畏。我只要精兵五万，便足以制敌，愿将军勿虑。”

孙权大感欣慰，拍了拍周瑜的后背，感慨道：“公瑾啊，卿之所言，甚合孤心。张昭他们，只顾自己的妻儿老小，暗藏私心，让我非常失望，只有你和子敬（鲁肃），跟我是一条心，这是上天派你们来辅佐我啊！只是，五万精锐，仓促之间难以调集，我已选了精兵三万，还有战船、粮草及一应军需物资，皆已齐备。你和子敬、程公（程普）先行出发，我会继续集结各地部众，尽量多运一些军需粮秣，做你的后援。你在前线，若能取胜，那就什么都解决了；万一失利，就回来与我会师，我当与曹操决一死战！”

随后，孙权任命周瑜、程普为左右部督，鲁肃为赞军校尉，率黄盖、韩当、吕范、吕蒙、甘宁、凌统等一干猛将，共领三万精锐，溯江西上，迎战曹操。

此时，身在樊口的刘备，早已急得如同热锅上的蚂蚁，天天让巡逻兵去江边守望，盼星星盼月亮，就盼着孙权的救兵早日到来。

这一日，巡逻兵忽见东边江面上旌旗招展、樯帆林立，立刻飞报刘备。刘备大喜过望，赶紧派人前去劳军。可是，前去劳军的人却在周瑜那儿碰了个软钉子。

周瑜安坐在主帅的战舰上，一脸倨傲地对来人说：“军令在身，不可擅离职守，可否请刘豫州屈尊移驾，前来会面？”

周瑜这么做，显然是不合规矩的。

从结盟的角度说，刘备是一方主公，周瑜只是另一方的大将，身份高低摆在那儿，岂能让刘备来见他？此外，刘备曾任徐州牧、豫州牧、左将军，文职相当于省部级领导，武职是高级武官，而周瑜的老板孙权只是会稽太守、讨虏将军，文职属市厅级干部，武职只是杂号将军。可见，连老板孙权都比刘备低了好几级，更不用说周瑜了。

然而，周瑜却偏偏要来个尊卑颠倒，摆明了就是瞧不起刘备，故意让他难堪。

你刘玄德顶着那么多头衔，又有什么用呢？到头来，还不是恓恓惶惶如一条丧家之犬？至于结盟，那只是名义上好听，给你们留点颜面而已，事实上还不是你们有求于我们，请我们来救命的？既然如此，那我周公瑾凭什么上岸去见你呢？识相的，就自己过来见。

这就是周瑜的潜台词。

伤害性不大，侮辱性极强。

刘备这边，关羽和张飞一听就炸毛了，说什么也不让他去。刘备苦笑道：“他想见我，那我就去见见呗。咱们现在倚仗人家，若是不去，就不是同盟该有的样子了。”

随后，刘备便乘坐一条小船，恭恭敬敬地来到了周瑜的旗舰上。

双方寒暄了一下，刘备赶紧问：“不知此番带了多少兵力前来？”

周瑜答：“三万人。”

刘备有些失望，说：“可惜太少。”

周瑜说：“这就够了，刘豫州且看我破敌吧。”

见他如此自信满满，刘备也不好再说什么，便提议让鲁肃他们也过来，大伙讨论一下御敌之策。

周瑜又露出了倨傲的神色，说：“军令在身，他恐怕也不宜擅离职守。你若想见子敬，可自己到他的船上去见。”

刘备又被噎了一下，只好称赞周瑜治军严明，自己深感惭愧云云，总之就是忍气吞声，丝毫不敢得罪周瑜。

史书记载的这一幕，把周瑜的盛气凌人和刘备的委曲求全刻画得相当到位。也许，罗贯中老先生就是看不惯周瑜的这种做派，想替刘备打抱不平，才在《三国演义》中把周瑜塑造成了一个嫉贤妒能、心胸狭窄之人，还虚构了诸葛亮“三气周瑜”的故事，让周瑜被自己的小肚鸡肠和技不如人活活气死，临死前还留下了“既生瑜，何生亮”这种充满了不甘和怨恨的遗言，可以说把周瑜黑得十分彻底。

毫无疑问，周瑜是让罗贯中给污名化了。

那么，历史上真实的周瑜，究竟是什么样的人呢？

跟罗贯中塑造的“嫉贤妒能、心胸狭窄”相反，正史记载的周瑜，恰恰是“性度恢廓”“谦让服人”，即性情豁达、度量恢宏，且为人谦让，能够以德服人。在《三国志・周瑜传》注引《江表传》中，记载了一则周瑜与程普交往的故事，便足以证明。

程普是孙坚的老部下，早年追随孙坚讨伐董卓，后来又辅佐孙策平定江东，是典型的“三朝元老”，所以自恃年长功高，一向瞧不上年纪轻轻的周瑜，经常当众折辱他，但周瑜却一贯谦让，始终不曾计较。时间一长，连程普自己都过意不去了，对周瑜越来越佩服和敬重，遂主动与他结交，且逢人便说：“与周公瑾交，若饮醇醪，不觉自醉。”

与周瑜交往，如饮美酒，不知不觉便醉了。

这显然是极高的评价，尤其是出自昔日鄙视他的人之口，就更是难能可贵了。

从此，周瑜“谦让服人”的胸襟和品德就被时人传为美谈。

不仅是美德受人称道，周瑜身上还有很多闪光点，如颜值高，风度翩翩，音乐造诣一流（时人称“曲有误，周郎顾”），文武双全，有勇有谋，对孙权忠贞不贰，在赤壁之战中居功至伟，等等。

正因如此，后世的许多文人墨客都对周瑜赞誉有加。如诗仙李白有诗云：“二龙争战决雌雄，赤壁楼船扫地空。烈火张天照云海，周瑜于此破曹公。”南宋范成大也有诗云：“世间豪杰英雄士，江左风流美丈夫。功迹巍巍齐北斗，声名烈烈震东吴。”而最为脍炙人口的，莫过于苏轼在《念奴娇·赤壁怀古》中对周瑜的描写和称颂：“遥想公瑾当年，小乔初嫁了，雄姿英发。羽扇纶巾，谈笑间，樯橹灰飞烟灭……”

值得一提的是，“羽扇纶巾”这个词，本是苏轼用来刻画周瑜“儒将”风姿的，不料后来却被罗贯中移花接木地套在了诸葛亮身上，从此几乎成了诸葛亮的专用造型，实在让人无语。尤其当我们联想到，在罗贯中笔下，“羽扇纶巾”的诸葛亮在“谈笑间”就气死了周瑜，这样的画面就更讽刺了，只能说周瑜实在太冤。

既然历史上真正的周瑜是性情宽厚、度量恢宏之人，那么他为何会在刘备面前表现得那么傲慢无礼呢?

原因很简单，周瑜看得比一般人深远。他很清楚，眼下刘备跟江东只是迫于曹操的威胁才联手的，双方的“蜜月期”注定不会长久。一旦危险过去，双方迟早会为了争夺荆州而刀兵相见。所以，在此刻的周瑜眼中，刘备与其说是盟友，不如说是潜在的对手。

既然如此，周瑜又何必跟刘备太客气呢?

当然，周瑜性格中有自命不凡、恃才傲物的一面，这也是不可否认的。相比之下，刘备在这件事上表现出的隐忍、退让和委曲求全，倒真有一些谦谦君子之风，也颇有成大事者忍辱负重、能屈能伸的风范。

不过，刘备终究是一个玩政治的。如果说，周瑜的傲慢在政治场上是一种不太老到的表现，那么刘备的隐忍，从政治博弈的角度讲，却更像是一种老谋深算的城府和心机。

为什么这么说？

因为在此之后，刘备就做了两个很有针对性的小动作。不管从哪个角度看，这两个小动作都不太厚道。

其一，刘备并不相信周瑜能以区区三万人马战胜曹操，所以留了个后手，暗中把麾下的两千精锐交给了关羽和张飞，命他们跟周瑜的主力拉开一段距离，让这支部队不受周瑜节制，以便保存实力，万一情形不妙可随时开溜。

这就是刘备诡谲的一面。

按理说，双方联手御敌，都应该倾尽全力，尤其是刘备本来兵力就少，更应该全部拉到前线才对，可他还没开战就打起了保存实力的小算盘，显然违背了结盟的规则和道义。

其二，赤壁之战胜利后，刘备赴江东与孙权聚宴，席间趁左右无人，悄悄对孙权说了一句话："公瑾文武筹略，万人之英，顾其器量广大，恐不久为人臣耳。"（《三国志·周瑜传》注引《江表传》）

周瑜文武双全，是人中豪杰，看他的器宇和格局都十分远大，恐怕不会长久地做你的臣子啊。

意思明摆着：像周瑜这么厉害的人，怎么会甘心打一辈子工呢？他迟早会造你孙权的反啊！

这个离间计，可以说阴损到家了。假如孙权是个没主见的老板，那刘备这轻描淡写的一句话，就足够让周瑜脑袋搬家了。

这就是权力角斗场的可怕之处，略施小计便可杀人于无形。刘备这么干，首先是因为江东有周瑜这么厉害的人物，会极大阻碍他日后的霸业，所以借孙权之刀杀了周瑜，便是上上之策；其次，来而不往非礼也，之前在樊口受到周瑜那样的羞辱，刘备自然得瞅准机会"回报"一下，正所谓君子报仇十年不晚。

当然，上面这两则记载，都出自裴松之所引的《江表传》，并非出自陈寿的《三国志》。《江表传》是西晋人虞溥所著，以记录孙权这一方的史事为主，其立场难免带有一定的倾向性，即偏向于正面描述孙权这一方的人物，而对于曹操、刘备这两方的记录，其真实性如何，现已无从考证，只能聊备一说。

所以，刘备到底干没干过这两件事，只能是仁者见仁，智者见智，不作结论，还请读者诸君自行判断。

火烧赤壁，曹操惨败

周瑜率部在樊口稍作休整之后，便与刘备合兵一处，继续溯江西上。与此同时，曹操也率领大军从江陵浩浩荡荡地顺流东下了。

当庞大的舰队在宽阔的江面上疾速前行，高悬的旌旗迎着大风猎猎招展时，曹操立在主舰的船头，望着两岸连绵起伏的群山不断向身后退去，这幅壮美的景致一定会令他心潮澎湃，感慨万千。

而深深隐藏在枭雄躯壳下的那颗诗人的灵魂，一定也会在此刻躁动不安，仿佛沉睡了一整个冬天的野兽瞬间苏醒了过来。

有一种说法，认为曹操那首享誉后世的《短歌行》，就是在这时候写下的。我愿意相信这种说法。苏轼在《前赤壁赋》中写道："舳舻千里，旌旗蔽空，酾酒临江，横槊赋诗，固一世之雄也。"可见他也是这么认为的。

建安十三年冬天的这场东征，在曹操眼中，几乎可以确定就是一场定鼎天下之战了。因为在当时的天下，还有实力和勇气敢跟曹操对决的，也就只有孙权和刘备了。可他们的抵抗在此刻的曹操看来，却注定是螳臂当车、蚍蜉撼树——只要在这一战中把他们一举歼灭，天下便唾手可得！

一旦九州复归一统，四海从此太平，那我曹孟德接下来要做什么呢？我还能做什么呢？

即将到来的人生巅峰，以及巅峰过后必然会有的巨大空虚，就这样如影随形地在曹操心中开始了一场华丽的预演。

当枭雄的万丈豪情与诗人的多愁善感在这一刻激烈碰撞，一首雄浑壮阔又沉郁苍凉的千古绝唱，就像地底下汹涌奔流的岩浆一样不可遏止地喷涌而出。

对酒当歌，人生几何！譬如朝露，去日苦多。
慨当以慷，忧思难忘。何以解忧？唯有杜康。
青青子衿，悠悠我心。但为君故，沉吟至今。
呦呦鹿鸣，食野之苹。我有嘉宾，鼓瑟吹笙。
明明如月，何时可掇？忧从中来，不可断绝。
越陌度阡，枉用相存。契阔谈宴，心念旧恩。

月明星稀，乌鹊南飞。绕树三匝，何枝可依？

山不厌高，海不厌深。周公吐哺，天下归心。

最后总结全篇的四个字“天下归心”，无疑是曹操在赤壁之战前夜最真实的内心写照。

当然，此刻献帝刘协还在位，所以曹操必须在这气吞山河的四个字前面，再加上一个政治正确的修饰语：“周公吐哺”。

就算我统一了天下，那也是帮大汉朝廷统一的。你们别担心，我曹孟德只想做周公，不想做王莽，我是不会篡汉自立的。

作为一个一心想要“九合诸侯，一匡天下”（《短歌行·其二》）的绝世枭雄，会以周公的功业为满足吗？仅仅是辅佐皇帝安定天下，就会企及他心目中的人生巅峰吗？

不可能。如果即将打响的这场赤壁之战最后以曹操全胜而告终的话，那么想必用不了几年，献帝刘协一定会提前退位去当那个可怜的“山阳郡公”，而曹操也一定会登基御极、君临天下，用不着等若干年后才由曹丕来给他追尊一个“魏武帝”。

他在诗中表达的“山不厌高，海不厌深”，不就是百尺竿头更进一步的意思吗？有着如此雄心的人，又怎么可能在诱人的皇帝宝座面前戛然而止、功亏一篑呢？

所谓“慨当以慷，忧思难忘”中的“忧思”，绝不是普通的烦恼，而是一种人世间无药可解的巨大忧愁，是一种独孤求败般的“无敌是多么寂寞”。而只有当上皇帝，走到这个世间的绝对巅峰，才有资格享受这种孤家寡人独有的空虚与寂寞。

倘若只是做周公的话，何来此忧呢？正所谓“一沐三握发，一饭三吐哺”，整天辅佐朝政忙都忙死了，哪还有闲情逸致“对酒当歌”，然后苦思冥想“人生几何”？

显而易见，曹操是提前模拟了登基称帝之后的心境。也就是说，当他获得了这个世间最终极的成功之后，必然要面对一个更大也更难解决的问题，即人生的终极意义是什么？

就像亚历山大征服了波斯之后，因没有了对手而蓦然生出一种巨大的空虚一样，历史上很多伟人历经千辛万苦迈上巅峰后，都逃不过这种宿命般的空虚感。

人生的终极意义，是不可能靠征服世界来获取的。曹操的身体里住着一个敏感又睿智的诗人，所以他很清楚这一点。

既如此，那又该如何解决这个问题呢？

无解。

除非你走上哲学或宗教之路，否则这个问题是无解的。至于诗人，倒还是有一个不是办法的办法。

何以解忧？

唯有杜康。

是的，作为诗人，没有什么问题是不能用一壶酒来解决的。如果有，那就两壶。

曹操在东征的舰船上，究竟喝了几壶酒，我们不知道。唯一知道的是，这一刻，周瑜和刘备正千里迢迢地准备来终结他的“忧思”——

醒醒，孟德兄，天下还没统一呢，你也还没当皇帝呢，哪来那么多空虚与寂寞？虽说未雨绸缪是一种好习惯，可仗还没打就在那儿感慨“无敌是多么寂寞”，未免有点矫情了。

建安十三年十一月，曹操大军的前锋，与孙刘联军在赤壁（今湖北赤壁市西北）猝然遭遇。双方立即开打。令曹操大感意外的是，他的部众刚一接战便失利了。曹操立刻下令撤到北岸，将所有战船停靠在乌林（今湖北洪湖市东北），同时传令沿北岸行军的陆军到此会合。

孙刘联军则据守于南岸的赤壁，与乌林隔江相对。

曹军不是很猛吗？怎么一场小小的遭遇战就掉链子了？

没办法，正如周瑜之前预料的一样，曹军都是北方人，水土不服，在行军途中染上了瘟疫，且疫情很快就在军中扩散了开来。好多将士都四肢无力、东倒西歪，还打什么仗？

其次，诸葛亮也事先跟孙权分析过了，曹军不习水战，只在邺城的人工湖里划了几天水，能顶什么用？在颠簸不稳的船上能站稳、不晕船就算不错了，还怎么挥刀砍人？而刘表的水军虽然被曹操招降，此次也参战了，但也像诸葛亮说的那样，人心不服，故而军心不稳。而且，曹军和刘表军从未配合作战，彼此间恐怕连人都来不及认识，在作战中又如何相互协调？如何有效指挥？

最后，水战与陆战最大的区别，就是人多势众根本发挥不出优势。在陆地作战，尤其是在曹军习惯的中原地带作战，兵力可以最大限度地向两翼展开，然后充分发挥骑兵的机动性和攻击力。而在水中作战，长江的江面宽度是有限的，不管你战船和兵力再多，也只能排成一个长列鱼贯而行。所以，真正接战的只有前锋，后面的顶多是擂鼓助威，咚咚咚一顿敲，再喊他几嗓子。一旦前锋溃退，船多反而会乱成一锅粥，再加上曹军将领毫无水战经验，所以陆战的优势在这里全都变成了劣势。

初战失利，曹操如果能够冷静下来，思考一下上述问题，及时调整战略战术，果断“止损”，那就完全有可能避免后面的惨败。

遗憾的是，直到此刻，曹操的脑子依然是狂热的。他显然还没有从“九合诸侯，一匡天下”的美梦中清醒过来。

他决定与孙刘联军隔江对峙，打持久战！

时值寒冬，风高浪急，战船颠簸，曹军士兵们晕得找不着北，苦不堪言。为了解决这个问题，曹操想了个办法——用铁链把所有战船都锁在一起，这样就稳如平地了。

后来的事情，大家都知道，曹操用这一招，成功地把自己的十余万部众送进了地狱，也一举粉碎了自己统一天下的梦想。

当曹军把全部战船联结成一个貌似坚固的水寨后，对岸有一个人忍不住笑了。

他就是周瑜的部将黄盖。

黄盖，字公覆，零陵郡泉陵县（今湖南永州市）人，很早就追随孙坚南征北战，跟程普、韩当等人一样，都是老战友了。这些天，老黄没事就在江边转悠，手搭凉棚眺望对岸，观察敌情，寻找破绽。

然后，他就看见了曹军锁定战船的这一幕。

凭借多年的战斗经验，黄盖一看就知道——曹操完蛋了。因为曹军此举，已经不能叫破绽了，而应该叫寻死。

当然，要想死得成，还得黄盖助他们一臂之力。

黄盖立刻飞奔到了主帅周瑜的大帐中，报告了这一敌情，而且献上了一个破敌之策。

这个策略很简单：火攻。

周瑜当然知道这是一个千载难逢的绝好机会，可问题是，江面开阔，一览无余，从南岸飞只鸟过去，说不定都会被射成刺猬，又怎么可能靠近对方，然后实施火攻呢？

两人绞尽脑汁想了半天，终于想到了一个办法：诈降。

事不宜迟，说干就干。黄盖马上写了一封投降信，命可靠之人送到了对岸，然后直接递到了曹操手上。

我黄盖受孙氏厚恩，身为将帅，在这边的待遇是不错的。然而，综观如今的天下大势，以区区江东六郡的山野之人，要对抗中原的百万之众，实力悬殊，根本不是对手，这是天下人都看得见的。江东的文臣武将，不管聪不聪明，都知道打不过，唯独周瑜和鲁肃这两个家伙，偏狭自私，又蠢又坏，居然执迷不悟。我今日归命曹公，是真心实意的。周瑜带的这支部队，其实很容易摧毁。到了交战之日，我担任前锋，随机应变，必能为曹公破敌。

曹操这个人，向来疑心很重，见信后，当然不会立刻相信，为此特意召见了信使，仔仔细细、前前后后地盘问了一番。

这个信使显然是周瑜和黄盖精心挑选之人，心理素质十分过硬，一番对答后，始终没让曹操看出任何破绽。

最终，曹操信了。

事实上，曹操之所以上当，与其说是黄盖派来的人太会忽悠，还不如说是曹操打心眼里乐意相信。

因为黄盖此举，迎合了曹操此刻极端自负、目空一切的心态。说到底，曹操压根就没把孙权和刘备放在眼里。他觉得江东此刻定然是人人自危，而黄盖所言刚好符合了他的判断，所以黄盖投降这件事，实属合情合理，完全在曹操的意料之中。

就这样，一向精明过人、足智多谋的曹孟德，最后还是被自己的盲目自信彻底蒙蔽了，从而完全丧失了警惕。他让信使带话给黄盖，说：“黄盖若是诚心归顺，我给他的爵禄赏赐，将远超他此前得到的一切。”

见曹操中计，周瑜和黄盖立刻着手实施火攻计划，命人挑选了十艘艨艟斗舰，在船舱中塞满芦草和干柴，然后浇上脂油，用帷幔包裹起来，最后又用缆绳在这十艘大船后面系上很多小快艇，周瑜将亲率一批突击队员，藏身其中。

至此，万事俱备，只欠东风。

这不是比喻，而是要真的等老天爷刮来东风。

值得一提的是，按正史记载，这场赤壁之战事前的所有准备工作，就是这些了。罗贯中在《三国演义》中设计的那些精彩桥段，通通是不存在的：既没有蒋干盗书，周瑜以反间计蒙骗曹操诛杀蔡瑁和张允，也没有庞统献计，劝曹操把所有战船锁在一起；既没有周瑜打黄盖——一个愿打一个愿挨的苦肉计，也没有诸葛亮在南屏山上登坛作法、呼唤东风的鬼把戏；更没有周瑜设计陷害诸葛亮，让他在三天内造十万支箭，而诸葛亮以过人的智慧“草船借箭”，令周瑜无可奈何，只能感叹诸葛亮“神机妙算”……

所有这些，均属虚构。

不过，历史上倒的确有过一回“草船借箭”，只是主人公不是诸葛亮，而是孙权；事件发生的地点也不在赤壁，而在濡须口；发生的时间，则是在五年后。

罗贯中太喜欢诸葛亮了，所以把别人的亮点全都移花接木地打在了他的身上，难怪惹来鲁迅先生的那句著名吐槽：“欲显刘备之长厚而似伪，状诸葛之多智而近妖。”

鲁迅的吐槽，实属一针见血。不过，罗老先生写的毕竟是小说，好看才是王道，爽感胜过一切，我们也没必要过于苛责。重要的是，把文学虚构和历史事实适当厘清，不要将二者混为一谈就可以了。

言归正传。当周瑜和黄盖准备好一切，接下来就看老天爷配不配合了。

当时是大冬天，通常刮的都是西北风，若是风向不变，黄盖放的火只能把自己烤熟，烧不到曹军半根汗毛。

幸运的是，几天后，天气忽然转暖，老天爷居然在这天傍晚刮起了东南风。到了夜里，风居然越刮越猛，真是天助我也！

黄盖立刻行动，率领那十艘艨艟斗舰朝北岸驶了过去。周瑜则带着突击队藏身在后面的快艇中。

很快，船到江心，黄盖命所有舰船全部升起风帆，然后举起火把为号，并让士兵们高声大喊："我们来投降啦！"

北岸的曹军士兵们一听，纷纷从船舱里跑出来看热闹，还伸手指指点点，说"快看快看，那老家伙来投降了"，估计都很享受不战而屈人之兵的快感。

当舰船行驶到距离曹营二里开外的时候，黄盖一声令下，命部众把十艘船全部点燃，然后所有人立刻弃船，跳入水中，爬上了后面的快艇。

刹那之间，烈火熊熊燃起，映红了江面，映红了夜空，也映红了曹军士兵们因惊惧而睁大的瞳孔。

这一刻，"火烈风猛，往船如箭"（《三国志·周瑜传》注引《江表传》）。当曹军士兵们回过神来的时候，那十艘喷吐着烈焰的战船已经像离弦之箭射了过来，转眼便撞上了曹军的"水寨"，然后迅速引燃了锁在一起的曹军战船。

风借火势，火助风威。很快，大火不仅烧着了停靠在岸边的战船，还蔓延到了岸上的陆军营寨。

"顷之，烟炎张天，人马烧溺死者甚众。"（《三国志·周瑜传》）

顷刻间，火焰漫天，曹军的人马或被烧死，或落水溺毙，死者不计其数。周瑜和黄盖就在这时率领突击队冲了上来，对身陷"水深火热"之中、已无力组织防御的曹军展开了屠杀……

曹操做梦也没有想到，这一仗居然打成了这个样子！不，是仗还没打，自己就被周瑜和黄盖玩成了这个样子。

这一切发生得太快了，根本来不及做出任何反应。

在曹操的经验中，仗可从来都不是这么打的。再怎么着，也得像官渡之战那样，两军摆开架势，安营扎寨，你来我往，有攻有防，那才叫打仗啊！可谁能想到，周瑜这个年轻人居然不讲武德呢！

大势已去，再怎么怨天尤人都没用了，曹操只能在大将曹仁、徐晃、乐进等人的护卫下，带着幸存的部众往江陵方向狼狈而逃……

瓜分荆州：刘备重新崛起

从乌林到江陵大约三百里，路程并不算远，问题是途中必须经过一大片沼泽地，让曹军吃尽了苦头。

这条必经之路，就是历史上著名的华容道（今湖北监利市东）。由于道路泥泞不堪，人马难以通行，曹操只好“弃卒保车”，命队伍中的老弱残兵去割茅草来铺路，以便让骑兵通过。

用草去填沼泽，效率肯定是很低的，几千个人忙活半天可能都铺不了一里路。曹军骑兵为了逃命，等不及路铺好，索性踩着那些老弱残兵的身体就过去了。

只要有一个骑兵这么干，其他人必然会如法炮制。于是，这条原本遍布泥沼的华容道，就这样被生生踩成了一条坚实的“人肉马路”——众多曹军士兵没有被烧死在乌林的大火中，却被踩死在自己人的铁蹄下。

“羸兵为人马所蹈藉，陷泥中，死者甚众。”（《三国志·武帝纪》注引《山阳公载记》）

当时，周瑜和刘备兵分两路：周瑜率部在江中追击曹操的水军残部，刘备则率部由陆路追击曹操。只可惜，两路都没有取得“歼灭残敌”的战果。

水路方面，曹操的水军逃到巴丘（今湖南岳阳市境内）一带时，可能是事先奉了曹操的命令——万一逃不脱，就把船烧了，从岸上跑。这么做的目的，当然是不想让周瑜得到这些船。所以，曹军剩余的战船，最后都在巴丘付之一炬了。等周瑜赶到时，人也跑了，船也烧了，什么都没得到。

陆路方面，曹操付出巨大的代价通过华容道后，得到了来自后方的张辽、许褚等人的接应，因而转危为安。据说，曹操脱险之后，忽然放声大笑。众将大为诧异，问他为何发笑。曹操说：“刘备配得上做我的对手啊，只是他慢了一步，假如早点赶到，在华容道放上一把火，我们就都完蛋了。”的确不出曹操所料，他前脚刚跑掉，刘备后脚就追到了，而且果然在华容道上放了一把火。然而，除了给那些早已葬身沼泽的曹军士兵举行了一场火葬之外，刘备一无所获。

曹操败走华容道的故事，在《三国演义》里又被演绎了一把，说关羽奉诸葛亮之命在此埋伏，本来完全可以趁曹操人困马乏把他干掉，可关羽却念在曹操过去待自己不薄的分儿上，把他给放了。

关羽的义气，在这里又被刻画得淋漓尽致，可惜这一幕是虚构的。

事实上，在整个火烧赤壁的战役中，关羽究竟有何作为，正史没有只言片语的记载。不只关羽，其实整个刘备一方，都看不到什么具体贡献。除了与周瑜兵分两路追击曹操之外，别的就都付诸阙如了。

由此可见，赤壁之战的胜利，主要应该归功于周瑜和黄盖，也就是孙权这一方。而刘备及其部众，不过就是敲敲边鼓、做一些战术上的配合罢了。

曹操狼狈不堪地逃回江陵后，清点人头，发现部众死了大半。

史书没有记载曹操在这一战中究竟投入了多少兵力，按周瑜此前的估算，大致是二十三万。如果以此为准的话，那么曹军在赤壁之战中的阵亡人数，至少不会低于十二万。当然，其中应该有一半，是原属刘表的荆州水军。

对曹操而言，这无疑是一场彻头彻尾的惨败。

除了伤亡惨重之外，最重要的其实是战略上的失败，即曹操企图“九合诸侯，一匡天下”的事关全局的大战略，遭遇了严重的挫败。

正如官渡之战一样，赤壁之战也是中国历史上以少胜多、以弱胜强的经典战役之一，且二者同属汉末三国历史上著名的“三大战役”（还有一战是后来的夷陵之战），对此后的天下大势和历史走向，都产生了重大而深远的影响。唯一不同的是，曹操在上回是胜利者，这回却成了失败者。

而对孙权和刘备来说，这场胜利就更是非同小可了，其意义怎么形容都不为过，几乎可以视为他们各自的“立国”之战。因为正是这场战役，奠定了此后三国鼎立的基本格局。这个结果，对于当时置身局中的所有人而言，恐怕是事先谁都料想不到的。

据说，曹操在事后反思这次失败时，曾发出过一句感慨：“郭奉孝在，不使孤至此。”（《三国志·郭嘉传》）

郭奉孝就是曹操最倚重的谋士之一——郭嘉。

在曹操统一北方的过程中，郭嘉曾经立下汗马功劳，所以在曹操心目中，未来平定天下后，年轻的郭嘉甚至可以成为他托付军国大政的人选，可见对郭嘉的寄望之重。

然而，有道是天妒英才，早在建安十二年平定乌桓、凯旋班师的路上，郭嘉便因操劳过度、水土不服而染病身亡了，年仅三十八岁。

曹操为此悲痛不已。

诚如曹操所言，假如郭嘉还在，此次南征，他一定又会献上许多奇谋异策。不过，最后是否能够避免失败，却也不好说。

关键倒不是说郭嘉的智谋管不管用，而是战前那个自信心极度膨胀、几乎目空一切的曹操是否听得进去。

可以想见，若郭嘉还在的话，在孙权和刘备是否会联手的问题上，他一定会做出跟程昱一样的判断，并且一定会劝曹操不要冒进，然后采取稳扎稳打、分而治之、各个击破的战略。

可问题在于，既然程昱的话曹操听不进去，换成郭嘉说他就能听吗？

恐怕未必。

所以，曹操的这句感慨，其实也算不上是真正的反思，充其量就是一种聊胜于无的自我开解罢了。

曹操在江陵喘息未定，周瑜和刘备便又一口气追到了城下——水陆两军分进合击，摆出了一副痛打落水狗的架势。

这场仗打成这个样子，曹操继续留在荆州已经毫无意义了，而且前线遭遇重大失利，后方的大本营也可能人心不稳，所以曹操决定撤兵。

当然，已经打下来的半个荆州的地盘，还是要守的。他命曹仁和徐晃镇守江陵，命乐进镇守襄阳，然后自率一部班师北还。

江陵是一座军事重镇，城池坚固，粮草充足，加之曹仁、徐晃都是身经百战的猛将，所以周瑜、刘备联军围着江陵打了多日，始终未能攻克。

刘备就向周瑜建议，由他率领本部兵马，绕过江陵，经夏水北上，断曹仁后路。与此同时，甘宁也向周瑜献策，由他率所部沿长江西上，袭取夷陵（今湖北宜昌市），断曹仁右臂。

夏水在江陵的东北方，夷陵在江陵的西北方，刘备和甘宁这两路人马一出去，就等于对江陵形成了包抄合围之势，即便不能聚歼曹仁，至少可以迫使他放弃江陵，退守襄、樊一线。如此，江陵便不攻自破了。

周瑜十分赞同二人的策略，遂依计而行。

刘备这一路，史书没有记载他具体进驻何地，估计就是带着关羽的水军在夏水、汉水一带游弋，对曹仁的后勤补给线进行袭扰，阻断江陵与襄阳的联系。

甘宁这一路，则顺利地占据了夷陵。可是，他的兵很少，只有数百人，加上入城之后招募的，总计也不过千人左右。

对于孙刘联军如此明显的合围态势，曹仁当然不会看不出来，更不会坐以待毙。他迅速派遣了五六千精锐步骑，大举反攻夷陵。

面对数倍于己的曹军，甘宁却十分镇定。据《三国志·甘宁传》记载，当时曹军一连多日猛攻夷陵，“敌（曹军）设高楼，雨射城中，士众皆惧，惟宁谈笑自若”。

当然，镇定归镇定，若无援兵，时间一长肯定是守不住的。所以甘宁一边组织防御，一边赶紧派人向周瑜告急。

周瑜闻报，立刻召集程普等诸将商议。

周瑜的部众以水军居多，要在陆地上作战，兵力立马就捉襟见肘了。所以众人都认为，目前兵力不足，若再分兵去救援，恐怕江陵大营这边会遭到曹仁反扑。

此时，只有吕蒙站了出来，对周瑜和程普说：“眼下夷陵形势危急，我愿与二位同去援救，至于江陵这边，我认为留凌统守卫大营足矣。援救夷陵可以速战速决，我敢担保，凌统在这里至少可以坚持十天。”

吕蒙跟凌统的关系，估计是很铁的，否则像他这样拍着胸脯替别人担保，似乎颇有慷他人之慨的嫌疑。而当事人凌统在这件事上做何反应，史书也没有记载。不过，按《三国志·凌统传》所言，凌统这个人不但作战勇猛，常“率厉士卒，身当矢石”，且“亲贤接士，轻财重义，有国士之风”。

“国士”这个词可不是随便用的。能够让陈寿如此推崇的人，在战况紧急之时自然会以大义为重，绝不会明哲保身。所以，吕蒙一推荐他，想必凌统也一定会挺身而出，接下这个独自留守大营的艰巨任务。

手下部将都这么有担当，身为主帅的周瑜就更没有什么可犹豫的了。随后，他便与程普、吕蒙等人一道，亲自率部驰援甘宁。

这一仗打得很顺手。周瑜和甘宁内外夹击，大破曹军，挫败了曹仁夺回夷陵的图谋。然后，周瑜迅速回师，并趁着部众士气高涨，把大营从长江南岸搬到了北岸，就在曹仁眼皮底下安营扎寨，对江陵形成了更强有力的威慑。

曹仁不甘被困，率部出城与周瑜会战。

这一战中，周瑜身先士卒，纵马掠阵，不料右肋被流矢射中，只好收兵回营。

这一箭虽然没有要了周瑜的性命，但根据史料记载，似乎伤得不轻，且很可能给他造成了严重的“箭疮”。如《三国志·周瑜传》称：“流矢中右肋，疮甚”，并使他“卧（床）未起”。

短短两年后，年仅三十六岁的周瑜便“道于巴丘病卒”了。

周瑜到底是因为什么病而英年早逝，史书没有记载。罪魁祸首很可能便是这次“身中流矢”引发的箭疮。罗贯中大概就是根据这一事实，才给周瑜设计了一个“箭疮复裂”、坠马而亡的结局。

那么，箭疮的伤害性究竟有多大呢？

如果用现代医学的理论来看，金属箭头撕裂皮肤，很可能造成含铁锈的伤口，从而导致破伤风感染。破伤风是一种非常严重的疾病，死亡率很高，且从感染到发病有一个潜伏期，短则数天，长则几个月乃至数年。一旦发病，还会引起肺栓塞、胃肠道出血、心力衰竭等并发症。

《三国志》中并没有关于周瑜去世前生病的记载，显然是突发急病，而且一发病便身亡了。由此我们推断，周瑜的死因极有可能便是在围攻江陵的战斗中所中的这一箭。

当时，周瑜中箭后，一连多日卧床养伤，曹仁刺探到了这个情报，认为时机来了，便主动出城发起了进攻。周瑜虽不能亲自上阵，但却强撑病体，在军营中巡视了一遍，并对将士们发表了讲话，极大地激励了部众的士气。

所以，随后的交战，曹仁丝毫占不到便宜，只好又缩回了江陵城。

就这样，这场围城战从建安十三年十一月，一直打到了建安十四年（公元210年）十二月。曹军虽然顽强抵抗，但一年多打下来，伤亡也是很惨重的。最后，曹仁和徐晃终于撑不下去了，只好率残部撤出了江陵，退守襄、樊一线。

周瑜旋即入据江陵。

孙权得到战报，大喜过望，当即任命周瑜为南郡太守，驻兵江陵；任命程普为江夏太守，驻兵沙羡。

随着江陵围城战的终结，整个赤壁之战才正式宣告落幕。

从广义上讲，赤壁之战包含了三场主要战役：长坂坡之战是前哨战，火烧乌林是主体战，江陵围城战则是收官战。

现在，仗打完了，我们可以替曹操、孙权和刘备来算一算账，看看各方的收益和亏损如何。

荆州原本下辖七个郡，从北往南分别是南阳郡、南郡、江夏郡、武陵郡、长沙郡、零陵郡、桂阳郡。

如今，荆州被一劈为三，由曹、孙、刘三方势力瓜分了。

曹操占据了最北面的南阳郡以及南郡北边的一部；孙权占据了长江沿线的南郡大部、江夏郡大部、长沙郡北部及夷陵地区；刘备则趁着周瑜跟曹仁在江陵鏖战之机，纵马南下，一口气吞掉了长江以南的武陵（治今湖南常德市西）、长沙（治今湖南长沙市）、零陵（治今湖南永州市）、桂阳（治今湖南郴州市）四郡。

而且，刘备几乎是兵不血刃地拿下了这么大一块地盘。这四郡中，除武陵太守金旋进行了轻微的抵抗外，长沙太守韩玄、零陵太守刘度、桂阳太守赵范，全都是望风而降。

至此，各方的损益情况就一目了然了。

曹操最亏，只占领了一个郡多一点，却损失了十余万部众，本人也险些在华容道丢了老命，掐指一算，实在是得不偿失。

孙权方面，收益显著大于亏损。因为他占据的那些地盘，基本上都是长江沿线的战略要地；并且拿下这些地盘后，便与他原有的江东六郡连成了一片，可以说基本上控制了整个长江中下游防线。至于损失，显然不大，主要就是在围攻江陵时伤亡了一些部众，但跟收益比起来，几乎可以忽略不计。

不过，如果我们换个角度，将周瑜的死因归结为箭疮的话，那他就算是因赤壁之战而牺牲的。如此，孙权的亏损就大了——得到上述地盘，却失去一位智勇双全、深谋远虑的股肱之臣，这样的损益比最多只能说是持平，甚至是略亏，谈不上很划算。

所以，说到最后，三方之中，唯有刘备刘玄德，这个原本惶惶若丧家之犬、几无立锥之地的“常败将军”和“跑路冠军”，才是这场赤壁之战最大的受益者！

整场赤壁之战打下来，刘备只是在长坂坡损失了一些部众，至于后面的火烧乌林和围攻江陵，他都只是配合周瑜作战，基本上没什么损失。与此同时，却实实在在地得到了将近四个郡的地盘，以及相应的部众、人口、粮食储备、军需物资，等等。另外，还有老将黄忠，本是长沙太守韩玄的部将，也是在这时跟着韩玄归降了刘备。

通过赤壁之战，多年来总是漂泊不定、寄人篱下的刘备，终于站稳脚跟，获得了一块属于自己的根据地。

在创业之路上，多年来一直屡战屡败、屡起屡仆的刘备，这回终于再度从尘埃中爬了起来，开启了人生新一轮创业的篇章。

从这时候开始，他才真正拥有了一定的实力，并初步具备了与曹操、孙权这两大枭雄进行博弈的资格。

占领荆南四郡后，刘备本来还装模作样地“表请”刘琦为荆州刺史，表面上奉这位少东家为“法人代表”，自己在幕后当实际控制人。不料，没过多久，这个命运多舛的刘琦竟然一病而亡了。

如此一来，刘备也没必要再挂羊头卖狗肉了，于是自领荆州牧，光明正大、心安理得地做起了荆南四郡的老板。

刘备把总部设在了与江陵隔江相望的油江口，然后将此地改名为公安（今湖北荆州市公安县）。刘备身为左将军，又称左公，所以“公安”便是取“左公安靖”之意。

接下来，自然是要给弟兄们论功行赏了。

在这场“联孙抗曹”的战争中立下首功的诸葛亮，当之无愧地得到了刘备的重用，被任命为军师中郎将。虽然这个职位不算很高，但权责很重，除了参赞军事外，还掌管刘备集团的财政工作，负责收缴各郡赋税以供军需。

关羽被任命为襄阳（此地尚在曹操手中，故只是名义上遥领）太守、荡寇将军，驻兵江北。张飞被任命为宜都（刘备新置之郡，治今湖北宜都市）太守、征虏将军。赵云被任命为桂阳太守、偏将军。

随着荆州一分为三和刘备集团的重新崛起，“三国鼎立”的雏形便悄然出现了。

在打败了共同的敌人曹操之后，刘备与孙权之间，必然要围绕着荆州这块大蛋糕，展开一场旷日持久的博弈。

而曹操被他们打得那么惨，当然不会甘心失败，也必然会寻找机会卷土重来。

所以，好戏还在后头。

建安十三年，汉末三国的历史在赤壁拐了一个弯，乱石穿空，惊涛拍岸，卷起千堆雪，然后奔腾东下，朝着更加波澜壮阔的时代奔流而去。

第三章

西进战略

孙刘联姻，周瑜早逝

当周瑜与曹仁相持于江陵时，孙权并没有闲着，而是亲自领兵，渡过长江，对曹操控制的合肥（今安徽合肥市）展开了进攻。

孙权之所以在这个时候主动开辟东线战场，一是为了牵制曹军、策应西线的周瑜，二是挟赤壁之战的新胜之威积极进取，开拓疆土——说白了，趁着手气好，不下一把重注，都对不起这个好运气。

然而，在长江跟曹操打水仗，孙权自然是占优势，可在陆地上直接进攻曹操的城池，他就丝毫讨不着便宜了。

从建安十三年冬出兵，到建安十四年夏，孙权围着合肥打了将近半年，始终未能攻克。不久，他得到曹操援兵将至的情报，只好心不甘情不愿地解围而去。

曹操虽然在赤壁伤了元气，不得不从战略进攻转入战略防御，但他的实力还摆在那儿，并未从根本上受到削弱。所以，当孙权在东、西两线同时对他发起进攻的这段时间，曹操也是动作频频，不断进行各种针锋相对的部署。

先是在建安十四年三月，曹操开始在家乡谯县（今安徽亳州市）制造战船，训练水军；同年七月，曹操亲自率领水军从涡水（淮河支流）进入淮河，在淝水登岸，进驻合肥，然后以芍陂（今安徽寿县西南）为中心，开展屯田；同年十二月，曹操在完成了前期工作后，命张辽、乐进、李典率精锐步骑七千进驻合肥，然后自己率水军回到了谯县。

敌之要点，即我之要点。既然孙权想从合肥打开北进中原的突破口，那么曹操就索性把合肥经营成了对孙权具有前出威慑的桥头堡。

随着屯田工作的展开和张辽等猛将的到来，这座合肥城越发变得固若金汤，也越发成为孙权的眼中钉和肉中刺。

在此后长达二十多年的岁月里，心有不甘的孙权还将一次又一次地死磕这座城池，却无一例外地铩羽而归。

从建安十三年的第一次进攻算起，到曹魏青龙二年（公元234年），孙权终其一生，一共对合肥发动了五次大规模进攻。

然而，曹魏的大旗却始终飘扬在合肥城头，穿越弥漫的烽烟而屹立不倒。

合肥，成了孙权心中永远的痛。

直到孙权去世后的第二年，即曹魏嘉平五年（公元253年），东吴名将诸葛恪（诸葛瑾之子）最后一次率大军进攻合肥，依旧没能完成孙权未了的夙愿，同样不克而还。

合肥，岂止是孙权心中的痛，更是东吴战争史上一块醒目的伤疤，一个终吴之世都无法抹去的充满耻辱的印记。

反之，作为曹操一手经营起来的要塞（后来满宠又在城西三十里筑了一座新城），合肥却是曹魏战争史上的一块光荣榜，一座足以成为曹魏“爱国主义教育基地”的不死之城。

再说刘备占据荆南四郡后，下一步的战略方向，无疑就是西进巴蜀，攻取益州。这是刘备和诸葛亮共同制定的大战略，也是成就霸业至关重要的一步。

然而，刘备集团有一个无法忽视的后顾之忧。

那就是江东的孙权。

赤壁之战的胜利，毫无疑问是周瑜的功劳，可赤壁之战的战果，却大部分被刘备给吞了。付出与收获如此不对等，不要说孙权肯定是耿耿于怀，就连刘备自己，心里也是不免于惴惴的。

这倒不是说刘备对自己“摘桃子”的行为感到过意不去（毕竟在那个乱世，能抢到手就是本事，没必要温良恭俭让），而是刘备不免担心，昔日的同盟会因为荆州的归属问题而反目成仇，以致在东线燃起战火，破坏自己的西进战略。

更何况，自己的新公司刚刚开张，各方面的实力跟孙权都差了好几个数量级，眼下绝对不是跟江东开战的时候。

为了试探孙权的态度，也为了维护和巩固同盟关系，刘备决定亲自跑一趟江东，在外交层面上解除这个后顾之忧。

可是，诸葛亮却反对这次江东之行。

为什么？

在诸葛亮看来，周瑜现在很可能已经在想办法对付刘备了，一旦他说服孙权采取行动，此行便无异于自投罗网。

可刘备却没这么担心。在他看来，就算周瑜有不利于他的想法，孙权也未必答应。因为孙权主要防范的还是北边的曹操，必定不会轻易跟他这个盟友翻脸。

最后，刘备还是成行了，来到京口（今江苏镇江市）对孙权进行了友好访问。

让刘备后来惊出一身冷汗的是，一切不出诸葛亮所料，就在他抵达京口之前，周瑜已经给孙权上了一道奏疏，提出了一个对付他的策略。

周瑜说："刘备有枭雄之姿，又有关羽、张飞这等熊虎之将，必非久屈人下之辈。愚意以为，而今之计，最好是把刘备安置在京口，为他修建豪华宫室，多送给他美女珍宝，用声色犬马娱其耳目；同时，把关羽和张飞各置一方，让他们受江东大将节制，为江东所用，如此则大事可定。然而眼下，我们却把土地让给了刘备，成为他的资本，而刘、关、张三人同在疆场，恐怕有如蛟龙得云雨，终非池中物啊！"

刘备到达京口后，江东将领吕范也赞成周瑜的计划，力劝孙权就此扣下刘备，把他软禁起来。

就在这个关键时刻，鲁肃站了出来，坚决反对此议。他对孙权说："将军虽英明神武，但曹操的实力仍非常强大。如今我们刚刚入据荆州，应该利用刘备来安抚当地士民，如此既给曹操制造了对手，又扶植了我们的盟友，方为上策。"

面对这两种针锋相对的意见，孙权思忖良久后，内心的天平还是倾向了鲁肃。

他的看法是，要对付曹操，就必须“广揽英雄”，也就是建立广泛的统一战线；另外，刘备也不是那么好控制的，假如真的把他扣下，关羽、张飞、诸葛亮等人必然不会善罢甘休，最后的局面恐怕难以收拾。

所以，孙权决定继续与刘备交好。

为了表达诚意，孙权甚至决定跟刘备做亲戚——把自己同父异母的妹妹嫁给刘备。

此时刘备已年近半百，而孙权还不到三十岁，他妹妹据说年仅二十岁左右，跟刘备差了三十岁，也亏孙权想得出来！

然而，这就是政治。

作为一桩典型的政治婚姻，孙权和刘备都只会考虑此事是否对自己有利，而绝不会担心年龄问题，更不会去顾及孙小妹的意愿和感受。

刘备的太太甘夫人不久前刚刚病故，所以孙权的这个提议显得合情合理，而刘备更是没有任何理由拒绝。他这次来京口，主要目的就是巩固同盟关系、解除后顾之忧，如今既然能够达成这个目的，还意外得到了一个年轻貌美的老婆，他又何乐而不为呢？

于是，这桩婚事就这么定下来了。

此外，刘备此行还有一件事，就是让孙权承认他这个自封的“荆州牧”。当然，为了达到这个目的，刘备也十分殷勤地给孙权送上了一份厚礼。

这份厚礼就是——“表请”孙权为“行（代理）车骑将军”，兼领徐州牧。

在东汉末年，车骑将军可是一个非常高的职位，仅次于大将军和骠骑将军，居于卫将军和前、后、左、右将军之上，位次上卿，比于三公。而刘备自己才仅仅是左将军，这么一来，就等于刘备主动屈居下位了。

孙权此前的职位只是区区讨虏将军、会稽太守，跟他目前的实力极不匹配，现在刘备这么一操作，就让孙权实至名归，终于不愧为一方诸侯了，这份礼物不可谓不厚重。

人家刘备这么会办事儿，孙权自然要投桃报李，于是顺水推舟地承认了刘备的荆州牧一职。

这笔政治交易就这样圆满完成，可谓各得其所，皆大欢喜。

当然，从严格意义上讲，该交易纯粹属于“私相授受”，跟朝廷半毛钱关系都没有。不过，这根本就无所谓。反正自从天下大乱后，四方诸侯都是这么干的，天下人早已司空见惯，不足为怪。更何况，如今所谓的朝廷，不就是曹操他们家开的吗？刘备和孙权要给自己升官，当然犯不着去征求曹操的同意。

至此，刘备的京口之行可以说取得了超乎预期的圆满成功，不仅达成了政治交易，巩固了同盟关系，还抱得美人归，真的是老天开眼，惊喜三连啊！

而此时的玄德兄有多么惊喜和快乐，他的老对手孟德兄，就有多么惊诧和郁闷。

据说，当刘备与孙权的同盟关系进一步巩固的消息传到邺城时，正在伏案写字的曹操当场就愣住了。

然后，他手中的毛笔“啪”的一声掉到了地上。

在任何一个三方博弈、彼此制衡的游戏中，最可怕的事，就是其中一方看到另外两方勾肩搭背、称兄道弟。虽说刘备与孙权早在赤壁之战前便已结盟，并非现在才走到一起，但曹操其实是暗暗希望他们在战后为了争夺荆州而开撕的。

可惜，事与愿违。刘、孙两方非但没有开撕，反倒结成了亲家，俨然一副你侬我侬、情深义重的样子。

曹操很震惊，尽管没惊掉下巴，却也是猝不及防地惊掉了毛笔。

看来，“九合诸侯，一匡天下”的大业没那么容易实现了。最起码，在刘备和孙权的“政治蜜月期”结束之前，曹操意识到，自己不宜再打南征的主意，否则就有可能重蹈赤壁之战的覆辙。

当周瑜得知刘备非但没被软禁，反倒成了自己老板的妹夫时，不由啼笑皆非。

可事已至此，已无法挽回，当务之急，只能是暂时搁置荆州的问题，寻找新的方向开疆拓土，扩张势力。

周瑜选择的方向，跟刘备和诸葛亮英雄所见略同，就是益州的刘璋和汉中的张鲁。

毫无疑问，诸侯割据的形势发展到今天，纵观天下，巴蜀便是最后一块人人垂涎的大肥肉，就看谁能先下手为强了。

为此，周瑜立刻前往京口，向孙权进行了汇报。

他说："如今曹操战败不久，内部人心不稳，暂时不会与我们再度开战。我的计划是，与奋威将军孙瑜（孙权的堂兄）一同出征，攻取巴蜀，吞并张鲁，然后让孙瑜留守汉中，并与马超结盟，而我则回师荆州，跟将军一同进军襄阳，威逼曹操，北图中原。"

孙权当即表示赞同，并让周瑜马上回去，着手进行战备工作。

这是一个宏大的战略计划，如果实施，就算不能完全实现，至少会在相当程度上改变当时的天下大势，从而改变历史的走向。

别的暂且不说，刘备要想西取巴蜀，就不得不先过周瑜这一关。凭周瑜的才略，以及对他深入骨髓的敌意，刘备要想迈出这一步，恐怕会难如登天。

然而，历史的吊诡之处就在于，某个偶然事件，往往会在某个关键时刻突然出现，从而改变历史的进程，也一举改变很多人的命运。

发生在建安十五年（公元210年）十二月的这个偶然事件，就是周瑜之死。

当时，周瑜从京口返回江陵，途经巴丘时，突发急病，旋即溘然长逝，年仅三十六岁。临终前，周瑜留下了遗言。

准确地说，他是给孙权留了一封信。

> 人生固有一死，短命诚不足惜，只恨心中之志不得施展，更不能再为主公效命。如今曹操雄踞北方，疆场未曾平静；刘备寄寓荆州，好似养虎为患。天下之事，不知最终会是何种局面？此乃朝中志士奋发之日，亦是主公殚精竭虑之时也。鲁肃为人忠烈，临事不苟，可以代替我的职位。人之将死，其言也善。倘若我之所言有可采之处，瑜虽死无憾！

一代英雄，就此撒手人寰。

与孙坚和孙策一样，周瑜也是壮志未酬，含恨而终。

周瑜的英年早逝，千百年来一直令后人唏嘘扼腕。如果不是被《三国演义》在一定程度上给扭曲和污名化了，我相信，"雄姿英发"的周公瑾，在后世一定会拥有更多粉丝。

滚滚长江东逝水，浪花淘尽英雄。

所幸，英雄离开这个世界的同时，其实已经反身走进了青史。所以，他们不会被无情的浪花席卷而去，也不会被后人永远忘却。

余华说，死亡不是失去了生命，而是走出了时间。

我想说，某些人的死亡，的确是失去了生命，但却走进了永恒的时间。

比如周瑜，还有千百年来许许多多值得被记住的人，他们一旦走进了历史，也就走进了永恒的时间。

他们，虽死不朽。

借荆州：各取所需的政治交易

周瑜去世的噩耗传到京口，孙权如遭电击，失声痛哭道："公瑾有王佐之资，今忽短命，孤何赖哉！"（《三国志·周瑜传》注引《江表传》）

诚如孙权所言，周瑜的确是辅佐他成就帝王霸业最得力的股肱之臣。孙权对他的倚重，超过了江东的任何一个文臣武将。

所以，周瑜之死，的确是江东无可估量的损失。

倘若周瑜不是英年早逝，那么我们可以想见，许多年后的三国江湖，必定是周瑜、诸葛亮、司马懿这三个人中之龙对决的战场。而最终究竟鹿死谁手，恐怕难以预料。

可是，历史没有如果，只有一个个无法改变的结果。

逝者已矣。活着的人，只能化悲痛为力量，接过逝者未竟的事业，继续奋勇前行。

孙权"素服举哀"，并亲自奔丧，在芜湖（今安徽芜湖市）接到了周瑜的灵柩，然后迎回京口，花费国帑为他举行了一场隆重的葬礼，"众事费度，一为供给"。

办完后事，孙权依照周瑜的遗嘱，任命鲁肃为奋武校尉，接掌周瑜的部众。

在周瑜的遗嘱中，有两个重点，一个是推荐鲁肃，还有一个，便是担心刘备坐大——"刘备寄寓，有似养虎"。

这是周瑜最放心不下的事。

以周瑜的本意，当然是希望孙权和鲁肃对刘备采取行动，把这个日渐坐大的势力扼杀在萌芽状态。

然而，孙权和鲁肃却有不同于他的考量。

在他们看来，现在还远远不是对付刘备的时候。诚然，孙权和鲁肃也绝对不想看到刘备坐大，因为卧榻之侧，又岂容他人鼾睡？可问题在于，眼下对江东最大的威胁，并不是刘备，而是那个雄踞中原、对江南虎视眈眈的曹操！

假如现在除掉刘备，无异于自断了一条臂膀，只会令曹操称心快意。所以，孙权和鲁肃其实也知道，与刘备结盟必然会有“养虎遗患”的副作用，可为了对抗强大的曹操，他们也只能这么做。

没办法，这就叫两害相权取其轻。

所以，当鲁肃接替周瑜后，他给孙权的第一条建议便是——把荆州部分地区“借给”刘备。

怎么个借法呢？

就是孙权这一方，把南郡（主要就是江陵）及西面的夷陵地区让给刘备，并承认刘备对现有地盘（荆南四郡）的实际控制权，但条件就是刘备必须接受“借”这个说法，即承认孙权拥有整个荆州（当然也包括荆南四郡）的主权。

这就是历史上所谓的“借荆州”。

之所以用“借”这种说法，是因为孙权一方认为，自己是赤壁之战的主要胜利方，所以荆州作为战利品就应该属于江东，只是出于同盟关系，才暂时把部分地盘交给刘备管辖。换言之，孙权一方的意思就是，他们拥有荆州全部的所有权，但可以把其中一部分的使用权暂时出让给刘备。

这样一个逻辑，天然就暗含了一个前提，即孙权什么时候要把借给刘备的地盘讨回去，刘备就必须无条件奉还，否则还叫什么“借”呢？

平心而论，这个逻辑从本质上说是站不住脚的。

理由很简单：虽说赤壁之战主要是孙权这一方打赢的，刘备一方的功劳小得多，但问题是，在战前，双方并没有就荆州的归属问题有过任何协议，连口头的都没有。既然事先没有任何约定，那么当曹操败退之后，孙、刘两方当然就可以各凭本事抢地盘了，谁抢到就算谁的。荆南四郡就是刘备自己抢到手的，凭什么说它们的所有权一定是你孙权的呢？除了江陵、夷陵可以这么算之外，荆南四郡是绝对不能这么算的。

既然所有权不在孙权那儿，那所谓的“借”字当然就无从谈起了。所以，理论上讲，刘备是有理由拒绝这套逻辑的。

不过，在现实中，刘备却欣然接受了。

原因也很简单，就两个字：划算。

虽然这个“借”字听上去比较讨厌，但架不住人家提出的交换条件非常有诱惑力啊！

让刘备难以抗拒的，就是江陵这个地方。

江陵的前身是楚国国都“郢”，自春秋战国以来便是荆楚重镇，且位居南北水陆之要冲——北临襄汉，南扼湖湘，东接江左，西控巴蜀，是地地道道的战略要地。

刘备之前占领的武陵郡、零陵郡、桂阳郡和长沙郡南部，虽然幅员辽阔，但从地缘政治的角度讲，其战略价值都不大。如果江陵不在刘备手上，那不管是要北上襄樊打曹操，还是西进益州打刘璋，都将是举步维艰。

此外，孙权顺带还给了夷陵，这就等于为刘备打开了西进益州的大门，真可谓求之不得。所以，虽然承认孙权对荆州的所有权让刘备感到不爽，尤其是这个“借”字更让人觉得憋屈，但为了拿到江陵和夷陵，刘备也只能忍了。

至于将来孙权会不会把这些地盘都讨回去，眼下的刘备并不担心。因为一旦自己的实力足够强大，到时候就不是你孙权说讨就讨的，实在不行，大家就用拳头说话。

鲁肃提出这个“借荆州”的策略后，孙权很快就同意了。

可是，既然江陵具有如此突出的战略价值，孙权为何甘愿把它让给刘备呢？

有道是“甲之蜜糖，乙之砒霜”，这句话反过来说也同样成立。江陵对刘备而言价值重大，但在孙权手里头，却颇有鸡肋之嫌。

为什么这么说？

原因还是为了防备曹操。因为襄阳、樊城还在曹操手里，一旦曹军南下，位于长江北岸的江陵首当其冲，孙权就必须正面迎敌，而驻扎在长江南岸的刘备反倒可以躲在后面，这就完全违背了孙权与之结盟的初衷。而且，自从孙权进攻合肥，主动开辟了东线战场后，曹操就开始全力经营合肥，并派重兵布防，这就意味着孙权必须把主要兵力配置在东线，以防曹操越过长江，威胁孙权的大本营京口。

如此一来，孙权就面临着与曹操两线作战的压力，而且从东边的合肥到西边的江陵，战线长达一千多里，万一到时候真的两头开打，难保不会疲于奔命、顾此失彼。何况现在周瑜不在了，鲁肃虽说也能独当一面，可在军事方面，跟周瑜显然不可同日而语。

由于上述理由，不如就干脆把江陵让给刘备，让他去抵挡襄樊的曹军，替孙权守卫西大门。既然江陵给出去了，那位于西边的夷陵就成了一块“飞地”，留着也没什么价值，索性就打成一个大礼包，一块儿给了。

事实上，孙权与刘备结盟的目的，跟当初陶谦、刘表先后收留刘备的性质是一样的，在本质上都是利用刘备去抵御曹操，以减轻自身的压力。

说白了，在孙权眼里，刘备其实并未摆脱“雇佣兵”的角色。只不过现在这个雇佣兵，比过去强大了不少，所以在表面上必须给予他相应的尊重而已。

综上所述，可以归结为一句话——任何政治人物所做的重大决策，必然都是从自身利益出发，绝不会做没有好处的赔本买卖。

因此，“借荆州”这件事，不论对孙权还是对刘备而言，其实都是一笔各取所需的政治交易。

把南郡和夷陵给刘备，目的是为了防备曹操。而孙权紧接着又做了一个动作，目的则是防范刘备。

周瑜之前攻克江陵时，也打下了长沙北部的四个县：下隽、汉昌、刘阳、州陵。孙权当时把这四个县作为食邑封给了周瑜。如今周瑜不在了，孙权便将其转为鲁肃的食邑，并将这四个县从长沙郡分割出来，另行设置为汉昌郡（治今湖南平江县南），然后以鲁肃为太守，命他驻军陆口（今湖北嘉鱼县西南）。

同时，孙权又把豫章郡（治今江西南昌市）分出了一部分，另行设置为鄱阳郡（治今江西上饶市鄱阳县），并加强了这个地方的驻军。

因长沙郡南部由刘备占据，而豫章郡跟刘备所占的桂阳郡接壤，所以孙权这个操作，摆明了就是把刘备视为严加防范的潜在对手。

其实，不论古今中外，所谓的同盟都是一边互相利用，一边互相提防，孙权和刘备当然也不例外。所以，对于孙权在双方接壤地区加强军事存在这件事，刘备并不是很在意。真正让刘备感到郁闷的，是孙权利用联姻的方式直接在他身边部署了另一种意义上的“军事存在”。

这，就是刘备新娶的美娇娘——孙小妹。

一个二十岁左右的小女生，怎么就变成“军事存在”了呢？

因为孙小妹可不是什么温婉贤淑的弱女子，而是十分彪悍的“野蛮女友”。据《三国志·法正传》记载，“（权）妹才捷刚猛，有诸兄之风，侍婢百余人，皆亲执刀侍立，先主每入，衷心常凛凛”。

就是说，孙小妹是一个既有才干又泼辣刚猛的女中豪杰，其霸气程度丝毫不亚于大哥孙策和二哥孙权。用现在流行的一个字来总结，那就是——飒！

更可怕的是，随同孙小妹一道嫁过来的，还有一个一百多人的“女子警卫团”。这些女保镖个个身手不凡，随身都带着刀，且一天十二个时辰轮班守在孙小妹身边。这哪是来过日子的，分明是来监控并威慑刘备的嘛！

可怜刘备这个做老公的，每天进出老婆房间都胆战心惊，生怕哪天惹孙小妹不高兴，人家一声令下，这些女保镖一人一刀就可以把他剁成肉泥。

据《三国志·赵云传》注引《云别传》记载，刘备每天这样担惊受怕，最后实在受不了，就特意把生性沉稳、做事周全的赵云从桂阳调了回来，让他也带着一个警卫团跟那些女保镖站对面，这样总算是放心了一些。

这就是政治婚姻恶心人的地方。夫妻俩明明一口锅里吃饭，一张床上睡觉，却生生要搭配两个警卫团互相威慑，可能做梦都在担心对方给自己捅刀子。

可这有什么办法呢？想玩政治，就必须放弃普通人的情感和平凡生活的乐趣。有所得必有所失，只要你自己心甘情愿就好。

周瑜去世后，西征巴蜀的计划一度搁置，但很快甘宁就再度向孙权进言，劝他早下决断。

孙权也觉得此事宜早不宜迟，遂下定决心。

可是，江陵和夷陵现在已经给了刘备，要西进巴蜀，大军就得从他的地盘上过，自然得跟刘备打声招呼。于是孙权就派使节前往公安，对刘备说："刘璋软弱无能，难以自守，若是让曹操得到了巴蜀，那荆州就危险了。如今，我打算先攻刘璋，再打张鲁，一统南方。到时候，就算有十个曹操，也无须担忧了。"

孙权本以为，江陵和夷陵本来就是他的，现在跟你刘备打声招呼就算给足你面子了，相信刘备绝不敢说半个不字。

可孙权万万没料到，刘备居然一口拒绝了。

刘备是这么答复的："益州人民富庶，地形险阻，刘璋虽然暗弱，但也足以自保。而今若进兵巴蜀、汉中，粮秣物资的转运长达万里，想要顺利攻取而不失利，就算孙武、吴起再生恐怕也难以办到。现在有很多人以为，曹操在赤壁战败，实力受到了极大削弱，不会再有南征的想法。事实上，如今的曹操，三分天下已有其二，他必将在东海饮马，在吴地阅兵（意指一定会进攻孙权），怎么可能守着现有的地盘以终老呢？我们跟刘璋也算是一条战线上的，无缘无故自相攻伐，给曹操制造机会，让敌人乘虚而入，这实在不是久安之计。更何况，我与刘璋同为宗室，都衷心想要匡扶汉朝。如今刘璋得罪了阁下左右，我只会替他感到恐惧，实在不敢听从你的计划，还请多加宽恕。"

刘备说得冠冕堂皇，可归根结底，无非就是想留着这块肥肉独享罢了。

孙权不想听他瞎扯，命孙瑜直接率水军西上。

可是，孙瑜刚走到南郡，就被刘备拦下来了。刘备放话说："汝欲取蜀，吾当被发入山，不失信于天下也！"（《三国志·先主传》注引《献帝春秋》）

你如果非夺取巴蜀不可，我宁可披头散发逃进深山，也绝不失信于天下！

刘备就是有这本事，再难听的话从他嘴里说出来，都显得那么仁义。这句话其实就是在威胁孙权：别把老子逼急了，否则大伙一拍两散！

所谓"被发入山"，就是撕毁盟约、各走各道的意思。

刘备不光放了狠话，还立刻采取了一系列军事行动：命关羽驻守江陵，张飞进驻秭归（今湖北宜昌市秭归县），诸葛亮进驻公安，刘备自己则率部进驻孱陵（今湖北公安县西南）。

关羽麾下的水军是刘备眼下的主力和精锐，把他放在江陵，就是构筑第一道防线；刘备自己驻守在公安西南，就是构筑第二道防线；让张飞到西边的秭归驻扎，则是构筑第三道防线；公安现在已被刘备设为南郡治所，让诸葛亮进驻，就是要让他居中调度，负责粮草军需的供应。

这个架势，摆明了就是要开干啊！

眼看友谊的小船说翻就翻，孙权十分无奈，只好强吞下这口恶气，让孙瑜撤兵。

孙权不忍不行。因为江陵和夷陵已经给了刘备，现在翻脸，等于地盘白送，盟友又没了，万一曹操趁此机会再打下来，那局面可就难以收拾了。

据说几年后，当满口仁义道德的刘备自己跑到益州去攻打刘璋时，孙权气得七窍生烟，跳脚大骂："猾虏，乃敢挟诈如此！"（《资治通鉴·汉纪五十九》）

这个老滑头，竟奸诈到如此地步！

奸诈其实不是刘备的错。在乱世争天下，不奸诈的人早就死了，还怎么混呢？

严格来讲，这其实不叫奸诈，而叫权谋，毕竟兵不厌诈嘛。刘备的问题在于：明明一肚子权谋，却总喜欢标榜仁义。

他太过刻意经营自己的人设，有时候难免用力过猛，就会透出一个"假"字。

当然，刘备并非任何时候都是虚伪的，正如同他并非任何时候都是仁义的一样。像罗贯中老先生那样，居于正统立场，拼命要把刘备塑造成道德君子，其实适得其反；反之，若认定刘备就是个奸诈小人，显然也不太公平。

总之，人是这个世界上最复杂、最矛盾的东西，每一个活人都是如此，刘备自然也不例外。

曹操西征，马超败逃

孙刘结盟，迫使曹操不得不暂时放弃南征，转而把目光投向了西边。

跟刘备、孙权一样，曹操盯上的也是益州这块硕果仅存的大肥肉。不过要取益州，就必须先拿下汉中的张鲁。

建安十六年（公元211年）三月，曹操命钟繇、夏侯渊出兵征讨张鲁。

进兵汉中，势必要通过关中。有属下提醒曹操说，关中军阀马超、韩遂等人猝然见大军西进，一定怀疑是要打他们，到时候必然哗变。所以，应该先平定关中，然后汉中自可传檄而定。

曹操不听，仍按原计划出兵。

果然，马超、韩遂、杨秋、李堪、成宜等关中十部军阀闻讯，一夜之间全都揭起了反旗，共有部众十万，并迅速进据潼关（今陕西省渭南市潼关县北）。

马超，马腾长子，字孟起，自少年时代起便随父征战关中，勇猛无敌。数年前，马超曾率部驰援钟繇，击败河东叛将郭援，其部将庞德亲斩郭援首级，可以说为曹操平定河东立下了不小的战功。曹操因此对马超颇为垂青，屡次征召他，有心将他收至麾下，可都被马超拒绝了。

几年前，马腾携二子及家眷入朝，马超留在关中，被曹操任命为偏将军，封都亭侯，接管了马腾的部众。在曹操看来，把马腾和他一大家子全都捏在手里，马超一定不敢反。

没想到，马超居然说反就反了。

马超此举，显然是不计后果、极为鲁莽的行为。正是他这次造反，直接导致了灭族的惨剧——次年五月，马腾和两个儿子马休、马铁就全都被曹操杀了，并被夷灭三族，阖家老小无一幸免。

没有人知道马超为何会如此冲动。《三国演义》是把这两件事情的顺序调了一下，说马腾是因为密谋反曹被诛灭三族，然后马超才愤然起兵、为父报仇的。这么一来，逻辑上自然是理顺了，也为马超起兵提供了充足的理由和动机。但历史的真相并非如此，而是马超起兵在先，马腾三族被诛在后。

真实的历史往往就是这么不讲逻辑，经常让后世读者莫名其妙，反而是虚构的小说和影视作品，必须十分注重逻辑和人物行为的合理性，否则一定会被读者和观众骂死。

不管合不合理，反正马超就是起兵造反了。曹操本来就因这小子架子太大、屡次拒绝他的征召而不爽，这回可倒好，新账老账一块儿算！

曹操立刻命曹仁率众将进逼潼关，但特地叮嘱曹仁不可交战，先坚壁清野，等他率大军抵达后再亲自跟马超过招。

当年七月，曹操让世子曹丕和程昱留守邺城，然后亲率大军，向潼关进发。

当时，麾下众人大多认为，马超、韩遂等关西军队善于使用长矛，若不挑选出一批精锐作为前锋，恐怕很难抵挡。曹操却对此嗤之以鼻，说："战场的主动权，在我之手，不在贼人之手。贼人虽精于长矛，可我却会让他们的长矛无用武之地，诸位就等着瞧吧。"

八月，曹操大军进抵潼关，与马超、韩遂等联军隔关对峙。

潼关是扼守关中的门户，自古以来便是兵家必争之地。不过很多人可能不知道，潼关其实就是曹操建的，始建于建安元年（公元196年）。此关建成后，位于它东面一百多里外的古来第一雄关——函谷关，便逐渐废弃了。

曹操修建潼关的目的，本来是为了守卫关东，防备马腾、韩遂这些关西军阀，不料现在却被马超他们抢先占据，成了阻碍自己进兵的一道险关要隘。有趣的是，在此后一千多年的历史上，潼关事实上一直承担着关中门户的角色，主要起着保卫长安和关中平原的作用，与曹操修建此关的初衷完全是相反的。

潼关之所以成为名冠天下的战略要地，与其独特的地理位置有关。它位居晋、陕、豫三省要冲，北临黄河，南依秦岭，谷深崖绝，山高路狭，地势异常险峻。黄河自北向南流来，在此突然折往东边，几乎形成了一个直角，而潼关就位于这个直角的拐弯处。

可想而知，要对这样一座一夫当关、万夫莫开的雄关发起强攻，势必要付出极大的代价。

曹操不想付出这个代价，决定智取。

他一边命部队发起佯攻，给关中联军施加压力，吸引他们的注意，一边却命徐晃、朱灵率精锐步骑四千，悄悄从蒲阪津（今山西永济市西黄河渡口）渡过黄河，作为先头部队在西岸建立基地。

很显然，曹操的战术就是向北绕过潼关，从后侧包抄敌人。

这一年闰八月，曹操命主力北渡黄河，自己仅率一百多名虎贲卫士留在南岸断后。如此一来，曹操就等于把自己的后背完全暴露给了马超。

马超也是身经百战之人，岂能放过这个绝佳的攻击机会？他当即亲率一万多步骑，冲出关门，对曹军发起猛攻。

就是这一仗，让过于托大的曹操险些送了老命。

马超军人多势众，一边冲锋一边放箭，瞬间“矢下如雨”。而曹操却毫无惧色，坐在一张胡床（类似于现在的小马扎）上岿然不动。这可急坏了身边的“警卫团长”许褚。他和几名卫士不由分说，架起曹操就往一艘小船上跑。

小船还没离岸，马超大军已逐渐迫近，继续拼命放箭。转眼间，船上的好几名水手就被流箭射死了。许褚情急之下，用左手抓起一只马鞍，护在曹操头上，同时右手抓起竹篙，拼尽全力一撑，这才让船脱离了河岸。

此时，马超大军已杀到了岸边，可曹操乘坐的小船并未驶远，还在弓箭的射程之内，若无人来救的话，饶是曹操有许褚和马鞍护体，恐怕也会被射成一只刺猬。

所幸，危急时刻，岸上还有一个叫丁斐的校尉。

这个丁斐，估计是曹军中分管后勤的，手下没几个人，但是手底下牛马成群。可能是为了让主力部队先渡河，所以丁斐和他的“牛马大军”就被留在了最后。此刻，眼见曹操身处险境，丁斐急中生智，就命手下把“牛马大军”全都放了出去。

马超的部众虽然骁勇善战，可军纪却不咋地，一看到漫山遍野的牛马，忙不迭地开始哄抢，也没人去管曹操了。

就这样，曹操侥幸逃过一劫，顺利渡过了黄河。

马超策马立在浊浪滚滚的黄河边，也只能望洋兴叹，徒唤奈何。

当时，先行渡河的众将领不知曹操能否脱险，一个个惊恐不安，等到曹操平安归来，众人不由悲喜交加，有人甚至喜极而泣。而此时的曹操，非但没有侥幸逃生的惊惶之态，反而满不在乎地哈哈大笑，说：“今天差点儿被那小贼困死！”

这就是曹操。好像不管在任何时候，他都能保持斗志昂扬的“革命乐观主义精神”，将生死完全置之度外。

仅凭这一点，曹操就不愧为一代枭雄。

随后，曹操率主力进至蒲阪，旋即西渡黄河，在冯翊郡（治今陕西大荔县）与徐晃、朱灵会合。

经过两度转进，曹军已如神兵下凡，出现在了关中联军的侧翼，令潼关天险形同虚设。

不过，虽然成功跨越了潼关天堑，但紧接着就又有一道难题摆在了曹操面前。

黄河沿岸，支流众多，沟壑纵横，几乎没有一条像样的道路，这对曹军的行军和后勤运输无疑造成了极大的障碍。

怎么办?

没有路，那就修出一条路!

曹操立刻命工兵全体出动，沿着黄河西岸，硬生生由北往南修出了一条“甬道”。所谓甬道，不是一般道路，而是两侧有墙壁或其他遮蔽物的特殊通道。当然，限于战场的条件，不可能修筑石墙，曹操只能命后勤部队把大小车辆都弄上去，然后命工兵砍伐树木，在车辆之间修起栅栏，这就形成了一道简易却实用的木墙。

之所以不惮其烦搞这么大的工程，目的是防备关中联军袭扰，尤其是防备对方骑兵的冲锋。很快，曹军就通过这条甬道推进到了渭水北岸。

此时，马超等关中联军也已撤出潼关，退到渭口（渭水入黄河处）据守。两军由此前的隔关对峙，变成了现在的隔河对峙。

曹操随即派出多支小股部队，四处游击，让马超等人无从判断对方要从何处渡河。然后，曹操选择了一个地点，命工兵架设浮桥，一夜之间就将部分主力推进到了渭水南岸，并迅速筑起了营垒。

眼看曹军步步紧逼，马超忍无可忍，遂主动出战，于某日深夜率部袭击曹营。不料，曹操早就算准了他要来偷袭，所以也早就为他准备了伏兵。

可想而知，马超被打得大败而逃。

到了这一刻，马超算是充分领教曹操的手段了。他和韩遂等人商议了一下，决定好汉不吃眼前亏，先躲过这一遭再说，遂派人去跟曹操求和，并表示愿意割让黄河以西的土地。

可是，曹操却一口回绝了。你小子说造反就造反，想求和就求和，天底下哪有这么便宜的事？更何况那天在黄河岸边，你差点把老子射成刺猬，这笔账岂能不算？

当年九月，曹操全军渡过渭水，摆开了与关中联军决战的架势。

不过，曹操也只是故意摆出架势、对敌人形成威慑而已，他压根就不想跟关中联军正面对决。理由他之前就说过了，要让关中联军的长矛没有用武之地。

所以，随后的日子，马超等人连番挑战，曹操却愣是坚守营垒，毫无反应。马超、韩遂等人没辙，只好再次遣使求和，这回不光是献上土地，还承诺每人都献上一个儿子作为人质。曹操本来照样要拒绝，可贾诩却在一旁建议，说不妨假意答应他们。

曹操问："你有何计？"

贾诩阴阴一笑，道："无他，离间而已。"

曹操心领神会，说："懂了。"

关中联军得知曹操同意了，无不长长地松了一口气。韩遂与曹操有些旧交，这时就想跟曹丞相叙叙旧情、拉拉关系，于是主动要求见面。曹操马上应允，跟他约了个时间。

到了约定时间，双方来到两军之间的一个空旷地带，骑在马上就开始聊。据说，这一聊就聊了很长时间。当然，双方所言都与军事无关，只聊一些洛阳旧事。谈到高兴处，两人竟都拊掌大笑，一派老友重逢、其乐融融之状。

韩遂手下都是些边地汉人和凉州胡人，从没见过曹操，这会儿便都挤成一团，争先恐后地要一睹曹丞相尊容。曹操把脸转向他们，大笑道："你们是想看我曹孟德吗？我也是个人，并没有四只眼睛两张嘴，只不过智谋多一点罢了。"

曹操这个人就是这么好玩。我们翻阅史料，经常能看见曹操动不动就大笑，动不动就幽上一默，十分有血有肉，一点都不像故纸堆里那些正儿八经、呆板无趣的古人，倒更像是由编剧精心塑造的影视作品里鲜活生动的人物。

三国这出大戏之所以精彩，在相当程度上，就是因为曹操这个男一号特别能"演"，不但在主线情节上表现得十分出彩，还特别能在细节上给自己"加戏"。

曹操和韩遂在大庭广众下相谈甚欢，不禁让马超、杨秋等人犯了嘀咕。

韩遂一回营，马超就忍不住问他："你们刚才聊什么了，那么高兴？"

韩遂说："没聊什么啊。"

一般这么说的话，八成就是心里有鬼。马超等人不由满腹狐疑。几天后，曹操又专门给韩遂写了封信，并故意对信中文字做了很多涂抹点窜，弄得好像是韩遂见信后，为了掩盖什么而修改的一样。

然后，在曹操的精心安排下，这封信不出所料地落入了马超手中。

马超等人一看，越发怀疑韩遂叛变了，私底下肯定跟曹操做了什么见不得人的交易。

至此，曹操估摸着这帮造反派已经互相猜疑、离心离德了，遂悍然撕破假面，下令对关中联军发动全面进攻。

决战当天，曹操先命轻装步骑兵与对方接战，待双方杀得难解难分之际，突然命虎豹骑绕到敌军后侧，以合围之势发起强攻。

关中联军本来就因相互猜疑而军心不稳，现在一看虎豹骑从背后杀来，再不逃命就要被团灭了，遂纷纷夺路而逃，顷刻间全线崩溃。

关中军阀成宜、李堪等人跑得慢，被虎豹骑一一砍掉了脑袋，只有马超、韩遂、杨秋三人侥幸脱逃——马、韩逃奔凉州（治今甘肃张家川县），杨秋逃奔安定（治今甘肃镇原县东南）。

当年十月，曹操乘胜追击，进围安定，杨秋不敌，只好投降。

十二月，曹操命夏侯渊驻兵长安，同时任命张既为京兆尹，负责治理关中，然后班师凯旋。

战后，曹操和众将领对此次西征进行复盘，曹操详细分析了在这场战役中运用的各种战略战术，令众将大为叹服。其中，有件事特别让众将不解，就是当初关中的十路军阀并非一起进入潼关，而是马超和韩遂先到，其他各部日后才陆续抵达。当时，曹操每接到一份情报，说关中哪路军阀又到了，他不但毫不担心敌军兵力的增加，反而每一回都面露喜色。

众将当时不便发问，现在纷纷追问曹操这是何故。

曹操为他们揭开了谜底，说："关中地方那么大，如果各路贼人分别据守险要，我们要打，没有一两年是搞不定的。如今，他们全都聚到一块儿了，虽然人多势众，但谁也不服谁，全军没有主帅，一战便可歼灭。能如此轻易地获得胜利，我当然该高兴啦。"

众将闻言，恍然大悟。

曹操这番话，不仅解除了众将的困惑，同时也揭开了另一个更大的谜底，那就是——曹操当初命钟繇进攻张鲁，很可能只是一个幌子，真正目的其实是逼反马超、韩遂等关中军阀。

换言之，曹操故意虚张声势，就是为了把马超、韩遂等人一网打尽，以便为进攻张鲁和刘璋扫清障碍。

所以，马超等人其实自始至终都被曹操玩弄于股掌之中，不论在战术层面，还是在战略层面。

曹操的谋略之深，于此可见一斑。

引狼入室：益州的变局

益州，东汉十三州之一，民生富庶，疆域辽阔，其范围大抵包括今天的四川、重庆、云南、贵州，以及陕西南部、缅甸北部等。

首任益州牧，是刘璋的老爹刘焉。

刘焉，字君郎，江夏郡竟陵县（今湖北天门市西北）人，出身宗室，历任洛阳令、冀州刺史、宗正、太常卿等职。汉末天下大乱，刘焉听人说“益州有天子气”，便蠢蠢欲动，建议灵帝将当时各州的“刺史”改为“州牧”，理由是刺史的权力太小，不足以镇压各地叛乱。灵帝同意后，刘焉便自请出任益州牧，然后就跑到益州搞起了独立王国。

刘焉这个人，还是有两把刷子的。他到益州后，头一件事就是跟朝廷脱离关系。为了达到这个目的，他把手下的一个司马派到了汉中，命他“断绝谷阁，杀害汉使”（《三国志·刘焉传》），也就是封锁进入益州的道路，杀掉朝廷派来的使者。

刘焉派出的这个手下，就是张鲁。

张鲁替他干了这些脏事之后，刘焉又假惺惺地给朝廷上表，说“米贼（张鲁）断道，不得复通”，把责任都推给了张鲁。

随后，刘焉在益州一边招降纳叛，培植自己的势力，一边杀戮立威，镇压当地的豪强士族，还杀了不少不听他号令的地方官。就这样，刘焉逐步站稳了脚跟，然后就堂而皇之地做起了土皇帝，按照天子规格制作了车舆、服饰，等等。

数年后，董卓被杀，长安大乱，刘焉就打起了关中的主意，命长子刘范、次子刘诞联合马腾，与李傕等人开战，不料却是肉包子打狗有去无回，两个儿子都被李傕杀了。

刘焉有四个儿子，除了一出场就挂掉的这两位，还有一个老三叫刘瑁，老四就是刘璋。

刘焉痛失二子，悲不自胜，赶紧把当时还在朝中担任奉车都尉的刘璋召了回来。没过多久，刘焉一病不起，然后就翘了辫子。他死后，三子刘瑁不知何故突发精神病，也跟着一命呜呼了。硕果仅存的老四刘璋就这样成了唯一继承人，顺理成章地接任了益州牧。

刘璋，字季玉，生性“懦弱少断”，既没有人主的威严，也缺乏治国理政的才干。当时，南阳、关中等地，有很多流民逃难到了益州，其中的青壮年被收编成军，号为“东州兵”。东州兵是外乡客，跟本地的原住民不和，经常干些违法乱纪、欺压百姓的事情，刘璋也没有办法禁止。久而久之，便导致了“政令多阙，益州颇怨”的局面。

眼看刘璋继位后，把益州搞得民怨沸腾，张鲁打心眼里瞧不上他，索性割据自立，不再听益州号令。刘璋这个人本事不大，脾气却不小。他一怒之下，便杀了住在成都的张鲁的母亲和弟弟，并派将领庞羲进攻汉中，可庞羲数度进攻都以失败告终。

从此，刘璋和张鲁的死仇就算结下了。

面对当时的群雄割据之势，刘璋也知道益州不安全，迟早会被各方诸侯盯上，加之张鲁又在“卧榻之侧”虎视眈眈，便越发恐惧。所以，刘璋只能想方设法去抱曹操的大腿。

早在建安十年和十二年，刘璋就曾两次遣使去向曹操示好。到了建安十三年，刘璋得知曹操拿下了荆州，眼看战火都烧到家门口了，赶紧又派了一个人去见曹操，表示愿意替曹操征发徭役，并提供兵员，一副摇头摆尾的跪舔之状。

刘璋派去的这个人，就是日后“引狼入室”、帮刘备谋取了益州的张松。

张松，时任益州别驾，蜀郡（治今四川成都市）本地人，据说身材矮小，为人放荡不羁。所谓浓缩的就是精华，张松这家伙虽其貌不扬，但十分精明，一肚子鬼主意。他奉刘璋之命去见曹操，却压根不想替刘璋办事，而是企图投靠曹操，并做曹操的内应，帮他谋取益州。

曹操本人虽然算不上君子，但他生平最厌恶卖主求荣的不忠之人，加上张松长得实在对不起观众，所以曹操打心眼里反感他，就十分怠慢，不怎么搭理他，临了还故意给了张松一个穷乡僻壤的县令之职。

当时的惯例是，凡各地诸侯遣使去拜见曹操，曹操都会礼尚往来，以朝廷的名义给来使一个职位，虽不一定实际到任，但所给的官帽子肯定比使者原有的大，且毕竟是朝廷所赐，名义上也是一种尊崇。

可是这回却大大不同。要知道，张松本人已经官居益州别驾，相当于今天的副省长兼省政府秘书长，可曹操却给了他一个十八线小县城的县长，这不是故意恶心人吗？

虽说张松是来跪舔的，但你不让人家舔也就算了，说几句客气话打发了便可，又何必弄这么一出来侮辱人呢？

张松感觉自己的尊严被按在地上狠狠摩擦了一回，自然是又羞又愤，回到益州后，就拼命说曹操的坏话，力劝刘璋跟曹操这个老贼绝交。

曹操一辈子精明过人，这回却实实在在犯了“以貌取人”的错误。

张松在益州身居要职，深受刘璋信任，而且又是成都本地人，不论在朝还是在野都是根深势大，而凭借曹操强大的实力，再加上有这家伙充当内应，拿下益州简直是十拿九稳，甚至可以说是探囊取物。

后来的刘备之所以不费多大力气便得到益州，就是这个张松帮了大忙。

可见，曹操犯的这个错误，是完全不可原谅的，白白扔掉了一块唾手可得的大肥肉，也等于白白送给了刘备一个成就霸业的机会。

东晋史家习凿齿就为此发了一句颇为精辟的感慨：“昔齐桓一矜其功而叛者九国，曹操暂自骄伐而天下三分。皆勤之于数十年之内而弃于俯仰之顷，岂不惜乎！”（《资治通鉴·汉纪五十七》）

昔日，身为霸主的齐桓公在“葵丘会盟”时，一不留神流露出了自负自夸的样子，许多诸侯国就背叛他了；今日，曹操偶尔表现出了傲慢无礼的态度，就导致了后来的天下三分。这都是兢兢业业几十年积累下来的成果，却在一低头、一抬头的瞬间就毁了，实在是太可惜了！

刘璋对张松言听计从，他说跟曹操绝交，刘璋果然就不再理睬曹操了。

建安十六年，当曹操命钟繇进兵汉中的消息传到益州时，刘璋深感恐惧，赶紧找张松来商议对策。

当初听你的跟曹操绝交了，那么粗的大腿愣是没抱上，现在可倒好，人家曹操要来打张鲁了，下一个肯定轮到咱们，你说该怎么办?

张松告诉刘璋，不一定非要抱谁的大腿，其实找个打手来看家护院也是可以的。张松就是在这个时候，隆重推出了刘备——这可是你们老刘家的亲戚，又是曹操的死敌，且善于用兵，若是请他打张鲁，张鲁必败；到时候由他看守咱们益州的北大门，还用怕姓曹的老贼吗?

刘璋一想也对，大家都是宗室之人，同气连枝，肯定比外人靠谱，便问张松该派何人去跟刘备接洽。张松马上推荐了一个人——此人眼下还默默无闻，日后却成了刘备帐下最重要的谋士之一，也是蜀汉政权中深受刘备信任的股肱重臣之一。

这个人就是法正。

法正，字孝直，扶风郡郿县（今陕西眉县）人，出身于名士家庭。建安初年，他与同乡好友孟达一同入蜀，曾任县令，混了十多年，到现在还只是一个小小的军议校尉，因不受重用，常郁郁不得志。张松跟法正的私交不错，两人就经常在一块儿吐槽——张松骂刘璋懦弱无能，干不成大事；法正骂刘璋有眼无珠，不会用人才。

私下里一起骂老板，是很容易增进员工情感的，所以张松和法正慢慢就成了铁哥们儿。这回，张松劝刘璋请刘备入蜀，就是存心要把刘璋给卖了。这种卖老板的事情当然不宜让旁人插手，只能找老铁一块儿干，所以张松就推荐了法正。

刘璋遂命法正出使荆州。法正怕人看出他跟张松之间的猫腻，就故意推三阻四，表现得很不情愿。直到刘璋再三催促，他才装出一副勉为其难的样子，跑了一趟荆州，跟刘备见了一面。

回来后，法正马上对张松说，咱们没看走眼，这个刘玄德果然是个雄才大略之人，请他来益州当老板准没错！

于是，迎刘备入蜀的事情就这么定了。两人一番密谋之后，张松又去见刘璋，极力鼓吹刘备如何仁义，然后恐吓刘璋说："如今，咱们益州的将领如庞羲、李异等人，都是居功自傲、骄横不法的家伙，企图与外面的势力勾结。如果不能得到刘豫州的帮助，咱们势必陷入'敌攻其外，民攻其内'的困境，那就是死路一条了！"

刘璋被唬得一愣一愣的，当即拍板，命法正和孟达率四千人，赴荆州恭迎刘备。

此时的刘璋并不知道，他这么做纯属引狼入室，完全是在自掘坟墓。

其实，益州也不是没有明眼人。比如一个叫黄权的主簿，就极力劝谏刘璋，说："刘备有骁勇之名，如今请他来益州，把他当成属下吧，他心里肯定不满足；把他奉为上宾吧，则一国不容二君。如果客人有泰山之安，那主人一定有累卵之危。而今之计，不如闭境自守，以待局势安定。"

刘璋不听，把黄权赶出了成都，贬到了一个小地方去当县长。

还有一个叫王累的小官，见黄权劝谏不成，索性把自己倒挂在了城门上，希望用这个出格的"行为艺术"劝阻刘璋，可刘璋都懒得理他。王累万般无奈，就在城门口自刎了，拿自己的一条命进行死谏，可刘璋照旧无动于衷。

谁反对都没用，一切按原计划进行，益州的变局就此注定。

很快，法正就率领他的迎宾队伍浩浩荡荡地来到了荆州。

上次来只是摸个底，这回法正就直奔主题了，对刘备说："以将军的才干和贤明，足以将懦弱无能的刘璋取而代之。何况，还有身居要职、被刘璋视为心腹股肱的张松作为内应，要拿下益州，可谓易如反掌。"

对于做梦都想得到益州的刘备而言，这个机会无异于天上掉下来一块大馅儿饼，自然是求之不得。可是，事到临头，刘备却犹豫了起来。

他在犹豫什么？

很简单，他担心这么干会破坏自己多年来苦心经营的人设。出道这么些年，当初一穷二白的刘备凭什么混到今天？他主要凭借的，不就是"仁义宽厚、急公好义、锄强扶弱、诚信待人"这些标签所共同打造的那个完美人设吗？现在让他打着救人急难的名义去抄人家的老窝，简直就是赤裸裸的自我打脸，这也太颠覆世人的三观了吧？

倘若大事能成，那打脸就打脸了，颠覆就颠覆了，反正成功之后再来涂脂抹粉，修复人设，那都不叫事儿。可关键的问题是，万一失败了呢？那他刘备以后还怎么在江湖上混？将来还有谁愿意跟他打交道？万一以后又被曹操打得满世界跑，还能有谁愿意收留他呢？

想到这些，刘备就不可能不犯踌躇。

就在刘备举棋不定的当口，有个人站出来劝他了，最后终于促使他下定了决心。

这个人就是"凤雏"庞统。

庞统，字士元，荆州襄阳人，小时候呆呆傻傻的，没人拿他当回事儿："少时朴钝，未有识者"（《三国志・庞统传》）。直到二十岁那年，庞统的才学才被人发现。有一天，庞统去见水镜先生司马徽，当时司马徽正在树上采桑，庞统就坐在树下跟他聊天，两人聊着聊着，竟然从白天一直聊到了晚上。司马徽对庞统的才识大感惊异，从此逢人便说，庞统"当南州士之冠冕"，就是说有朝一日，庞统会成为南方士林中首屈一指的人物。

得到水镜先生如此盛赞后，庞统的名气才渐渐大了起来。

庞统的叔父庞德公是荆襄名士，对司马徽、诸葛亮和庞统都很看重，就是他分别给三者起了"水镜""卧龙""凤雏"的雅号。

后来，庞统进入官场，在南郡做过一段时间的功曹，就是主管KPI（关键绩效指标）评审的，其间给人打的分数，普遍都高于当事人的实际绩效。有人觉得庞统是在放水，就质问他为何这么干。庞统的回答是："如今天下大乱，正义之道逐渐式微，善人少而恶人多。我想兴起良善的风俗，以达到助长正道的目的，所以要宣扬好的榜样，改善世风，如果不这样做，善人只会越来越少。十个人当中，如果可以改善五个人，就可以将此事完成一半，进而达到教育世人的目的，使有志者可以自勉自励，这样难道不行吗？"

赤壁之战后，庞统投到了周瑜麾下，先任功曹，后任从事（相当于办公厅主任）。周瑜去世，庞统扶棺送葬，到了东吴，结交了陆绩、全琮等江东官员，其名声也随之在江东传播开来。

后来，刘备接管了南郡，庞统被下放到地方，挂职耒阳（今湖南耒阳市）县令。可能是觉得被轻视了，庞统有些不爽，就不怎么干活，然后就被罢免了。鲁肃听说后，就专门给刘备写了封信，告诉他庞统"非百里之才"，就是说让他当区区县令太屈才了。

那庞统适合当什么官呢？鲁肃建议刘备，应该让他担任治中、别驾这种级别的官，才能充分施展他的才华。

治中、别驾，那可都是副省级高官啊，刘备居然把人家弄去做县令，后来还把县令给免了，这可不就是埋汰人才吗？

与此同时，诸葛亮也在提醒刘备，说这位“凤雏”当初可是跟他齐名的，实在不应该埋没了。刘备这才终于回想起来，当年司马徽就是同时推荐这两位的，这几年戎马倥偬，居然把“凤雏”忘得一干二净，确实是委屈人家了。

随后，刘备赶紧召庞统来见。一聊之下，果不其然，是个大才啊！旋即任命庞统为治中，并与诸葛亮同为军师中郎将。

据《三国志·江表传》记载，有一天，刘备忽然想起一件事，就问庞统：“你之前在周瑜手下，有件事你应该知情，就是当初我去江东，听说周瑜曾给孙权上了一道密奏，劝孙权扣留我，有这回事吗？”

庞统只答了一个字：“有。”

刘备一听，顿时后怕不已，道：“当时我处境危急，有求于孙权，不得不前往，没想到差点遭了周瑜的毒手！看来天下的智谋之士，果然是所见略同啊，当初孔明就劝我别去，所担心的正是这个。现在看来，那次江东之行实在太冒险了，绝非万全之策啊！”

庞统得到刘备的重用后，自然是尽心尽力，而他这一生对刘备做出的最大贡献，就是这一次关于益州的谋划。

眼看刘备犹豫不决，庞统便进言道：“荆州历经数年战乱，已荒凉残破，人、财、物力消耗殆尽，而且东有孙权，北有曹操，难以得志。益州户口百万，土地肥沃，财富丰足，若能以其为资本，则大业可成啊！”

刘备面露难色，说出了自己的担忧：“我与曹操势同水火，而且处处相反。曹操严厉，我则宽厚；曹操残暴，我则仁慈；曹操诡谲，我则忠信。就是要事事与他相反，大业才可成就。如今，若是因为贪图小利而失信义于天下，将来如何善后？”

说一千道一万，就是人设问题。

刘备的这番自我剖析，很清楚地表明，他的人设就是在先天性格的基础上刻意经营的结果。尤其是处处跟曹操相反，更加说明先天的成分小，刻意为之的成分大。

所以，如今让他为了夺取益州而颠覆人设，变成跟曹操一样的人，这么做到底划不划算，最终得到的利益能否大于他这么多年的经营和付出，刘备不能不做一番审慎的考量。

庞统当然知道他在担心什么，便直言不讳道："战乱之世，只固守一套原则，是不足以定天下的。更何况，吞食弱小，兼并愚昧，逆取顺守，都是古人称道的做法。等到大事成了，就封刘璋一个大一点的食邑，在信义上有何亏欠？今日不取益州，它终究也会落入他人之手。"

弱肉强食的丛林法则，向来都是这个世界最底层的逻辑，不论是一千多年前的三国乱世，还是21世纪的今天，本质上都一样。人类通过文化、道德、法律，等等，让自己从野蛮逐步走向了文明，但人性的自私和贪婪却从未有丝毫改变，对生存资源和各种利益的争夺，也同样亘古如斯。

在个体层面，人们的行为或许还会受到道德和法律的约束，然而在国家层面上，对资源和利益的争夺基本上就是被丛林法则支配的。所谓的道义或国际规则，通常只是一层薄薄的遮羞布，随时可以被捅破。决定一个国家命运的终极因素，有且只有一个，那就是实力。所以，德国的铁血宰相俾斯麦才会说："真理只在大炮的射程之内。"

今天，真理当然不会在大炮的射程之内，但一定是在洲际导弹的射程之内。

所以，居于上述理由，当刘璋拥有益州广阔的地盘和丰富的资源，而实力却又十分弱小的时候，曹操、孙权、刘备这些势力都对他虎视眈眈，就完全是情理中的事了。

匹夫无罪，怀璧其罪。刘璋最终的命运，必然是被人"吃掉"，区别只是谁来下嘴而已。

如今，刘备身在荆州，离益州最近，而且又是刘璋主动邀请，另外还有张松、法正充当内应，可谓天时、地利、人和，全齐活了，此时不下嘴，更待何时？

天予不取，反受其咎。送到嘴的肉，不吃白不吃！

一向高举仁义大旗的刘玄德，终于下定决心，做一回不仁不义的强盗。

建安十六年十二月，刘备命诸葛亮、关羽、张飞、赵云留守荆州，自己带着庞统等人，亲率步卒数万，随同法正溯江西上，朝着他梦寐以求的益州进发了……

权臣的自我修养

得到刘备入蜀的消息，孙权忍不住破口大骂。

可是，明知道刘备虚伪狡诈又能如何？这年头在江湖上混，不就是互相蒙骗、互相利用吗？除非你不想让他替你防御西线、抵挡曹操了，否则这口恶气你也只能暂且吞下。

出于大局考虑，孙权不敢撕毁盟约，但有另一种东西他却是可以撕的。那就是刘备与孙小妹的婚姻关系。

为了表达自己的愤怒，孙权立刻派出船队，远赴江陵，要把妹妹接回来。孙小妹当然也知道二哥被刘备耍了，内心的愤怒丝毫不亚于孙权，所以立马收拾金银细软，然后带上她的“女子警卫团”，头也不回地登上了回江东的船。

同时，她还“顺手牵羊”地带走了一个人。

这个人就是年仅五岁的阿斗。

孙小妹这么做，目的当然不是带阿斗去江东旅游，让他饱览祖国的大好河山，而是要把刘备这个宝贝儿子扣为人质，以此报复刘备，并作为筹码在日后要挟刘备。

如果孙小妹得手，那刘备的损失可就大了。所幸，危急关头，阿斗命中注定的保护神又出现了。

他就是赵云。

赵云发现阿斗不见了，立刻叫上张飞和一帮弟兄，风驰电掣地追到了码头，截住了刚刚要扬帆起航的江东船队。

孙小妹手下那帮女保镖们，自然少不了跟赵云等人一番对峙。

不过，眼前这两位，一个是长坂坡吓退虎豹骑的张翼德，一个是从万军之中抢回幼主的赵子龙，他们一发威，恐怕再狠再飒的女保镖也会心生惧意。更何况，这里是刘备的地盘，真要动起手来，孙小妹恐怕从此就回不了娘家了。

没办法，孙小妹只能不情不愿地把阿斗还给了他们。然后，孙小妹就回了江东，从此再也没有见过刘备。这桩折磨人的政治婚姻仅仅维持了三年，就这样无疾而终了。

事实上，不论对刘备还是对孙小妹而言，这个结果都是一种解脱。

刘备的此次益州之行，受到的礼遇远超所有人的想象。

刘璋专门颁下敕书，命沿途各郡县官员都要用盛大的礼仪迎送刘备，不但好吃好喝供奉，临走还要带上一笔厚礼，“前后赠遗以巨亿计”（《资治通鉴·汉纪五十八》）。刘备感觉自己就像英雄回到了家乡一样，“入境如归”，实在是生平未有之待遇。

一路上只有一位益州官员，对刘备的到来感到了极大的忧虑和恐惧。他就是时任巴郡（治今重庆市）太守的严颜。

严颜捶着自己的胸口，仰天长叹道：“此所谓‘独坐穷山，放虎自卫’也。”（《三国志·张飞传》注引《华阳国志》）

独自坐在深山里，想找一只老虎来保护自己，结果只能是被这只老虎吃掉。

但是，此时的刘璋可不这么想。他自以为请来了一支兵强马壮的雇佣军，正喜不自胜呢。为了表达诚意，刘璋亲率三万步骑，带着一支豪华车队，专程来到涪城（治今四川绵阳市涪城区）迎接刘备，并精心准备了一场隆重的欢迎仪式。

刘璋绝不会料到，此刻，一场针对他的刺杀行动已经在酝酿中了。

行动的策划者就是张松。他派人给法正送来口信，让法正秘密通知刘备，一不做二不休，就趁这次会面动手，干掉刘璋。

刘备吃了一惊，对法正说：“此事绝不可如此仓促！”

一见面就把人家干掉，这也太穷凶极恶了吧？虽然益州是早晚要拿下的，但是让刘备用如此狠毒的方式去拿，吃相未免太难看了，完全不是他的风格，所以刘备断然拒绝。

庞统见状，便提出了一个折中方案，说：“那就在宴会上把刘璋抓起来，如此便可不费一兵一卒，坐拥整个益州。”

庞统的方案，吃相是好看了些，问题同样是操之过急。

刘备沉稳持重的性格，这时候就发挥作用了。他说：“咱们初来乍到，恩德和信义都还没建立，不可冒这个险。”

虽然刘备很喜欢标榜仁义，但他此刻的这个顾虑却绝非大而无当的道德说辞，而是十分切合实际的现实考量。

因为干掉刘璋容易，可要在这么短的时间内一举征服益州人心，则是一件非常困难的事情。尤其是在毫无正当理由的情况下对刘璋下手，不管是杀还是抓，都会让刘备背上以怨报德、不择手段的骂名。一旦失去人心，就算得到了益州，也会面对很多不稳定因素，从而极大地增加社会治理的成本，绝非长治久安之计。

所以，刘璋是迟早要拿下的，但绝不是现在。必须等到一个合适的时机，找到一个冠冕堂皇的理由，才能动手。

就这样，刘璋在无知无觉中，躲过了一场杀身之祸。他隆重款待了刘备。在欢迎宴会上，两个本家互相给对方送上了一份见面礼：刘璋推举刘备为“行（代理）大司马”，兼司隶校尉；刘备则推举刘璋为“行（代理）镇西大将军”，兼领益州牧。

当时的诸侯，这套把戏都玩得挺溜。反正都是不要钱的空头高帽，能扯多大是多大，只要大家高兴就好。

两位主公互戴高帽、把盏言欢，下面的将士们自然也就跟着称兄道弟、彼此结交了起来。接着，欢迎活动整整持续了一百余日，天天美酒佳肴、笙歌燕舞，把人都给养胖了，不知道有没有害得刘备再度哀叹大腿又粗了。

宾主尽欢之后，刘璋又拨给了刘备兵马、武器、钱粮及一应军需物资，然后才提出要求，请他北上进攻张鲁。刘备自然是满口答应。

此时，刘备的原有部众加上刘璋拨给他的，总兵力已达三万余人。可刘璋还是担心他兵力不够，又主动表示，可以把白水关（今四川广元市青川县东北）驻军的统辖权交给他。

做完这一切，刘璋才放心地回了成都。

这位慷慨好客的刘璋刘州牧，实在是个罕见的厚道人。在当时那个乱世，每个出来混的人，都唯恐自己的心眼不够多，可唯独这位兄台，真是一点心眼都没有，头回见面，就对刘备付出了毫无保留的信任。

做人如此单纯厚道，在承平之世的官场都不好混，更不用说在眼下这个乱世江湖了。这种人被出卖、被算计，可以说是分分钟的事，也幸亏是他运气好，才在益州牧的位子上坐了这么久。

然而，好运气是不可能眷顾人一辈子的。所以，随着刘豫州的到来，这位刘益州的好日子就算到头了。也幸亏来抢地盘的人是刘备，做事还算有原则、有底线，假如换成早些年李傕、郭汜那样的军阀，他就算有八个脑袋都不够掉的。

刘备得到刘璋的大力资助后，顿时变得兵精粮足。出道这么多年，他还是头一回这么阔气。随后，刘备率部北上，进驻葭萌关（今四川广元市西南），摆出了一副进攻张鲁的架势。可实际上，他就是做做样子给刘璋看罢了。刘备到此地后，就把进攻张鲁的事抛到了九霄云外，只埋头做一件他认为有价值的事——广树恩德，收买人心。

建安十七年（公元212年）正月，曹操班师回到了邺城。

曹丞相不辞劳苦，远赴关中击败了那些造反的军阀，平定了三辅地区，这对大汉朝廷自然是大功一件。虽然被圈养在深宫之中的那位傀儡天子对此一点感觉都没有，但曹丞相本人，对自己的功劳还是很认可、很在乎的。

所以，曹丞相决定好好犒赏一下自己。

拿什么犒赏呢？

论官职，“丞相”之职已经是位极人臣，没法再往上升了；论爵位，自从建安元年封武平侯之后，这么多年一直没动，倒是有必要往上挪一挪，不过这个可以稍后再说；剩下来的，比如良田豪宅、金银珠宝、绫罗绸缎这些东西，曹操通通不稀罕；就连世人最看重的“食邑”，曹操也没放在眼里。

比如，一年多前，曹操就曾经有过这么一通操作：先是以朝廷的名义封给了自己四个县、三万户的食邑，然后又上表退还了三个县和两万户食邑，只保留作为“武平侯”原有的一个县和一万户。

为此，曹操还专门下了一道丞相令（就是历史上著名的《让县自明本志令》），向世人表明了自己不爱财、不居功的高风亮节。

既然连食邑都退了，那还有什么犒赏是配得上曹丞相的呢？

当然有。比如权臣的专属待遇——赞拜不名，入朝不趋，剑履上殿。这，才是曹操真正想要的。

我们在前文曾经介绍过这些待遇的细节。当初董卓自立为相国时，就给自己弄过这么一套特权。两汉时代，最早享有上述待遇的人是名相萧何，不过萧何只有后两项，“赞拜不名”其实是东汉中期的跋扈外戚、权臣梁冀自己加上去的，后来董卓就有样学样，现在曹操也一并笑纳了。

在曹操身后，有曹真、曹爽、司马师三人复制了这套动作。至于后面的历朝历代，拷贝的人就更多了，如王敦、刘裕、萧道成、萧衍、侯景、陈霸先、杨坚、李渊、朱全忠等。

这些人尽管所处的时代不同，发迹的过程各异，但都拥有一个共同的身份——权臣。

从权臣到皇帝，只有一步之遥，所以这些人当中，大部分后来都做了皇帝。即使没做成的，也不等于他没有篡位称帝之心。

所以，曹操现在既然迈出了这一步，若说他丝毫没有当皇帝的想法，那就是自欺欺人了。

在上文提到的《让县自明本志令》中，曹操说过一句很经典的话，后世史家都对此耳熟能详。他说：“设使国家无有孤，不知当几人称帝，几人称王！”

这话确实没错。在汉末三国这个群雄割据的乱世，假如没有曹操来“镇场子”，恐怕连犄角旮旯的阿猫阿狗都会肆无忌惮地过一把“称帝称王”的瘾。不过，从这句霸气十足的话中，我们其实可以解读出某种潜台词，那就是——在曹操心目中，普天之下除了他，没人有资格称帝称王。

既然唯有他一人具备资格，那他最终是否称帝称王，就不是能不能的问题，而是他要不要的问题。

作为独霸朝纲的权臣，该要的，曹操自然都会要。

在历史上，除了“赞拜不名，入朝不趋，剑履上殿”这组待遇，另外还有一套特殊的礼遇，也是权臣的标配，那就是——加九锡。

在获得上述待遇半年多后，曹操立马就动了晋爵和“加九锡”的念头。所谓“九锡”，实际上就是“九赐”，即天子专门赏赐给功臣的九种特殊器物或礼遇。

一赐车马，即金车与兵车各一驾，枣红色公马八匹；其德可行者赐之。

二赐衣服，即衮冕之服，外加赤舄（红色木底鞋）；能安民者赐之。

三赐乐则，即定音、校音器具及钟磬乐器；使民和乐者赐之。

四赐朱户，即朱漆大门；能感化民俗者赐之。

五赐纳陛，即上殿时特制的台阶；善纳贤良者赐之。

六赐虎贲，即虎贲卫士三百人；能退恶者赐之。

七赐弓矢，即红弓一张、箭百支，黑弓十张、箭千支；能征不义者赐之。

八赐斧钺，即大斧铜钺一副，有专事征伐、先斩后奏之权；能诛有罪者赐之。

九赐秬鬯，即祭礼用的香酒，以稀见的黑黍和香草酿成；孝道备者赐之。

建安十七年十月，在曹操的授意下，谋士董昭进言道：“自古以来，人臣匡扶天下，从未有像丞相建立这么大功业的。有这么大的功业，也从未有人长久屈居臣子之位的。如今丞相高风亮节，乐意保有人臣的操守，然而身处大臣之位，难免受人猜疑。此等大事，丞相不可不慎重考虑。”

董昭说了一堆，其实就一个意思：丞相您劳苦功高，应该晋爵并进一步提升待遇了，否则你越谦让，人家反倒越怀疑你。

董昭首倡此议后，朝廷的列侯和众将领们心领神会，就开始纷纷附和。一时间舆论高涨，都认为曹操应该晋爵国公，并“加九锡”，如此才足以表彰丞相的盖世功勋。

满朝文武中，只有一个人提出了异议。

他就是曹操多年来最倚重的心腹股肱、时任尚书令的荀彧。

荀彧对董昭等人道：“曹公当初兴起义兵，是为了匡扶朝政、安定国家，这些年一直秉承着忠贞和热诚，恪守着谦恭与退让。君子若敬爱一个人，应该砥砺他的品德，所以你们不该这么做。”

此言一出，就把曹操往死里得罪了。

荀彧表面上是在赞美曹操，实际上却是在暗讽他忘记了初心，丧失了人臣的操守。换言之，即便由于种种客观原因，曹操非做权臣不可，荀彧也希望，他这个权臣还能保有最基本的自我修养。

如此这些，曹操岂能听不出来？

我曹孟德忠不忠贞、谦不谦退、自我修养高不高，那都是我自己的事，轮不到你荀彧来说三道四，更不能成为你道德绑架的理由！

曹操很生气，后果很严重。当然，荀彧现在怎么说也是朝廷重臣，他既然公开反对，曹操也不好一意孤行，更不宜直接对荀彧采取什么行动。

所以，曹操只能暂时搁置这项提议。然后，他决定再度出兵，用更大的战功来打荀彧的脸——只要我的功劳越大，你那套道德绑架的说辞就越显苍白！

曹操此次出兵的目标，是江东孙权。

之前曹操每次出征，都会让荀彧留守大本营，这几乎成了惯例。然而这一次，曹操却故意派给了荀彧一个差使，让他到前线来劳军。等荀彧到了大营，曹操又以“参丞相军事”的名义把他留了下来，没再让他返回朝廷。

这是一个耐人寻味的信号，意味着曹操已经不再信任荀彧了。而荀彧当然也嗅出了某种不祥的气息。他知道，除非自己改变立场，向曹操妥协，否则以后的日子绝对不会好过。

思虑及此，荀彧毅然做出了一个令人始料未及的决定。

建安十七年十月，当曹操大军向濡须进发的时候，荀彧没有跟着大军前进，而是以生病为由，留在了寿春（今安徽寿县）。

这么做，无疑更让曹操不爽。不过，荀彧已经不必关心曹操爽不爽了，因为他已经决定炒老板鱿鱼，潇洒走人了。

当然，荀彧这一走，不是离开曹操阵营，而是离开这个世界。

是年冬，“（荀彧）以疾留寿春，饮药而卒”（《资治通鉴·汉纪五十八》）。荀彧服毒自杀，享年五十岁。他用这种最决绝的方式，为他效忠的汉室殉节了，同时也跟曹操彻底划清了界限。

不管你曹孟德要做董卓还是做王莽，我荀文若都没有能力阻拦，但我至少可以做到以死明志，至少不必跟着你一条道走到黑，在青史中留下千古骂名。

据《三国志·荀彧传》注引《魏氏春秋》记载，荀彧之所以如此决绝，不仅是因为曹操把他叫到了前线，更因为曹操做了一件令人费解、同时也让人胆寒的事——他派人给荀彧送去了一个食盒，荀彧打开之后，却发现里面空空如也。

这是什么意思？曹操到底想表达什么？

很显然，曹操是想告诉荀彧：你名义上是汉朝臣子，可实际上端的却是我曹操的饭碗；我可以让你位高权重、衣食无忧，也可以让你身败名裂、一无所有。所以，该怎么做，你自己看着办。

曹操的这个暗示，本意应该也不是想逼死荀彧，只是想让他妥协而已。不料，荀彧竟然会用死来捍卫自己的价值观。这个结果，恐怕是出乎曹操意料的。

不过，对于此刻的曹操来说，荀彧之死，充其量也就是一场“茶杯里的风波”罢了。事过了无痕，地球照样转，就跟什么都没发生过一样。

曹操在日后回忆起荀彧曾经做过的诸多贡献时，或许也会有些惋惜和伤感，但是眼下，他绝不会为荀彧流一滴眼泪。因为荀彧的死，客观上其实起到了一种震慑作用，足以让满朝文武从此俯首帖耳，再也没人敢对曹操说半个“不”字。

就此而言，荀彧这一死，对曹操反倒还有些“价值”，也不失为在最后时刻为曹操做出了另一种意义上的“贡献”。

刘备攻蜀，曹操晋爵

建安十七年冬，刘备已经在葭萌关待了整整一年，既没有进攻张鲁的动作，也没想好下一步该怎么办，好似到这天府之国度假养生来了。

庞统看在眼里，急在心里，便对刘备提出了关于下一步行动的上、中、下三策。

他说：“而今之计，不如秘密派出一支精锐，昼夜疾行，直接袭取成都；刘璋不懂军事，又无防备，大军突至，可一举攻克，此乃上策。其次，驻守白水关的杨怀、高沛二人都是刘璋麾下的宿将，我听说他们已多次上书刘璋，要求把将军遣回荆州。将军不妨将计就计，声称荆州有急，欲率部回援，然后整顿行装，做出开拔之状。此二人既仰慕将军英名，又庆幸将军要走了，必然会轻骑简从前来送别，到时候就把他们绑了，吞并其部众，再向成都进发，此乃中策。若不这么做，我们就必须撤退到白帝城（今重庆市奉节县东），与荆州联兵，慢慢再定方略，此乃下策。如果犹豫不决，我们将被困在这里，恐非长久之计。”

刘备反复思量，最后决定采取中策。

不过，现在荆州太平无事，要扯一个什么样的借口，才能让刘璋和他手下的将领相信呢?

就在刘备和庞统搜肠刮肚之际，老天爷帮了刘备一个大忙，给他送来了一个现成的借口。因曹操发兵攻打孙权，所以孙权便遣使向刘备告急，希望他从荆州出兵，在西线牵制曹操，以减轻东线的压力。

有道是“时来天地皆同力”，刘备这几年的运气，真的是好到爆棚。有了这个借口，事情就好办多了。刘备旋即给刘璋写了封急信，说:“孙权和我是盟友，可谓唇齿相依，而关羽兵弱，我若不回师驰援，曹操必取荆州，接下来便会侵犯益州。这个麻烦，要远比张鲁大得多。张鲁就是个自守之贼，不足为虑。”

在信的最后，刘备向刘璋提出，希望再拨给他一万兵马，以及相应的粮草和军需物资。

刘备此举，显然是得寸进尺。

人家把你请到益州来，奉你为上宾，又给了你那么多好处，是让你做雇佣军去打张鲁的。可你倒好，愣是在这儿混吃混喝待了一年，不但啥事儿没干，现在居然还敢厚着脸皮再度伸手，又要兵马又要钱粮，然后就想拍屁股走人，这不是把人家刘州牧当冤大头了吗?

刘璋再厚道，脑子再不好使，也不可能任你刘备这样变本加厉、予取予求啊!

可是，刘璋怕刘备翻脸，又不敢不给。思前想后，只好打了四折，答应再给刘备四千兵马，其余粮草物资则打了个五折。

刘璋这么做，正中刘备下怀。

他之所以提出无理要求，就是要找一个翻脸的借口，若是刘璋不打折，刘备反倒没理由动手了。随后，刘备立刻召集众将士，装出一副义愤填膺的样子道:“我们为益州征讨强敌，殷勤劳苦，可刘璋却如此吝啬，凭什么让我们替他死战?!”

瞧这话说得，纯属昧了良心。你刘备在涪城白吃白喝三个多月，又在葭萌关度了一年假，其间未曾出动一兵一卒去打张鲁，还有脸说自己辛苦？

不过，刘备说什么其实一点都不重要，重要的是在讲这番话的时候，脸皮要厚，情感要充沛，演技要到位，要把谎言说得连自己都信，然后还要感动别人。

还好，这些刘备都不缺。人生如戏，全靠演技，尤其是这种苦大仇深的卖惨角色，作为苦孩子出身的刘备就特别适合。

所以，将士们的义愤之情当场就被点燃了。

刘备这场戏演得实在太过逼真，以至把自己的同志都给骗了。

一直奋斗在隐蔽战线的张松同志，以为刘备真的要打道回荆州了，急得不知如何是好，连忙写信给刘备和法正，质问他们："如今，大事马上就要成了，为何突然要走呢？"

可是，还没等刘备和法正告诉他实情，张松就暴露了。

揪出张松的，不是别人，正是他的亲哥哥、时任广汉太守的张肃。

可能是张松对自己的大哥不太戒备，不小心说漏了嘴，就把卧底身份暴露了。张肃唯恐东窗事发，自己会被张松连累，就跑到刘璋那里把亲弟弟给卖了。

刘璋又惊又怒，马上抓了张松，并砍了他的脑袋。可惜了这位副省级高级特工张松同志，殚精竭虑地为益州的"解放"做了那么多工作，却倒在了黎明前的黑暗中，没能等到胜利的那天。

刘璋清除了内鬼之后，立刻发文通知各关隘守将，不得再与刘备有任何往来。白水关守将杨怀、高沛自然也在通知之列。

没想到，刘备却抢先下手，赶在二人接到通知之前，将他们召到了葭萌关。因刘璋之前给了刘备统辖白水关驻军的权力，所以杨怀、高沛不敢抗命。二人一到，刘备不由分说就把他们砍了。

随后，刘备顺利地吞并了白水关的部众，然后命部将霍峻留守葭萌关，自己亲率黄忠、魏延等将领挥师南下，迅速攻占涪城，正式打响了夺取益州的战争……

建安十八年（公元213年）正月，曹操率大军进驻濡须口，对外号称步骑四十万。他命张辽、臧霸为前锋，然后大军继进，一战便攻破了孙权军在长江西岸的大营，俘虏了江东都督公孙阳。

江西大营的陷落，对孙权无疑构成了极大的威胁。

早在数月前，孙权便已把大本营从京口迁到了秣陵（今江苏南京市江宁区），而此地离前线又近了很多。

当初之所以要搬迁，是因为张纮认为秣陵“山川形胜”，风水比京口好，而刘备之前来江东时路过此地，也极力称赞，因此孙权便在此地修筑了一座石头城，然后将秣陵改名为建业。

虽然风水更好了，但也有代价——受到曹操的威胁更大了。所以江西大营一失陷，孙权便坐不住了，立刻亲率七万大军，偕孙瑜、甘宁、周泰、董袭、朱然、徐盛等将领，渡过长江，在西岸扎营，与曹军对峙。

为了给曹操一个下马威，孙权交给了甘宁一个特殊的任务——夜袭曹营。

这个任务的目的，不在于杀伤敌军，而在于扰乱敌人军心，挫败其锐气。甘宁接到任务后，马上挑选了一百余名精锐士卒，组成了一支敢死队，于深夜潜行到了曹军大营外。

他们悄无声息地干掉了哨兵，移除了鹿砦（把树木的枝干交叉放置、形似鹿角的军用障碍物），然后“逾垒入营”，一连暗杀了数十名曹军士兵。等到曹军发觉，顿时惊恐万状，纷纷点起火把，失声大喊“抓刺客”，整座军营顷刻间便乱成了一锅粥。

这个时候，甘宁早已全身而退，回营复命了。见甘宁得手，孙权大喜道：“把曹操那老头吓坏了吧？我就知道你浑身是胆。”

甘宁毕竟是当过黑道老大的人，执行这种暗杀任务自然是小菜一碟。

随后，两军在濡须口相持了一个多月，其间打了一仗，曹军被孙权一方斩杀了三千余人，落水溺毙者又有数千人。这一仗虽然规模不大，但还是在相当程度上打击了曹军的士气。

由此，孙权逐渐掌握了战场的主动权。

尽管曹操在赤壁之战后吸取了教训，花了不少心血训练水军，试图补上这块短板，可事实证明，某些先天劣势是很难通过后天的努力改变的，在水上作战这方面，曹军终究不是孙军的对手。

据《三国志·吴主传》注引《吴历》记载，此后孙权数次挑战，曹操皆坚守不出。孙权索性做出了一个大胆的举动，亲自乘坐一艘快船，大摇大摆地驶入了曹军的防守区域，公然对曹操进行挑衅。

曹军诸将自然咽不下这口气，纷纷请求出战。曹操却不同意，说："这一定是孙权想亲眼看看我军的阵容。"言下之意就是让他看好了，不必理睬，然后命全军严阵以待，弓弩不得妄发。

孙权就这样肆无忌惮地沿着曹营前的水道走了五六里，然后折返的时候，还故意命手下击鼓奏乐，一路敲敲打打，好不热闹。

面对孙权如此嚣张的示威行径，曹军将士们一个个恨得牙根痒痒，却也只能强行忍耐。

同样强忍怒火的，其实还有曹操。他当然知道孙权是在挑衅，可在没有掌握主动权的情况下，他却不敢贸然出击。

稍后，曹操也特意跑到孙权的大营前去侦察了一下，发现对方的"舟船、器仗、军伍"都十分"整肃"，丝毫没有破绽，不禁喟然长叹，然后就发出了那句"生子当如孙仲谋"的感慨，顺带还把刘表的两个儿子骂了一下。

关于孙权到曹营前示威的故事，后来的曹魏郎中鱼豢在《魏略》里记载了另一个版本。他说，孙权乘坐一艘大船到了曹军大营前，然后曹操的反应与《吴历》记载的恰好相反，不是下令不得发射弓弩，而是命部众"弓弩乱发"。结果，孙权的大船一侧射满了箭，导致船身的重心倾斜，眼看就要倾覆，孙权立刻命船掉头，用另一侧去"受箭"。然后曹军又是一通乱射，很快，"箭均船平"，两侧都射满了箭，重量相等，船身恢复平衡，孙权遂从容而去。

就是这个版本，给了罗贯中灵感，才有了《三国演义》中诸葛亮"草船借箭"的故事。

曹军与孙军在濡须口相持的这个时候，正值春天，雨水绵绵。曹军都是北方人，对这样的气候很不适应，而相应的作战条件也变得更加不利。孙权算准了这一点，便给曹操写了一封信，信里只有八个字："春水方生，公宜速去。"随信还附了一张小纸条，上面同样是八个字："足下不死，孤不得安。"

口气看上去轻松诙谐，就像是在问候老友，实则杀机凛凛，霸气侧漏。

曹操见信后，非但一点都不生气，反而对众将说："孙权不欺孤。"然后就真的撤军了。很显然，曹操也知道，孙权不是在吓唬他。

本来战场的主动权便不在曹操手上，加之雨水日渐增多，情况只会对曹军越来越不利，此时不撤，更待何时？

当年四月，曹操班师回到了邺城。

次月，他便迫不及待地做了一件出征前就想做的事情——晋爵，加九锡。

曹操以天子的名义下诏，封自己为“魏公”，以冀州的十个郡作为食邑，同时加了九锡。

建安十五年，曹操装模作样地让出了三个县的食邑，还大张旗鼓地下了一道丞相令以表明心迹，现在一口气给自己封了十个郡，却连眼睛都不带眨的。

可见，权臣就是权臣。翻手为云，覆手为雨，都是权臣的常规操作。若是像荀彧那样，指望权臣能有什么忠贞谦退的自我修养，纯属缘木求鱼。

再说另一边，刘备初战告捷、拿下涪城后非常兴奋，便大摆宴席，犒劳众将。

在宴会上，刘备多喝了几杯，有些得意忘形，便对庞统道：“今天这场宴会，实在是很欢乐啊！”

庞统可能觉得大事未定，不宜高兴得太早，便瓮声瓮气地顶了一句：“伐人之国而以为欢，非仁者之兵也。”（《三国志·庞统传》）

单从字面意思来看，庞统这话其实挺违心的，甚至可以说挺虚伪的。之前刘备犹豫着要不要入蜀的时候，不就是你拿“弱肉强食”的那套说辞劝人家的吗？现在又来扯什么“仁者之兵”，是不是太假了？

可是，庞统这么说，其实用意不在于强调什么“仁者之兵”，而在于提醒刘备要低调——革命尚未成功，不宜太过张扬。说白了，咱们是来抢地盘的，偷偷进村的可以，敲锣打鼓的不要。

没想到刘备喝高了，没听出他的言外之意，所以当场就怒了，马上用一句同样冠冕堂皇的话撑了回去：“当初周武王讨伐商纣，不也是前面唱歌后面跳舞吗，难道周武王就不是仁者了？你说这话完全不对，赶紧给我出去！”

领导发飙了，庞统还能说什么，只好乖乖滚了出去。

片刻后，刘备酒劲过了，意识到方才有些过火了，便把庞统叫了回来。

庞统回来后，就跟没事人一样，该吃吃该喝喝。刘备憋不住，就说："刚才那番话，到底是谁错了？"

领导这一问，还真不好回答。说领导你错了吧，既让领导难堪，又对自己没好处，肯定不行；说自己错了吧，既心有不甘，又有谄媚之嫌，也说不出口。

那怎么办？

庞统不愧是号称"凤雏"的人，当即不假思索道："君臣俱失。"

说两个人都错了，其实就是说谁也没错。刘备闻言，哈哈大笑。这场小小的不愉快就在刘备的笑声中化解了。

建安十八年五月，刘备率大军由涪城南下，兵锋直指成都。

刘璋接到战报，不禁大为惶恐。

一个叫郑度的谋士向刘璋献计，说："刘备孤军深入我益州，士众尚未归附，其军中缺乏粮秣辎重，全靠劫掠。而今之计，不如把巴西郡（治今四川阆中市）和梓潼（治今四川梓潼县）一带的百姓，强行迁移到内水（今涪江）以西，然后把所有仓库存粮及田野庄稼焚毁，继而深沟高垒，以静制动。刘备若前来挑战，可置之不理。他们得不到补给，不出一百天，必将遁逃，到时候再出兵追击，必可将其生擒。"

这个坚壁清野的计划显然是对付刘备的最好办法，一旦实施，足以发挥釜底抽薪的效果，令刘备不战而败。

很快，法正就得到了这个消息，马上告诉了刘备。刘备一听就急了，问法正该怎么办。法正却若无其事道："刘璋不会采用的，你就放心吧。"

果不其然，刘璋没有采纳郑度的计策。他对众属下说了自己的理由："吾闻拒敌以安民，未闻动民以避敌也。"（《三国志·法正传》）

我只听说过抵抗敌人以保护百姓的，从没听过驱赶百姓以躲避敌人的。

这句话本身，完全没毛病。既有体恤百姓的仁义，又有不畏强敌的英勇，顿时把刘璋的形象衬托得十分高大。

可问题在于——话没毛病，人有毛病。刘璋的问题就是他缺乏实力，根本没有条件与刘备正面对决。所以，这句本来没毛病的话从他嘴里说出来，就成了大话，成了空言，成了罔顾现实的迂腐之辞。

换言之，就是自不量力，徒逞口舌之快。

假如是曹操、孙权或刘备来说这种话，那肯定没毛病，足以赢得一片喝彩。可刘璋这么说，也就只能过过嘴瘾而已，结果无疑是把头伸到了刘备的刀口之下。

放出这句豪言后，刘璋立刻把郑度罢免了，然后开始调兵遣将，一口气派出了刘璝、泠苞、张任、邓贤、吴懿等多名将领，各率所部一同进攻刘备。

结果呢?

刘璋自以为能够抗击敌人从而保护百姓，结果是既没挡住敌人，也没保护好百姓，还把自己的多名大将及其部众给赔了进去。

虽然刘璋这边人多势众，可都不经打，刘璝等人接连败北，只好退保绵竹（治今四川绵竹市），吴懿则索性带着部众投降了刘备。刘璋怕刘璝等人也跟着投降，赶紧又派李严、费观两名高官前往绵竹督战。

李严和费观一到前线，啥事儿没干，直接带着部众就奔刘备大营去了。

他们不是去打仗，而是去投降的。

连负责督战的大员都直接投降了，这仗还怎么打?刘璋有些傻眼，连忙又把亲儿子刘循派了去。

人家打仗是大量减员，可刘备却越打兵马越多，简直不是来打仗的，而是来搞收编的。随着兵力的迅速扩大，士气自然大为高涨。刘备旋即分遣诸将，陆续夺取了绵竹附近的许多县城。刘循和刘璝等人怕被包饺子，只好再度退守雒城（今四川广汉市）。

刘备不给对手喘息之机，迅速率大军将雒城团团包围。雒城距成都已是近在咫尺，若再失守，成都便门户洞开，刘璋就彻底完蛋了。

危急时刻，刘璋这边也是有忠勇之士的。

这个人就是张任。他毅然率部出战，在雒城东南面的雁桥对刘备发起反攻，可惜又一次战败了。张任被俘，刘备素闻他有忠勇之名，便劝他投降。张任厉声道："老臣终不复事二主矣。"（《三国志·先主传》注引《益部耆旧杂记》）

刘备尽管颇为惋惜，还是把他杀了。

这里顺便一提的是，《三国演义》给这个张任加了不少戏：首先说刘璋与刘备在涪城聚宴之时，庞统命魏延舞剑，意在击杀刘璋，张任便出面对舞，救了刘璋；然后，又安排张任在落凤坡设伏，射杀了庞统；最后，又写了“孔明定计捉张任”的一幕，以此作为诸葛亮入蜀的第一桩功劳。

这一切，当然都是虚构的。

庞统最后的确是在围攻雒城时身中流矢而死，但不是此刻，而是在一年后。诸葛亮同样也是在一年后才由荆州攻入巴蜀的，与张任也没有任何关系。

上述情节虽属虚构，但像张任这样的忠勇之士，却值得罗贯中为他花费笔墨。因为面对刘备的进攻，偌大一个益州，大部分都是贪生怕死、望风而降之辈，像张任这样愿意为老板尽忠效死的人，实在是寥寥无几。

仅此一点，他便值得被铭记。

第四章

三雄争霸

冀城之战：一幅“义士群像图”

建安十八年正月，一度被曹操击败的马超又卷土重来了。

当初马超败逃时，凉州一个叫杨阜的军事参谋就曾对曹操说：“马超有韩信、英布之勇，甚得羌人、胡人之心，若大军东归，不严加戒备的话，陇西诸郡恐怕就非朝廷所有了。”

果然不出杨阜所料，曹操班师没多久，马超就率羌胡军团横扫陇西诸郡，最后只剩下一座冀城（今甘肃甘谷县）还在坚守。

杨阜就在这座孤城之中。

此时，汉中的张鲁很清楚，马超就是他在北面的屏障——若马超一直在关陇一带纵横，曹操就永远不可能入侵汉中。所以，张鲁便派遣大将杨昂，率一万多人前去助阵，帮马超一起围攻冀城。

从正月到八月，凉州刺史韦康一直率众坚守，却迟迟等不到救兵。韦康遂命别驾阎温设法出城，去向驻守长安的夏侯渊告急。

当时，冀城被马杨联军围得如同铁桶一般，根本不可能从城门突围，阎温只好在深夜从水道潜出城外。次日凌晨，马超部众发现了地上的水渍，遂一路追踪，抓获了阎温。马超旋即押着阎温来到城下，命他告诉守军，说东边的援兵不会来了。

不料，阎温竟然扯起嗓子对着城头大喊，说大军不出三天必到，叫大伙不要放弃。

城上守军一听，顿时喜极而泣，高呼万岁。

马超大怒，本想当场砍了阎温，可念及这座坚城久攻不下，便软硬兼施，劝他改变主意，帮着劝降守军。可阎温却道："侍奉君主，只有一死，没有二心，阁下不必指望从我这里听到任何不义之言。"

马超没辙，只好杀了阎温。

然而，阎温口中"三天必至"的援兵，终究只是一个美丽的谎言。城中守军又苦战了多日，依旧等不到一兵一卒。刺史韦康和当地太守等一干高官，全都丧失了信心，决定投降。杨阜顿时痛哭流涕，死命劝阻说："我等率父兄子弟，以大义相互激励，只求一死，别无所愿，誓死为使君守住此城。可今天，你为何要放弃就要建立的功业，陷自己于不义之地呢？"

韦康等人不听，还是开门迎降了。

马超这个狠人，迁怒于他们顽抗了八个月，所以一进城就把韦康等人全都砍了，然后自命为征西将军、领并州牧、督凉州军事。

此时，夏侯渊已经奉曹操之命风驰电掣地赶来援救了。然而，冀城却没能坚持到最后一刻。马超既已腾出手来，便率主力亲赴二百里外迎战夏侯渊。

双方交战，夏侯渊失利。

就在这个当口，凉州的氐族酋长杨千万又率众反叛，进据兴国（今甘肃静宁县南），与马超遥相呼应。

夏侯渊知道一时半会儿无法克复冀城，且担心腹背受敌，只好撤兵回了长安。

城池陷落之后，杨阜假意投靠了马超，心中却时刻不忘夺回城池。碰巧，杨阜的妻子不久后病逝，杨阜便趁机向马超告假，以安葬妻子为由出了冀城，然后找到了他的大舅子姜叙。

姜叙时任抚夷将军，驻军历城（今甘肃西和县北）。杨阜见到他后，力劝他起兵夺回冀城。姜叙的母亲也是一个深明大义的老妇，对姜叙说："韦使君遇难，你也有责任替他夺回城池，岂止是杨阜一人之责？人生在世，谁能不死，只要死于忠义，便是死得其所。你赶紧发兵吧，别考虑我，我自己会小心，不会拖累你。”

姜叙遂下定决心，旋即与部众赵昂、尹奉等人开始谋划，同时暗中派人潜入冀城，找到他的朋友梁宽和赵衢，说服他们充当内应。

刚刚计议停当，赵昂的儿子却不知何故落入了马超之手。马超显然不知道赵昂参与了杨阜和姜叙的起兵计划，但可能对他有些疑心，便把他儿子扣做了人质。

眼看起兵在即，赵昂却为此乱了方寸，只好跟妻子道出了实情，说：“我与姜叙他们谋划起兵，大事一定能成，可咱们的儿子怎么办？”

跟姜叙的母亲一样，赵昂之妻也是一个异常忠烈的女子。她听完之后，只厉声回了一句话：“为君父（代指刺史韦康）洗雪大耻，纵然砍头也不足为意，何况一个儿子！”

连一介妇人都如此豪气干云，还有什么可说的？干就完了！

建安十八年九月，杨阜与姜叙遽然发兵，进据卤城（今甘肃天水市西北）；赵昂与尹奉则发兵进据祁山（今甘肃礼县东北），对马超形成了左右夹击之势。

马超大怒，正犹豫是要坚守城池还是主动出击，卧底赵衢就在这时候给他献策了，鼓吹了一堆必须主动出击的理由。马超被说动了，旋即率部出城。

他前脚刚走，赵衢和梁宽后脚就把城门死死关上了。然后，他们还把马超留在城内的妻子、儿女全都砍杀了。

马超顿时进退失据，无奈之下，只好掉头去攻打姜叙的根据地历城。很快，马超便攻破城池，抓了姜叙的母亲。

这位老妇人面对马超的屠刀，却毫无惧色，破口大骂道：“你这个背叛父母的逆子、杀害君父的恶贼，天地岂能长久容你？你不快点去死，还有什么面目见人？”

不得不承认，姜母这话骂得没错。当初马腾和一大家子都在曹操手里，马超却全然不顾，肆意起兵，等于是间接害死了父亲和一家老小。就此而言，马超的确是“逆子”，被人如此诟骂一点都不冤。甚至，从某种意义上说，马超自己的妻子、儿女都在这个时候死于非命，也未尝不是一种报应。

当然，骂完这番话，姜母就被马超砍倒在血泊之中了。紧接着，马超就又杀了赵昂的儿子。事情发展到这一步，马超除了杀人泄愤之外，也很难扭转进退失据、孤军被围的劣势了。

随后，杨阜、姜叙等人率部与马超决战。史书没有记载这一战的具体经过，但应该十分惨烈，因为杨阜竟然在此战中“身被五创”，就是身负五处重伤。

此战，马超大败，只好向南逃窜，投奔张鲁。

杨阜虽身负重伤，但侥幸未死。战后，曹操论功行赏，把杨阜、姜叙等有功人员十一人全部封侯。杨阜本人被封为关内侯。

这场冀城争夺战，在战乱连年的汉末三国其实并不起眼，充其量就是一场局部战役而已。而且，参与此战的人，只有马超是比较重要的角色，其他人都是地地道道的小人物。

然而，这场战役的特殊之处，就在于它涌现了一群视死如归的忠义之士。其中有男有女，有老有少，堪称一幅悲壮而感人的“义士群像图”。

当然，正如“春秋无义战”一样，汉末三国也根本没有什么“义战”可言，所有人不过是各为其主罢了。但是，这并不是我们关注的重点。像阎温、杨阜、姜叙、姜叙之母、赵昂之妻这些人，不论他们誓死效忠的对象是刺史韦康、魏公曹操，还是大汉天子刘协，其实都不重要，重要的是从他们身上集体展现出的那种杀身成仁、舍生取义的忠烈精神。

这，就是中国人的脊梁。这种精神，就是支撑中华民族历经数千年的苦难沧桑而屹立不倒的一根傲骨！

生活在今天这个和平年代的我们，有时候会难以理解，为什么有那么多古人把“忠义”看得比命还重要？有时候，我们甚至会嘲笑他们愚忠和迂腐。然而，从历史的角度来看，和平与繁荣并不是这个世界的常态，战争和苦难才是。杀身成仁、舍生取义并不是愚忠和迂腐，而是一种高贵的牺牲精神，也是我们这个族群得以在这个弱肉强食的世界上生存、挺立乃至繁衍不息的一种文化密码。

远的不说，从鸦片战争以来的这一百多年，如果不是一群又一群的仁人志士秉承着这种精神，前仆后继地踏上救亡图存的征程，那今天的中国又会是什么样子？

所以，记住这种精神，我们才有资格称自己为中国人；记住这种精神，我们这个族群才有资格自立于世界民族之林，并傲然屹立于天地之间！

马超逃到汉中后，张鲁收留了他，还给了他一个“都讲祭酒”的职位。

别看这个职位有些不伦不类，看上去好像是个芝麻官，其实在汉中，这已经是二把手了。而汉中的官制之所以显得如此另类，是因为张鲁这家伙本来就与众不同。

张鲁，字公祺，沛国丰县（今江苏丰县）人，据说是西汉开国功臣、留侯张良的十世孙。张鲁的祖父叫张陵，早年客居巴蜀，在鹄鸣山学道，学成出山之后就开始忽悠老百姓，创立了一个民间宗教，叫“五斗米道”——凡是入道的人都要缴纳五斗米，故而得名。

可能是有不少人交了米之后没学到什么东西，也没得到什么好处，所以当时的舆论对张陵并不友好，江湖上的人送了他一个蔑称，叫“米贼”。

张陵死后，其子张衡继续传播五斗米道；张衡死后，张鲁继承了这个祖传衣钵。张鲁的母亲可能有些道行，善于攀附权贵，结交了当时的益州牧刘焉，张鲁也就随之得到了刘焉的信任。

后来发生的事情前文说过了，刘焉把张鲁派到了汉中，刘焉死后，张鲁不奉刘璋号令，刘璋愤而杀了张鲁的母亲，两边就结下了死仇。

张鲁割据汉中后，开始用五斗米道实行“政教合一”的统治，史称“以鬼道教民”（《三国志·张鲁传》）。张鲁自称“师君”，新入道的教众统称“鬼卒”，有了一定资历后称为“祭酒”，可以统领部众；资历更深的，称为“治头大祭酒”，麾下部众就更多了。

五斗米道教人“诚信不欺诈”，生了病以后也不用吃药，到“祭酒”面前去忏悔自己的罪过就可以了，总之跟张角的“太平道”半斤八两，忽悠老百姓的套路都差不多。

张鲁施行政教合一，汉中郡就不需要一般意义上的官员了，五斗米道的各级祭酒既是心灵导师，也是行政官员，抓起思想政治工作来，那真叫一个得心应手。

另外，张鲁还规定，凡是他治下的老百姓犯了罪，前面三次都可以经批评教育之后赦免，到第四次才入刑。

这么一弄，等于汉中郡的每个老百姓都可以合理合法地犯三次罪，所以当地人都很高兴，“民夷便乐之”。只是我们不知道，假如人人都最大化地利用这三次“豁免权”，先来个鸡鸣狗盗，再来个欺男霸女，最后来个杀人越货，而心灵导师们只是批评教育一下就把人放了，那么到头来，汉中到底是更太平了，还是更乱了呢?

如此脑洞清奇的规定，只能说前不见古人，后不见来者，要不是张鲁这种三代单传、天赋异禀的教主，一般人还真想不出来。

张鲁挺赏识马超，给他的“都讲祭酒”这个职位，比所有祭酒的级别都高，仅次于张鲁本人的“师君”之位。而且，张鲁还打算把女儿嫁给马超。只是，他刚冒出这个想法，就有人提醒他说：“有那么一种人，连爹娘都不爱，怎么能爱别人呢？”

这当然就是指马超了，说的仍旧是马超不顾马腾和一大家子肆意起兵的事情。

张鲁一听，立刻打消了招他做女婿的念头。可见，这件事的确是马超人生中最大的一个污点，不管走到哪儿都只能背着。

不过，历史总是很吊诡。被天下人如此诟病的马超，最后收留他的主公，居然就是最喜欢标榜仁义的刘备。并且，不是马超去投奔刘备，而是刘备主动邀请马超加盟的。

由此可见，作为老板，刘备其实也是很务实的。说到底，他的用人之道跟曹操并无本质区别——只要有才，能够帮自己打天下就行了，有德无德都在其次。

当然，这些都是后话。

此刻的马超并不知道，自己最终的归宿会是成为蜀汉名将。眼下，他一心想的只是如何杀回凉州，夺回老巢，同时为自己的妻儿报仇。

建安十九年（公元214年）春，马超从张鲁这儿借了兵马，然后挥师西向，开始猛攻祁山。姜叙连忙派人向夏侯渊告急。

诸将都认为，应先禀报曹操，方可出兵。夏侯渊怒道：“魏公远在邺城，一来一回就要四千里路，等到命令下来，姜叙早完蛋了，还救什么急？”

夏侯渊随即亲率大军出发，命张郃率五千步骑为前锋，火速驰援祁山。

马超虽然勇猛，但他的嫡系部众基本上都在之前的几次战役中拼光了，现在手下都是张鲁的兵，战斗力远远不如马超昔日的凉州兵团。况且，既然是借来的兵，就没有忠心可言，自然不可能替马超卖命。所以，当夏侯渊大军一到，结果可想而知，马超一战即溃，不得不再度逃回汉中。

夏侯渊击退马超后，心想大军既然出来了，索性搂草打兔子，把韩遂也一块儿收拾了。

当时韩遂驻兵显亲（治今甘肃秦安县西北），突闻夏侯渊来袭，自知不敌，赶紧夹起尾巴就跑。夏侯渊率部紧追，一路追到了略阳（今甘肃秦安县东北）。此地的西北面不远处，就是氐族酋长杨千万据守的兴国，韩遂往这边逃，显然就是想把曹军引入腹背受敌之境。

在距略阳城三十里外的地方，夏侯渊命部众稍事休整。有人建议稍后直接进攻韩遂，但也有人建议，应先北上攻击兴国，以免腹背受敌。

夏侯渊略加思忖后，同时否决了双方的提议。他说："韩遂部众精锐甚多，而兴国的城墙也十分坚固，所以，咱们两边都不打，索性北上长离川（今葫芦河），直接去打羌人的老巢。韩遂的部众多是羌人，必然会去救他们的家乡。倘若韩遂准许羌人离开，那他的兵力就会削弱；如果他率部援救长离川，那我们便跟他野战，必可将其生擒。"

随后，夏侯渊命辎重部队原地待命，然后亲率一支轻骑北上，直趋长离川，攻击羌人的部落营地。韩遂闻讯，果然率部来援。众将发现韩遂兵力甚强，建议挖掘壕沟，修筑营寨，先稳住阵脚再伺机决战。

夏侯渊却不以为然，道："我军转战千里，为的就是在机动中歼灭敌人，若缩在营垒之中，弟兄们士气一衰，就打不了硬仗了。敌军虽然人多，但很容易对付！"

曹军旋即擂鼓进攻，果然大破韩遂军。

韩遂经此大败，从此一蹶不振。不久，其部将阎行发动兵变，攻击韩遂，然后投降了夏侯渊。韩遂的势力越发削弱。他彷徨无计，一度想去投奔刘备，被人劝阻。一年后，韩遂又纠集了数万羌胡兵马，准备反攻阎行，但未及开打就被部将麹演、蒋石杀了，终年七十余岁。

夏侯渊击败韩遂后，乘胜进围兴国。氐人酋长杨千万弃城而逃，仅带少数亲兵投奔马超，余众皆降。夏侯渊越打越顺手，觉得还不过瘾，索性继续北上，大举扫荡盘踞在高平（今宁夏固原市）一带的匈奴屠各部落，一战便将其彻底扫平。

夏侯渊不愧是曹军中屈指可数的悍将。在此次战役中，他把曹军最擅长的长途奔袭、机动作战和野战能力都发挥得淋漓尽致，其个人的机敏、果决和勇猛更是让人印象深刻。

同年十月，夏侯渊又奉曹操之命西征，平定了凉州人宋建割据的枹罕（今甘肃临夏市）。宋建自汉末大乱后便在此割据，自立为“河首平汉王”，还修筑王宫，设置百官，嚣张了三十余年，却一战就被夏侯渊收拾掉了。

其后，夏侯渊又派张郃渡过黄河，进入小湟中（今青海大通一带）地区，逼降了盘踞在这一带的诸羌部落。

经过上述几场战役，夏侯渊彻底荡平了整个陇右地区，为日后曹操进攻汉中铺平了道路。

曹操对夏侯渊的赫赫战功大为赞赏，随即拜他为征西将军，还送给他八个字：“虎步关右，所向无前。”（《三国志·夏侯渊传》）

霸业初成：刘备夺取益州

建安十九年五月，刘备一边加紧围攻雒城，一边给诸葛亮发去了进兵益州的命令。

诸葛亮遂留下关羽镇守荆州，然后与张飞、赵云等人各率所部，溯江西上，攻克巴东（治今重庆市奉节县东），进抵江州（今重庆市）。

巴郡太守严颜在此顽强抵抗，无奈城破被俘。张飞怒斥道：“我大军既到，你为何不投降，还敢抵抗？”

严颜面无惧色道：“是你们无道，侵夺我州，我州只有断头将军，没有投降将军！”

张飞大怒，命左右把他拉出去砍头。

见张飞气得脸色铁青，马上要被砍头的严颜反倒气定神闲地说了一句：

“砍头就砍头，何必发这么大火？”

这淡淡的一句话，充分显示了严颜过人的胆色。

张飞一听，深感敬佩，连忙亲自给他松了绑，其后不仅以礼相待，还将他奉为上宾。

严颜后来有没有为蜀汉效力，以及最终结局如何，正史没有记载，我们不得而知。不过，他说的这句“我州但有断头将军，无有降将军也”（《三国志·张飞传》），却从此被青史所铭记；而他临死不屈的气节，也从此传颂千古，不断激励着后人。

直到一千余年后，文天祥仍然在他的《正气歌》中歌颂着严颜的气节。

时穷节乃见，一一垂丹青。
在齐太史简，在晋董狐笔。
在秦张良椎，在汉苏武节。
为严将军头，为嵇侍中血。
为张睢阳齿，为颜常山舌。

文天祥在此化用了八个典故，都是历史上以气节著称的故事，其中的“为严将军头”，说的便是严颜的事迹。

江州是益州的门户，拿下此地后，便可长驱直入川中平原了。

诸葛亮等人攻克江州后，旋即兵分三路，开始大举进攻益州：张飞由北路进军，攻下了巴西郡；诸葛亮由中路进军，攻下了德阳（治今四川遂宁市）；赵云由南路进军，攻克江阳郡（治今四川泸州市），继而掉头北上，攻下了犍为郡（治今四川眉山市彭山区）。

最后，三路大军兵锋所指，毫无疑问就是成都。

此时，刘备已经率黄忠、魏延等部在雒城围攻了整整一年，却始终未能攻克。

庞统就是在这时身中流矢、不幸身亡的，时年仅三十六岁。刘备痛惜不已，追赐庞统为关内侯，日后每逢说起庞统，都忍不住潸然泪下。

为避免更多的伤亡，刘备命法正给刘璋写了一封劝降信。

法正的这封信写得很长，先是言不由衷地解释了一通自己“被迫”投靠刘备的理由，然后才转入正题，为刘璋分析眼前的形势，主要谈了三点。

第一，刘备现在势力很强，不怕打持久战，可你刘璋却“土地日削，百姓日困”，双方实力对比太过悬殊，你撑不了多久的。

第二，刘备大军已经占领了益州的大部分土地，诸葛亮、张飞和赵云“三道并侵”，试问你刘璋“何以御之”？且眼下的益州“吏民疲困”，起码有八成的人想要投降，你的统治根基已彻底动摇，就不必心存幻想了。

第三，白水关和白帝城，是益州一北一南的两大门户，“实为益州福祸之门”，而今这两大门户皆已洞开，“坚城皆下，诸军皆破，兵将俱尽”，而敌人却“数道并进，已入心腹”，你刘璋现在只能坐守成都和雒城，还有机会翻盘吗？

法正最后得出结论：“存亡之势，昭然可见。”（《三国志·法正传》）你身边那些谋士，其实也都看出这个形势了。他们眼下只是苟且偷生，没人肯为你献计，等到刘备兵临城下，他们更不可能为你尽忠效死。所以，你的出路只有一条，那就是投降，如此才能保住你刘璋一家老小的性命。

刘璋见信后，虽然满心惶恐，但仍心存侥幸，一个字也没回。

既然如此，那就只能接着打了。

建安十九年夏，刘备军终于攻破雒城，然后从北面迅速进围成都；与此同时，诸葛亮、张飞、赵云也分别从东面、东北面和南面杀了过来，对成都形成了三面合围之势。

此时，成都城内还有精锐将士三万，库存的钱粮也足够支撑一年，所以将士和百姓都愿意死守，不肯投降。刘备打探到这个情况后，意识到如果强攻，必定又是一场旷日持久的恶战，尽管最终也能打下来，可伤亡绝对不会小。

所以，还是要尽量想办法，迫使刘璋投降。

可是，法正的劝降信已经写了，该说的话都说了，还能有什么更好的办法呢？

刘备思忖良久，最后灵机一动，想到了一个人。

这个人就是马超。

马超在关陇纵横多年，其凶悍勇猛的威名早已传遍益州。所以，成都军民或许不会忌惮刘备，但一定会惧怕这个发起狠来连爹妈都不管的马超！

若能请来马超加盟，那逼降刘璋之事就十拿九稳了。不过，马超眼下正在张鲁那边打工，他愿意跳槽吗？

刘备觉得无论如何，此事值得一试，便命不久前归降的益州官员李恢秘密前往汉中，去给马超递橄榄枝。

话说刘备这两年真的是“人品爆发”，运气好到不可思议——他这边刚想招揽马超，马超那边恰好也在想着跳槽。

马超之所以想跳槽，是因为在张鲁这边，他干得一点都不开心。首先，张鲁说到底就是个只求自保、不思进取的土皇帝而已，跟刘表、刘璋这些人如出一辙，这样的老板能干成什么大事？马超跟着他又能有什么盼头？其次，张鲁手下大将杨昂等人，担心马超抢他们的饭碗，便千方百计地排挤他，而马超势单力孤，若不赶紧另投明主，恐怕迟早被他们害死。

所以，李恢一见到马超，表明刘备之意，双方便一拍即合了。

马超立刻不辞而别，偷偷离开汉中，从武都（治今甘肃西和县）逃到了氐族人的聚居地，同时写了一封表忠心的信，让李恢带回。

刘备大喜，赶紧命人给马超传话，让他先别急着来，接着暗中派遣了一支部队与他会合，且化装成凉州兵团，打上了马超的旗号，最后才让马超带着这支兵马大摇大摆地来到了成都城下。

之前马超被夏侯渊击败后，嫡系部众已死伤殆尽，身边只剩为数不多的亲兵，所以刘备才会来这么一手，其目的就是让刘璋和成都军民以为马超带着凶悍的凉州兵来了，从而达到威吓和震慑的效果。

果不其然，狠人马超一到，刘璋和成都军民就都吓坏了。《三国志·马超传》用了很简洁的四个字来形容其惊恐的程度——“城中震怖”。

刘备知道效果达到了，就不急着攻城，在围困了数十日后，才派谋士简雍给刘璋送去最后通牒。

虽然直到此刻，城中仍有部分军民愿意死守，但刘璋明白，大势已去，再怎么垂死挣扎也无力回天了，只是徒然牺牲更多人的性命而已。

当天，刘璋便昭告城中军民，说：“父子在州二十馀年，无恩德以加百

姓。百姓攻战三年，肌膏草野者，以刘璋故也，何心能安！”（《三国志·刘璋传》）

我们父子在益州二十余年，没有什么恩德给予百姓。很多百姓在这三年中死于战火、葬身荒野，都是因为我刘璋的缘故，我的心怎么能安呢?

随后，刘璋命人打开城门，与简雍同乘一辆车子，出城投降了。见此一幕，其麾下部众无不感伤落泪。

最后的时刻，刘璋所做的选择无疑是明智的，因为它的确挽救了很多人的生命，包括他自己和他的家人。

平心而论，刘璋其实算不上无道之君，他统治益州的这些年，老百姓总体上还是安居乐业的。不论是之前否决郑度“坚壁清野”的提议，还是最后放弃抵抗，都是他善待百姓、心存仁慈的表现。然而，在汉末三国这样一个征战杀伐的乱世，“仁慈”非但不是优点，反而是一种致命的弱点，尤其是当能力和实力都跟不上的时候。所以，作为一个生性暗弱、才具平庸的人，刘璋凭借“子宫彩票”和后来的好运气得到的益州牧，最后肯定要凭实力丢掉。

这很公平，完全符合优胜劣汰的自然法则。

同理，刘备夺取益州的手段虽然上不了台面，但从综合实力的角度看，这其实也是他分内应得的——毕竟“能者上位”的游戏规则，终究要比拼爹、拼投胎技术的规则更为合理。

刘璋投降后，刘备并未赶尽杀绝，而是把他送到公安县安置，还把他的个人财物全都归还，同时把朝廷此前授予他的“振威将军”印绶，也一并还给了他，让刘璋至少在名义上还保持着权贵的身份，不至于沦为庶民。

随着益州之战落下帷幕，刘备终于拥有了一块实实在在属于自己的根据地。

从中平元年（公元184年）起兵到现在，已经整整过去了三十年。刘备从二十四岁开始创业，历经磨难，饱尝艰辛，屡仆屡起，愈挫愈奋，终于在五十四岁这一年获得了成功。

老天爷仿佛是有意要把刘备打造成百折不挠的励志样板，所以在前面二十多年的时间里，给他挖了一个又一个坑，一直把他往死里整，在最后这几年，才终于像考核过关一样，赐给了他前所未有的好运气，从而一举把他送上了人生巅峰。

刘备梦寐以求的霸业，至此总算是规模初具了。而三分天下的历史格局，也在这一刻正式奠定。从此，刘备才拥有了足够的实力和资格，可以理直气壮地跟曹操、孙权一起逐鹿天下了。

进入成都后，刘备大摆酒宴，犒劳三军，并取出府库中的金银，分赐给将士。

接着就是论功行赏了。

刘备自领益州牧，诸葛亮为军师将军，赵云为翊军将军，马超为平西将军，法正为蜀郡太守、扬武将军，黄忠为讨虏将军，魏延为牙门将军，糜竺为安汉将军，简雍为昭德将军，孙乾为秉忠将军，霍峻为梓潼太守。

关羽和张飞因之前皆已晋位将军，故此次没有提升。

除了嫡系之外，一批归降的原益州官员也都得到了晋升：董和为掌军中郎将，许靖为左将军长史，黄权为偏将军，李严为犍为太守，费观为巴郡太守，伊籍为从事中郎，刘巴为西曹掾，等等。

之前围攻成都时，刘备为鼓舞士气，曾与将士们约定，一旦打下成都，便任由众人劫掠府库，他一概不管。

如今成都拿下了，虽然是刘璋自己降的，并非将士们卖命打下来的，但话已经说出去了，刘备也不能食言，只能眼睁睁看着将士们把大小府库洗劫一空，不由懊悔不迭。

问题倒不是刘备抠门，不舍得那些金银珠宝，而是如此一来，财政立马吃紧，没过几天，各级公务员的工资就都发不出来了。

正当刘备一筹莫展之际，刘巴献上了两条宝贵建议。

第一，铸造新货币，面值百钱，即一枚新钱相当于一百枚旧钱，这样财政马上就有钱了，足以解燃眉之急。

第二，由于增发货币极易引发通货膨胀，所以必须采取一个配套措施，就是设立“官市”，即由官府开办集市（相当于国企的垄断经营），如此既能调节市场、平抑物价，又能广辟财源，给各级财政带来源源不断的收入。

这两条建议，都是非常实用的经济政策，刘备当即采纳，予以推行。很快，两项政策就都取得了立竿见影的效果，“数月之间，府库充实”，新政府的腰包立马鼓了起来。

财政有钱了，军方一些人的胃口就又膨胀了，遂大造舆论，认为应该把成都的良田和豪宅都赏赐给有功将士。

这就是典型的“流寇思维”——每打下一块地盘，就将其视为战利品，必欲抢光掠尽而后快，然后再去抢下一块地盘。

可刘备是来益州开辟根据地、建立新政权的，稳定人心都来不及，岂能干这种杀鸡取卵、竭泽而渔的蠢事？但想要开疆拓土、扩张霸业，又必须得依靠这帮将士，故而也不宜公开打压他们，那该如何是好？

刘备决定找一个军方的人出面，让他配合自己演一出双簧。前提是，这个人必须是跟随自己多年的老同志，而且要有德行、有威望，说话有分量，才能镇得住场子。

这个人就是赵云。

于是赵云就公开表态了，说：“当年，霍去病曾说‘匈奴未灭，无以家为’，如今曹操窃国，其危害比匈奴更甚，还不是贪图安乐的时候。必须等到天下安定了，将士们各回家乡，去耕作自己的土地，才适合赏赐田宅。眼下益州百姓刚刚经历战乱，应该把田宅归还他们，让他们安居乐业，如此才能得到士民的拥护，官府才能顺利地征发徭役、收取赋税，绝不能剥夺他们的财产来赐给自己宠爱的将领。”

很显然，这番话既是赵云自己的想法，也代表了刘备的态度，明眼人都看得出来。所以，此言一出，军方的舆论就平息下去了。

刘备要在益州扎根，作为集团二把手的诸葛亮，自然就有了用武之地。

此前刘璋统治益州，纲纪废弛，各方面的制度都不健全，要么无法可依，要么执法不严，导致地方上的豪强士族为所欲为，根本不把官府放在眼里。而现在轮到诸葛亮来治理，局面就截然不同了。

诸葛亮首先入手的就是制度重建的工作。他采取雷厉风行的手段，迅速推出了一整套严刑峻法。可想而知，豪强士族们过惯了不受约束的安逸日子，现在却动辄得咎，不免牢骚满腹，怨声四起。

法正时任蜀郡太守，相当于首府的市长，很多利益是跟地方上的豪强士族捆绑在一起的，对诸葛亮的做法自然相当不满，便出面与他交涉，说：“昔日高祖入关，只与当地父老约法三章，关中士民无不感恩戴德。如今，阁下凭借武力，据有一州之地，初具国家规模，还未对百姓施以恩惠和安抚，何况对当地人而言，您是外来之客，应该放低姿态。所以，我希望能放宽各种法律和规定，以满足士民的期望。”

这番话说得挺不客气的，大有以主人自居、压诸葛亮一头的意思。

诸葛亮当然不买他的账，于是直言不讳地撑了回去，说：“阁下只知其一，不知其二。秦朝暴虐无道，政令苛酷，百姓怨恨，只要有人登高一呼，天下立刻土崩瓦解。高祖基于这种情况，自然要采取宽大政策。可现在的益州就不同了，刘璋一向暗弱，且自刘焉以来，惯以恩宠笼络臣下，法律制度形同虚设，上下逢迎，互相奉承，以致德政不举，威刑不肃。蜀地的士族豪强，普遍横行不法，肆意妄为，君臣之道，逐渐破坏殆尽。用权位来笼络人，等权位高了，人反而会轻视；用恩德来宠爱人，等恩德少了，人就会翻脸。益州之所以弊端丛生，原因在此。我现在用法律树立权威，一切都按法律来办，臣民就会知道政府的恩德；对所授官爵严格审查，加官晋爵时才会感到荣耀。这就叫‘荣恩并济，上下有节’，治国理政的要义，就在这里彰显了。”

法正本想倚老卖老，教教诸葛亮怎么做事，不料反倒被他教育了一番，心里十分不爽，却也没有办法。毕竟人家是集团的二把手，给你面子是情分，不给你面子是本分，你又能如何？

当然，诸葛亮这个人，也不是全然铁面无私、不知变通的。在官场上混，有时候要坚持原则，毫不妥协，但有些时候，也得睁一眼闭一眼，难得糊涂。这其中的分寸，诸葛亮就拿捏得十分到位。

还是以法正为例。由于法正在刘璋时期混得很不如意，经常遭人鄙视排挤，心里积怨甚深，所以这回“衣锦还乡”后，他就有恩的报恩，有仇的报仇，一连杀了好几个当年跟他结怨的人。

此时诸葛亮正在推行“依法治国”，而法正这么干，属于典型的公权私用，自然是于法不容的。于是有人就向诸葛亮告状，说：“法正太骄横了，将军应该启禀主公，打压他一下，免得他作威作福。”

如果诸葛亮是像包拯、海瑞那样眼睛里揉不得半点沙子的主，那这回他跟法正之间就有好戏看了。不过，诸葛亮绝非那种只讲法律、不讲政治的人。

在这件事情上，他就把法律暂时放到了一边，跟那个告状的人讲起了政治。他说："主公当初在荆州，北边畏惧曹操的强大，东边忌惮孙权的逼迫，在家里还要担心孙夫人变生肘腋。直到法正成为主公的羽翼，才让主公得以展翅翱翔，不再受制于人。法正功劳这么大，怎么能禁止他，让他想称心快意一下都不行呢？"

诸葛亮的意思明摆着：法律固然重要，但它上面还有一个东西，就是政治。

要禁止法正很简单，把事情一查，依法惩治即可，但如此一来，人们一定不会夸刘备执法严明，而是会骂他"鸟尽弓藏，兔死狗烹"。到那时候，刘备的人设就崩了，还有谁肯替他卖命？为了维护法律，造成这么严重的政治后果，值得吗？

由此可见，凡事只讲政治、不讲法律，固然会滋生以权谋私的乱象；但凡事只讲法律、不讲政治，有时候就会影响安定团结。所以，具体事情要具体分析，关键是把握好一个度。

"借"来的荆州，该不该还？

自从孙权把妹妹召回江东后，眼睛就死死盯住了刘备的一举一动。

前文说过，孙权要攻打益州，却被刘备以冠冕堂皇的借口挡了回来，令孙权十分不爽。如今，刘备竟然把自己当初说的那番漂亮话完全抛诸脑后，公然用武力夺取了益州，这不是摆明了拿孙权当傻子耍吗？

孙权暴跳如雷，大骂刘备是奸诈的老滑头。

这口恶气无论如何是吞不下去的。建安二十年（公元215年）五月，孙权命诸葛瑾出使益州，目的只有一个——让刘备归还荆州。

当初说好了，看在盟友的情分上，荆州是我孙权"借"给你的，现在你竟然拿我当傻子耍，那对不起，盟友没得做了，把荆州给老子还回来！

有借有还，天经地义！

然而，在孙权看来如此"天经地义"的事情，到了刘备那儿就完全不是一回事了。刘备一口回绝了诸葛瑾。

当初刘备之所以同意“借荆州”这个说法，无非是为了得到南郡江陵这个战略要地，口头上敷衍一下而已，打心眼里根本就不承认孙权对荆州的所有权。既然不存在“借”，那当然就无所谓“还”了。

不过，刘备这个人不喜欢说难听话，便又随口找了个理由来搪塞，说：“我正打算进攻关陇，等拿下关陇，就把荆州还给你们。”

诸葛瑾无奈，只好灰溜溜地回江东复命。

孙权一听，真是气不打一处来，忍不住破口大骂：“这老滑头就是不想还，空口说白话，就是想拖延时间罢了。”

既然道理讲不清楚，那就只能来硬的了。

孙权随即单方面任命了长沙、零陵、桂阳三个郡的官吏，命他们即刻到辖区赴任。可是，关羽眼下正在江陵镇守呢，你当他不存在吗？可想而知，孙权任命的官员有一个算一个，全都被关羽给赶回来了。

孙权怒不可遏。

讲道理你们不听，和平移交你们也不干，那就用刀枪来说话吧！

孙权立刻派出了两路人马：命鲁肃率兵一万进驻巴丘，抵御关羽；命吕蒙率兵两万，溯江西上，夺取三郡。

形势急转直下，原来就不太牢靠的孙刘联盟首次出现了破裂的局面。

吕蒙不愧是孙权一手提拔起来的心腹大将，不但会打仗，而且很会动脑子。他率部开赴战场后，并没有急着去攻打城池，而是给三个郡的郡守分别写了一封劝降信。结果，长沙太守廖立自知不敌，扔下城池就逃奔益州了；桂阳太守本是赵云，他入蜀后，此地防守自然薄弱，于是继任太守也只能带着辖下各县乖乖投降。

只有零陵郡的太守郝普不买吕蒙的账，仍然坚守城池。

此时，身在成都的刘备万万没料到，吕蒙竟然兵不血刃就夺了他两个郡的地盘。

眼下益州刚刚到手，政权还不稳固，荆州这块老地盘是绝不能有任何闪失的。刘备不敢耽搁，连忙率领五万人马，从成都赶回了公安，然后命关羽率兵三万，往益阳（今湖南益阳市）方向进兵，目标就是夺回长沙、桂阳二郡。

得知刘备亲赴前线，孙权当然不甘示弱，也立刻从建业赶了过来，进驻陆口，亲自坐镇，指挥各军。

两方大佬都出马了，一场大战看来已不可避免。

孙权一边命鲁肃率兵两万从巴丘进驻益阳，一边命吕蒙暂时放弃零陵，迅速回师与鲁肃会合，共同迎战关羽。

吕蒙接到命令后，却不急着动身。

因为他不甘心就此放弃零陵——既然长沙和桂阳都不战而降了，凭什么零陵就拿不下来呢？我倒要看看你郝普有多大能耐！

吕蒙脑子转了转，便心生一计。

他把孙权的军令藏了起来，秘而不宣，然后连夜召集众将开会，下令明日一早大举攻城，还煞有介事地对诸将面授了一番机宜。最后，他才假装不经意地把目光瞄向了一个叫邓玄之的部将。

这个人是郝普的故交。

吕蒙用一种聊闲天的口吻对邓玄之说："郝普这个人，听说世上有忠义之事，也想效法，殊不知现在时机不对啊！"

为何时机不对呢？

吕蒙接着说："现如今，刘备在汉中，被夏侯渊给包围了，命在旦夕；关羽在南郡呢，也被咱们的主公给堵住了，听说已经吃了一场败仗。他们目前的处境啊，可以说是头脚倒悬，自顾尚且不暇，岂有余力来救援零陵呢？咱们现在兵精粮足，而且计划周密，我估计明日攻城，当天便可攻破。到时候，郝普白白送了性命，有什么好处？何况他还有一个百岁老母，恐怕也难逃一死，这是多么令人悲痛的事啊！"

所谓刘备在汉中被围、关羽吃了败仗等，当然都是假情报，不过邓玄之却信以为真，不免替郝普担心起来。

吕蒙看在眼里，便装腔作势地长叹了几声，最后才道："我估计啊，郝普是因为坐困孤城，得不到外面的情报，以为一定会有援军，才决定固守。听说你跟他交情不错，不妨跟他见一面，把这些情况跟他说一说。是福是祸，就由他自己选了。"

邓玄之为救朋友一命，自然不敢耽搁，遂连夜入城，把吕蒙这番话原封不动地搬给了郝普。郝普听得心惊胆战，无奈之下，只好出城投降。

次日一早，吕蒙亲自乘船前来受降。一番交接仪式后，吕蒙亲切地握着郝普的手，从船上下来，在岸上站定，然后才掏出孙权的那道军令，递给了郝普。

郝普接过来一看，脸色唰地一下就变了。

吕蒙实在忍不住心中的得意，当场就大笑了起来，还一边笑一边给自己鼓掌。

郝普看完才知道，刘备根本不在汉中，而是已亲赴公安；关羽也根本不在江陵，而是已经进兵益阳。换言之，只要他死守几天，大军一定会前来救援。

可事已至此，郝普除了想找一条地缝钻进去之外，又能如何？

就这样，吕蒙不费吹灰之力，便一连拿下了刘备三个郡的地盘，可以说无论之前刘备给了孙权多大的羞辱，吕蒙现在都加倍还了回去。

拿下零陵后，吕蒙命部将孙河留守，然后才心满意足地率部北上，前往益阳。

孙、刘双方的所有人似乎都恨不得立刻撕毁盟约，只有一个人深感忧虑。

他就是当初力促双方结盟的鲁肃。

之前“借荆州”就是鲁肃的主意，如今双方为了荆州的归属问题闹到如此地步，眼看一场恶战已迫在眉睫，鲁肃不仅感到自己责任重大，而且有义务避免局面的进一步恶化。

为此，他决定亲自出面，去跟关羽谈判。

众将都认为此举太过危险，纷纷反对。因为他们都觉得，关羽这个人并不友善，之前关系尚未恶化时，关羽就曾心生猜疑，多次有过挑衅之举，全靠鲁肃顾全大局，一再忍让，才勉强维护住了双边关系。而如今，双方都已经撕破脸了，还有什么可谈的？

可鲁肃却不这么悲观。他对众人说：“局面恶化至此，彼此更应该把话摊开来说。刘备虽然忘恩负义，但是非对错还不到最后下结论的时候，关羽岂敢凭他个人的好恶来影响大局？”

随后，鲁肃向关羽发出了会晤的邀请。

到了约定时间，双方在益阳城外见面，各自的兵马都停留在百步之外，将领们也只携带随身佩刀。鲁肃很不客气，一上来就谴责刘备一方背信弃义，说：“我们主公当初之所以把土地借给贵方，全都是因为贵方战败，无处容身。如今你们得到了益州，却全无归还之意，我方要按约定取回三郡，你们又不答应，这是何道理？”

话音刚落，关羽还没接茬，身旁便有一人幽幽道：“土地这种东西嘛，谁有德行就归谁，哪有固定的主人呢？”

这话说得其实挺有水平，只是挑衅的意味太浓，无助于解决问题，只能激化矛盾。鲁肃闻言，当场色变，厉声呵斥。

关羽也觉得此人随便插嘴太没规矩，便手按佩刀，说：“此乃国家大事，你这家伙懂什么！”然后目光如刀，逼视着那个人，迫使他乖乖退了下去。

史书没有记载这个说话挺跩的人是谁。《三国演义》说是周仓，但周仓此人在正史中并无记载，只见于民间传说和话本中，后来被罗贯中写进了《三国演义》，可以肯定是个虚构人物。而且，就算真有周仓这个人，当时也在场，但以其在民间传说和《三国演义》中的“莽夫”性格来看，也绝对说不出这么有水平的话。

关羽赶走那人后，回答鲁肃道：“乌林之战，左将军身在战场，全力破敌，岂能白白辛苦，连一块土地都没有？莫非阁下此来，是想强行夺走土地不成？”

赤壁之战，刘备一方固然也参与了，但凭良心说，功劳实在很小，跟周瑜等人比起来，压根不值一提。所以，鲁肃很不屑地道：“不然！从我与刘豫州第一次在长坂坡见面，你们的兵马就少得可怜，而且士气低落，形势危急，可以说是穷途末路。当时刘豫州一心想要逃得远远的，何曾想过会拥有荆州？是我们主公怜悯刘豫州没有栖身之所，这才把土地借给他，让他有个立足之地，帮他渡过难关。想不到，刘豫州竟然自私自利，存心欺诈，还撕毁盟约。而今，益州已经得手，又想兼并荆州之地，这种事连一个凡夫都干不出来，何况是堂堂的领袖人物？”

关羽打仗很猛，但口才却不咋地，更不懂谈判的艺术，所以被鲁肃这番抢白，竟然无言以对。

其实，谈判的艺术，关键就在于不能跟着对方的逻辑走，而要有自己的一套逻辑。即使对方说的是事实，你也可以从同样的事实中找出不同的角度，建立自己的说辞。比如，鲁肃口口声声说孙权在刘备身处危难时救了他一把，这固然是事实，关羽完全可以大方承认，但是把荆州"借"给刘备这件事，却只是孙权一方的逻辑，并不等于事实本身。

关羽应该反问鲁肃：荆州本来是谁的？难道不是刘表的吗？你孙权凭什么把不属于自己的东西"借"给别人呢？这是什么逻辑？更何况，刘表临终前还曾把荆州"托付"给刘备（虽然此事不一定为真，但关羽却不妨拿这个说事），就此而言，荆州更应该属于刘备，而不是孙权。

假如鲁肃反驳说，是因为周瑜打赢了赤壁之战，才保住了荆州，所以孙权理应得到荆州的所有权。那么关羽就可以针锋相对地说，按照你这个逻辑，谁打赢了，地盘就归谁，那荆南四郡本来就是我们打下来的，凭什么要从你孙权那边"借"呢？

假如鲁肃无法反驳，只能改口说，"借荆州"主要指的是南郡，那关羽就可以反唇相讥说，既然如此，那你们这回口口声声要讨回长沙、零陵、桂阳三郡，又是怎么回事？关羽甚至还可以进一步说，你们借出南郡，目的不就是让我们帮着你们抵御曹操吗？既如此，那这件事的实质就是双方各取所需的一笔交易。如果这么说太难听，那说好听一点，就是盟友双方互相帮助。既然是互相帮助，那你们又何必把这事扯成一桩天大的人情呢？又有什么理由讨回长沙、零陵、桂阳三郡呢？充其量，你们只能讨回南郡。可曹操一旦打过来，你们还要不要帮手？如果现在你们把南郡拿回去，到时候又找我们结盟以共御曹操，这不就成了儿戏了吗？哪有这样反复无常、出尔反尔的？更何况，我们刘豫州也是堂堂一方诸侯，这么做岂不成了你们招之即来、挥之即去的小马仔？！

倘若关羽口才好点儿，懂得用上述逻辑进行反驳，那无言以对的人恐怕就是鲁肃了。

不过，无论最后是谁哑口无言，这场谈判到头来都是没有结果的，也根本没有胜利的一方。因为，当谈判双方谁也说服不了谁、谁也不愿妥协时，能够解决问题的唯一方法，就只有兵戎相见了。

建安二十年初秋，正当刘备和孙权准备大打出手之际，一个消息从益州传来，把刘备惊出了一身冷汗。

消息说，曹操已出兵关陇，即将大举进攻汉中。

汉中是益州的北面屏障，一旦失陷，益州就危险了。此时的刘备虽然据有荆、益二州的大部分土地，但还远远不具备在东、西两线同时开战的实力。所以，刘备只能做出一个无奈的选择——向孙权求和。

既然是主动求和，那当然只能妥协，把地盘让出去了。孙权不费一兵一卒，就捞回了面子，还拿回了地盘，当然没有理由不答应。

于是，孙权命诸葛瑾为代表，前往益州与刘备谈判，先划分地盘，然后重建盟友关系。

据说，诸葛瑾每次出使益州，都由弟弟诸葛亮负责接待和引见。不过，兄弟俩除了公事之外，为了避嫌，私底下连一次面都没见过。没办法，这就叫各为其主。在政治面前，亲情往往是次要的，有时候甚至会变得微不足道。

谈判结果，双方大致以湘水（今湘江）为界，把荆州一分为二：东边的江夏、长沙、桂阳三郡归孙权，西边的南郡、武陵、零陵三郡归刘备。

对于这个结果，孙权和刘备基本上都还是满意的。毕竟，刘备不敢同时与孙权和曹操开战，孙权也不敢同时与曹操和刘备开战。在如今这个“三雄争霸”的格局中，唯一敢同时与另外两方开战的，也只有强大的曹操了。

换言之，只要曹操依旧保持咄咄逼人的态势，孙权和刘备就只能继续保持同盟关系——尽管这个关系非常脆弱，但起码在现阶段是不可或缺的。

曹操平定汉中

建安十九年冬天，许都发生了一件不大不小的事情——皇后伏寿被魏公曹操干掉了。

曹操为什么要杀一个手无寸铁的皇后呢？

事情还要从十四年前的“衣带诏事件”说起。建安五年（公元200年），献帝刘协的老丈人董承，声称奉天子之命，暗中联络了一帮朝臣，准备诛杀曹操，不料密谋泄露，董承等人皆被曹操诛灭三族，其中自然也包括董承的女儿、刘协的嫔妃——董贵人。

当时，董贵人已怀有身孕，刘协苦苦哀求曹操，让他看在腹中胎儿的分儿上，饶董贵人一命。可曹操这种人向来信奉斩草除根，所以二话不说就把董贵人砍了。

有道是物伤其类、唇亡齿寒，皇后伏寿眼睁睁看着董贵人一尸两命，顿时恐惧不已，遂暗中给父亲伏完写了封密信，控诉曹操的残暴罪行，并恳求父亲设法对付曹操，否则她总有一天也会步董贵人之后尘。

从不甘束手待毙的角度来看，伏寿可以说是一个烈女。然而，从现实政治的角度而言，我们却不得不说，她这么做很愚蠢。

因为曹操没那么容易对付。董承、董贵人父女不就是自不量力才身死族灭的吗？你不想步他们的后尘，就更要小心谨慎，夹起尾巴做人，如今你竟然怂恿父亲去做董承已经失败的事情，不恰恰是在重蹈覆辙吗？

伏完毕竟是在官场上混的人，当然知道女儿这么做很幼稚，也很危险，所以压根没有任何反应，权当没看过这封信。

于是，这件事情貌似就这么过去了。

建安十四年，伏完在中散大夫任上寿终正寝，也把他和女儿之间的这个秘密带进了坟墓。可是，谁也没料到，又过了五年，即建安十九年，当初伏寿给父亲写信、密谋对付曹操的事，居然不知何故被翻了出来！

曹操得知后，自然是暴怒不已。

这些年来，虽然刘协一直乖乖地做着他的傀儡天子，从不敢跟曹操叫板，但自从出了“衣带诏事件”后，曹操便始终心存警惕——你刘协表面上不敢反对我，但心里一定对我恨之入骨，所以保不齐哪天又会冒出一个董承，再搞一出“衣带诏事件”。

对这种事，曹操向来是宁信其有、不信其无的。就在不久前，一个名叫赵彦的议郎，就因为跟皇帝刘协讨论了一下时局，也没干什么出格的事，便被曹操不由分说砍了脑袋。

连跟我说几句话的大臣你都要杀，那我当这个天子还有什么意思？！

刘协压抑多年的恐惧和愤怒终于爆发。有一天，曹操因事上殿觐见，刘协忍无可忍地对他说：“阁下如果愿意辅佐我，我感激不尽；若是不愿，那就求你开恩，放我一条生路吧。”

虽然天子纯粹是个傀儡，但把话说到这份儿上，还是让曹操颇为心惊。据说，曹操当时就“失色”了，然后频频跪拜行礼，接着就逃也似的告辞而出。

依照当时的朝廷仪轨，凡三公入朝觐见，都要由宫中的虎贲卫士跟在左右，以防生变，看上去就像被全副武装的卫士“挟持”一样。而曹操上殿，当然也得照这个规矩来。虽说宫中卫士早就都是曹操的人，但曹操也不敢担保里头不会有个别人暗中投靠了皇帝，想当董承第二啊！

倘若如此，那皇帝趁曹操独自上殿之机，命卫士把他干掉，岂不是易如反掌？纵横天下无敌手的曹操如果真这么死了，那可算是在阴沟里翻船了。所以，那天下殿后，曹操好久都回不过神来，“顾左右，汗流浃背”（《后汉书·伏皇后纪》）。从那天起，曹操就再也不愿上殿朝见了。

好巧不巧，伏皇后又恰在此时东窗事发。当曹操把所有这些事情联系起来后仔细一想，后背不免阵阵发凉。他完全有理由认为，这是“衣带诏事件”重演了。

于是，伏皇后的末日就此降临。

曹操先命御史大夫郗虑，持节收缴了伏皇后的印绶，又命尚书令华歆勒兵入宫，准备抓人。伏皇后紧闭门窗，藏进了墙壁的夹层中。可是这等小伎俩岂能瞒得过人？华歆命士兵拆屋毁墙，没两下就把伏皇后拉了出来。

此时，刘协正在外殿，面如死灰地陪着郗虑坐着。伏皇后披头散发，光着脚，被士兵从内殿押了出来，边走边哭。经过刘协面前时，伏皇后绝望地喊了一声：“能不能救我一命？”刘协满面凄凉地看着她，喃喃道：“我亦不知命在何时！”

我自己也不知道什么时候命就没了。后面没说完的半句是——还拿什么救你？！

然后，刘协把脸转向郗虑，尽管满腔悲愤，最终也只能化作一句无力的吐槽，说：“郗公，天下怎么会有这样的事呢？”

没办法，这就是命。从你当上这个名存实亡的大汉天子的那一刻起，这一切就已经注定了。活一天算一天吧，至少，比起你那个短命的哥哥刘辩，你能活到今天已经很不错了。想那刘辩坟头的杂草，怕是已经有一人多高了吧？生逢乱世，谁又不是命若飘蓬、身不由己呢？认命吧，能活着见到明天的太阳，你就该感到庆幸了，别的都是奢望。另外，别把头上戴的那顶天子冕旒太当回事儿，你可能也就想开了。

史书没有记载郗虑是如何回答刘协的。不过，想必他也不会回答。因为，只要在刘协面前说一个不该说的字，他的下场就会跟赵彦一样。

伏皇后随后被关进了“暴室”（宫内染坊，相当于冷宫），没过多久便幽禁而死了。她和刘协生的两个皇子，都被毒鸩赐死；还有她的六个兄弟及宗族老少一百多人，也全部被杀。

建安二十年正月，曹操立曹贵人为刘协的新皇后。

这个曹贵人，正是曹操的女儿。如此一来，刘协无异于一天十二个时辰、一年三百六十五天、全方位无死角地处于曹操的监控之中。从此，曹操终于不再有后顾之忧，可以一心一意征战天下了。

本来，进攻汉中便已在曹操的计划之内，如今刘备悍然夺取了益州，大有觊觎汉中之势，曹操自然要加快平定汉中的脚步。

当年三月，曹操亲自出征，准备从武都进入汉中。聚居在这一带的氐人部落得到消息，立刻封锁了道路。曹操命张郃、朱灵为前锋，将氐人击溃。四月，曹操自陈仓（今陕西宝鸡市东）出大散关（今宝鸡市西南），进抵河池（今甘肃徽县）。

氐人酋长窦茂，率众一万余人，在此凭险固守。五月，曹操攻克河池，屠城。

七月，曹操大军进抵阳平关（今陕西勉县西）。这座险关乃汉中门户，南北两面皆是崇山峻岭，地势极为险要。张鲁得知曹操大兵压境，自忖难以抵挡，立刻冒出了投降的想法。他的弟弟张卫坚决反对，然后自告奋勇，亲率数万部众进驻阳平关，并且一口气在两山之间修筑了十多里的城墙，打算跟曹操死磕到底。

曹操也知道阳平关易守难攻，所以战前便一直在搜集这方面的情报。当时，凉州的不少参谋官和武都的降卒都跟他说，张鲁很好打，因为阳平关的南山和北山相去甚远，很难严密防守。曹操信以为真，等自己来到关前一看，才发现那些情报根本不靠谱——这座关隘的险峻程度，完全超出了他的想象。

此时，张卫已经在阳平关两侧的高山上，利用险要地形修建了多座营垒，宛如在曹军面前筑起了一道铜墙铁壁。

曹操虽善于用兵，但这回可不像当初打潼关那么轻巧了，还能渡过黄河绕到敌人背后。这座阳平关就是进入汉中郡的唯一通道，除非你能变成鸟儿飞过去，否则只能硬着头皮强攻。

随后，曹军一连多日对山上那些营垒发动猛攻，无奈山势太过陡峭，连正常攀登都很困难，更不用说头顶上还有滚木礌石不停往下砸，所以伤亡异常惨重。

曹操大为沮丧。再这么打下去，恐怕连张鲁的一根汗毛都没伤着，自己的老本就要拼光了。而且，眼下的军粮也即将耗尽，曹操思前想后，终于决定退兵。

当时天色已晚，还有一支部众在山上，尚未归营，曹操遂命夏侯惇和许褚去通知他们撤退。不料，夏侯惇和许褚在山上转了半天，愣是没找着这支部队。

难道，他们都被敌人干掉了？

其实，这支队伍并没有被干掉，而是在夜里迷路了。他们像无头苍蝇一样在深山老林里转来转去，本来都快抓狂了，可谁也没料到，转到最后，竟然鬼使神差地撞进了一座敌人的军营。

而且，这座军营还是一个非常重要的据点，因为离它不远的地方就是张卫的大营。

之前连日猛攻，死伤无数，却连一座敌营的边都没摸着，眼下居然阴差阳错就撞进来了。这就叫踏破铁鞋无觅处，得来全不费工夫。更重要的是，张卫的手下压根没想到他们是误打误撞进来的，还以为是敌人大半夜搞定点突袭呢，顿时大为惊骇，于是不敢抵抗，哗啦一下就作鸟兽散了。

于是，曹军的这群“无头苍蝇”就这么莫名其妙地占据了这一要地。

当时，曹营谋士辛毗、刘晔二人随该队同行，意外得手后，赶紧下山去报捷，正巧在半路上遇见夏侯惇和许褚。二人忙不迭地把这个好消息告诉了他们。

两位大将一听，根本不敢相信有这种事。夏侯惇亲自到那个据点走了一遭，才发现是真的，于是飞奔下山，向曹操做了汇报。

曹操又惊又喜，立刻下令乘胜进攻。

夏侯惇遂率部上山，没花多少力气，便找到了张卫的大营所在，旋即发动进攻。张卫抵抗了一阵，终究不敌，只好连夜逃遁。

这座原本形同天堑的阳平关，就这样凭着不可思议的好运气落入了曹操手里。

我们说过，真实的历史经常是不讲逻辑的。很多时候，决定历史走向的关键因素并不是必然性，而是谁都无法预料、没有任何道理可讲的偶然性。

曹操以这种方式拿下阳平关，进而平定汉中，再次佐证了这一点。

张鲁本来就一心想投降，如今阳平关一丢，他更是迫不及待地要写降表了。谋士阎圃劝他不必这么着急，说："在曹操大兵压境的情况下投降，我们没什么讨价还价的筹码，不如暂时投奔朴胡（少数民族首领，族众聚居于今四川阆中市一带），跟曹操对峙一段时间，然后再降，这样身价就不同了。"

张鲁觉得有道理，决定暂到巴中（今四川东北部）一带躲避。临走前，左右劝他把囤积财货的府库悉数烧光，张鲁不同意，说："我本来就想归顺朝廷，只是一直没有合适的机会，如今只是为了躲避兵锋，并不是想跟朝廷为敌。所以，这些府库财货，自然也要归朝廷所有。"

于是，张鲁命人锁上府库，贴上封条，然后才逃离了南郑（汉中治所，今陕西汉中市南郑区）。

曹操随即兵不血刃地入驻南郑，占据了汉中。

见张鲁把府库保存得十分完好，曹操非常满意，便派人去见张鲁，表达了自己的慰问之意。

拿下汉中，就等于打开了益州的北大门。此时，最佳战略就是一鼓作气，挟新胜之威直捣成都，趁刘备立足未稳，将他一举消灭！

有个随军的谋士就在这时提出了这个建议。

他就是司马懿。

这些年，司马懿屡获升迁，已经官居丞相府主簿，相当于国务院的秘书长，成为曹操帐下最重要的谋士之一。

他对曹操说："刘备用诈力逼降刘璋，蜀地的人心尚未归附，如今又与孙权争夺江陵，此机不可失也。眼下我军攻克汉中，益州震动，若大兵压境，其势必瓦解。圣人行事，既不可违背时机，也不可错失时机啊。"

按照曹操一贯的雄心壮志和霸气作风，他一定会毫不迟疑地采纳这个建议。

然而，司马懿万万没想到，曹操居然淡淡地回了这么一句：“人苦于不知足。有道是既得陇又望蜀啊！”

最早发出这句感叹的人，不是曹操，而是汉光武帝刘秀。当年刘秀说这句话时，连年征战后的厌倦之情溢于言表。而此时此刻，曹操也说了这句话，难道是偶然吗?

很明显，这绝非偶然。

平定汉中的这一年，曹操已经六十一岁了。

如果从曹操被任命为骑都尉、离京征讨黄巾的那一年算起，迄今已经整整过去了三十一年。这三十一年间，曹操南征北战，戎马倥偬，绝大部分时间都是在打仗中度过的。如果有哪一天他不在战场上，那也一定是在走向战场的路上。

这么多年，曹操攻克了一座又一座城池，消灭了一个又一个枭雄，取得了一次比一次大的成功。与此同时，他自己也有好多次遭遇惨败，命悬一线。但无论如何，他始终雄心勃勃、斗志昂扬。尤其是统一了北方之后，他更是每天以“老骥伏枥，志在千里；烈士暮年，壮心不已”来激励自己。

然而此刻，他终于厌倦了。

这匹“志在千里”的老马，终于在漫长的岁月中慢慢磨掉了锐气和霸气。

这位“壮心不已”的烈士，终于在连绵的征战中一点一点地失去了斗志与豪情。

聪明过人的司马懿，显然已经看穿了这一点。所以，他沉默了，没有再劝。

而另一个谋士刘晔，却没有意识到伟大的曹公也有身心俱疲的一天，便又进言道：“刘备乃人中豪杰，其长处是格局广大，短处则是反应迟缓。他占领益州的时间尚短，蜀地之人不足以成为他的后盾。如今我们攻破汉中，蜀人震恐，势将自行崩溃。以主公的英明神武，再顺应这种时势，必定攻无不克。若稍微拖延，诸葛亮身为谋士，善于治国，关羽和张飞身为大将，勇冠三军，很快便会使人心安定，到时候据守险要，就不易击破了。今日不夺取益州，日后必有大患。”

两个谋士说的都很有道理，但曹操终究没有听从。

他在南郑住了七天，其间陆续有蜀军士兵前来投降。其中一人被带到曹操面前，交代了这几日益州的情况。他说：“蜀中一日数十惊，将领们用诛杀的手段镇压，仍未稳住局面。”

这一刻，曹操忽然又心动了。

他可以预料到，自己夺取汉中一定会给益州带来震动，只是完全没想到，震动竟然如此之大。

看来，不乘胜进攻益州，的确是有点可惜了。于是他问刘晔：“现在打，还来得及吗？”刘晔摇了摇头，说：“如今益州已经有了防备，不是最佳的进攻时机了。”

曹操其实也只是心动了一下而已，并非完全改变了主意，否则以他往日的脾气，不要说仅仅时隔七天，即便时隔七十天，蜀军已经有了严密防备，只要他想打，那就谁都拦不住。

刘晔很可能也已察觉到了曹操的这一本质变化，所以才顺水推舟，说现在已错过了时机。不然的话，仅时隔七天，何至于形势就截然不同了呢？

既然不想打，那就班师吧。随后，曹操命夏侯渊、张郃、徐晃留守汉中，以丞相长史杜袭“督汉中事”（管理内政），旋即引兵返回邺城。

值得一提的是，曹操这一走，还顺便把汉中的数万户人口强行带走了，并将他们安置在了长安和关中。不久，他又授意杜袭，通过一番软硬兼施，把汉中百姓八万多人，全都迁到了洛阳和邺城。

曹操为何要如此大规模地迁移人口呢？

在古代，人口就是最宝贵的资源，几乎可以说是第一生产力。曹操这么做，首要目的当然是以人力资源充实自己的后方。可是，此时汉中也已经是曹操的地盘，把人口迁走就等于削弱了汉中，这又是为何？

因为，从地缘政治的角度讲，汉中是益州门户，对刘备至关重要，甚至可以说性命攸关，但是对曹操而言，其战略意义就要小很多了。所以，曹操肯定能预见到，刘备必定会来争夺汉中，而曹军到时候能否守住，把握并不是很大。既如此，曹操对汉中这个地方自然就没有长期经营的打算，因此索性提前把人口迁走——即便到时候守不住，留给刘备的也只是一个人烟稀少、田地荒芜的空壳。

曹操班师不久，巴中的夷人首领朴胡等人便率众归降了。

同年十一月，张鲁也在做足了一番“对峙”的姿态后，选择出山投降。曹操给了他一个“镇南将军”的名号，并封阆中侯，食邑一万户。张鲁的五个儿子和谋士阎圃等人，也都被封为列侯。

合肥之战：孙权的惊魂一刻

自从建安十三年攻打合肥铩羽而归后，孙权与曹操在东线战场便一直没有停止交锋。

建安十八年正月，双方在濡须口打了一仗。

建安十九年闰五月，孙权又在吕蒙的建议下，率吕蒙、甘宁攻取了皖城（今安徽潜山市），拔除了曹操在合肥以南最重要的屯田之所。

曹操勃然大怒，于同年七月率部亲征，准备夺回皖城，但再度遇到南方的暴雨天气，行军作战和后勤补给都出现了问题，故仅历时三个月便无功而返。

到了建安二十年八月，孙权趁曹操西征张鲁之际，携吕蒙、甘宁、凌统、贺齐、徐盛、陈武等多位将领，共率十万大军，第二次对合肥发起了声势浩大的进攻。

此时，守卫合肥的是曹军猛将张辽、李典和乐进，上面还有一个上司叫薛悌。他们麾下的部众，仅有七千人。

很显然，对曹军而言，这将是一场众寡悬殊的恶战。

曹操西征前，预料到孙权很可能会趁机在东线发难，便事先给了薛悌一封密函，并在信封上注明：“贼至，乃发。”

此刻，众人将信打开，只见上面写着：“若孙权亲至，张辽和李典出战，乐进守城，薛悌不可参战。”

众人看完，不约而同地沉默了。

曹操的安排没有任何问题，因为张辽和李典向以骁勇善战著称，所以命他们出战；而乐进为人沉稳持重，所以命他守城；至于薛悌，只是个文官，所以命他不得参战。

然而，这个貌似没有问题的安排，却隐含了一个最大的问题——曹操固然预料到了孙权的行动，却没能料到孙权竟然会率十万大军前来。

七千对十万，这仗怎么打？

固守待援或许还有一线生机，主动迎战则无异于自寻死路！可曹操的军令在此，谁敢违抗？

尽管在场诸人除了薛悌外，都是身经百战的勇将，可面对如此严峻的局面，却难免心生疑惧。四个人中，只有张辽毫无惧色，道："曹公远征在外，若是等到援军到来，敌人早把我们击破了。所以，曹公的意思，是让我们在敌军完成合围之前主动迎击，摧毁敌人的锐气，安定我方的军心，如此才可固守。"

李典等人面面相觑，都不接茬。

张辽见状，不由怒道："成败之机，在此一战。诸君若迟疑不决，那我就一个人出战！"

李典与张辽素来不睦，两人本来是尿不到一个壶里的，可人家张辽如此硬气，李典又岂能做缩头乌龟？于是他慨然道："此乃国家大事，我方才没说话，只是想看看诸君有何计策，现在你都这么说了，我岂能因个人私怨而不顾公义？愿同你一起出战！"

这个决心之所以如此难下，是因为大伙都清楚，在敌众我寡的情况下主动出击，基本上就是肉包子打狗——有去无回，所以决定出战就意味着决意赴死了。

当天夜里，张辽募集了八百名敢死队员，然后宰杀了几头牛，犒赏众将士。

这无疑是"最后的晚餐"。吃完这顿，大概率是没有下顿了。

次日拂晓，张辽和李典率敢死队出击，抢在孙权各路大军完成集结之前，直奔孙权的帅旗而去。张辽身披铠甲，手持铁戟，一马当先，头一个杀入了敌阵。

他一边高呼自己的大名，以此震慑对手，一边左冲右突，接连砍杀了数十名敌兵，还把吴军大将陈武和另一名将领先后斩落马下，然后一口气杀到了孙权的帅旗之下。

猛将就是猛将，打起仗来完全是拼命三郎的架势。

孙权万万没料到，曹军竟敢主动出击，更没料到张辽如此生猛，居然一眨眼就杀到了自己面前。他大惊失色，慌忙掉转马头，奔上附近的一座山丘。左右亲兵赶紧用长戟围成人墙，把孙权护在当中。

张辽在下面大声叱骂，叫孙权下来决斗。孙权当然不可能下去。他现在暂时安全了，惊魂甫定之际，蓦然发现其实张辽带的兵很少，之所以能杀到自己眼皮底下，无非就是敢玩命而已。

这个发现让孙权瞬间就有了底气。他立刻下令部众包围张辽。

很快，孙权部众就把张辽和他为数不多的敢死队员围了好几重。张辽意识到“擒贼擒王”的突击战术已经失效，再打下去必死无疑，遂带着几十名部众拼死杀出了重围。

可是，余下的部众仍被困在包围圈中。他们看到主将跑了，忍不住高声大喊：“将军要扔下我们吗？”

张辽一听，连想都没想，立刻反身又杀了回来。

按照常理来讲，能在万军包围之中杀出去，已属万幸，一般将领早就逃得没影了。而且，能在身陷重围的情况下带着几十名部众杀出去，已经是非常难得了，绝不会遭人非议。假如张辽就这样一走了之，相信曹军上下都可以理解。

然而，为了弟兄们，张辽却义无反顾地杀回了重围之中。

名将之所以是名将，不仅是因为能征善战，更是因为能在危难时刻把部众的性命看得高于一切，却把自己的生死置之度外！

没有意外的话，张辽这一次恐怕是要跟他的弟兄们一起战死沙场了。

可历史就在这一刻，再次出现了所有人都意料不到的反转。

孙权这边的将士，照理说也都是身经百战之人，且在兵力上拥有绝对优势，在这一仗中砍下张辽首级本是板上钉钉的事。可事实却是：“辽复还突围，拔出馀众。权人马皆披靡，无敢当者。”（《三国志·张辽传》）

张辽竟然在处于绝对劣势的情况下，把剩余的部众都解救了出来；而孙权方面，竟然被杀得人仰马翻，没有一个人挡得住张辽。更离谱的是，张辽“拔出余众”后，并没有逃回城中，而是带领部众继续鏖战，“自旦战至日中，吴人夺气”。

从早上一直战斗到中午，结果人多势众的吴军非但没能灭了张辽，反倒被打得十分狼狈、士气全无。比如吴军大将徐盛，不但挂了彩，连手中的长矛都被打掉了。危急时刻，所幸贺齐率部来援，才救了他一命，并帮他抢回了长矛。

如果陈寿关于这一仗的记载没有夸大其词的话，那么我们只能说，像这种平原地带的野战，曹军的战斗力显然要比吴军高出好几个数量级，否则绝对不可能打成这种结果。此外，这一仗的结果似乎也证明了，在短兵相接的战斗中，主将的杀气和部众的士气，要比“兵力”这个因素重要得多。

战斗结束后，张辽全身而退，回到城中，从容地加固防御工事。经此一战，曹军士气大振，人人都有了固守之心。

接下来，孙权带着他的十万大军围着合肥打了十多天，却始终未能撼动这座坚城。

直到此刻，孙权才意识到自己太过轻敌了。

本以为十万打七千，可谓易如反掌，不料刚一交战就被对手挫尽了锐气，之后这十几天的围城战，更是越打越没信心，只能徒增伤亡，外加耗费粮草。

十万人的后勤补给，可不是闹着玩的，若无取胜的把握，还不如趁早撤兵。

没办法，孙权最后只能下令撤退。

第二次声势浩大的合肥之战，就这样尴尬地落下了帷幕。

不过，故事到此并未结束。这场著名战役在即将落幕之际，又出人意料地给后世“观众”奉献了一个扣人心弦的“彩蛋”。

十万大军要撤退，自然不能轰的一下全都一块儿走，只能是一部一部有序撤离。当大部队陆续撤出战场后，孙权和吕蒙、甘宁、凌统等少部分将士，仍停留在逍遥津（今安徽合肥市东北，南淝河渡口）的北面，等待渡河。

可怕的张辽就是在这一刻，再度抓住了难得的战机。

他在城头上瞭望，发现孙权似乎落单了，立刻率步骑飞驰出城，第二次直奔孙权帅旗。

这一次，比上回更惊险。因为这次张辽带的兵力，已经远远多于此刻孙权这边的部众。见曹军突然来袭，吕蒙、甘宁等将领立刻挺身上前，勠力死战，凌统则领着侍从保护孙权后撤。

把孙权带到安全区域后，凌统旋即返身加入了战局。

这一仗的惨烈程度，丝毫不亚于十几天前那一仗，区别只是兵力强弱之势互换了而已。凌统血战到最后，左右部众悉数战死，而他本人也多处挂彩，险些丧命。最后，凌统估计孙权已经脱离危险，才且战且退地撤出了战斗。

可凌统并不知道，此时的孙权再度遭遇了惊魂一刻。

当孙权在侍从的护卫下策马逃上一座木桥时，竟然发现靠近南岸的某处桥面塌陷了一丈多长。而此刻，身后的追兵已越来越近。跟在他旁边的侍从官谷利，赶紧让孙权紧握缰绳，然后狠狠在马屁股上抽了几鞭。坐骑吃痛，飞奔而出，这才跃过了断桥。

可是，你孙权跃得过去，后面张辽的追兵自然也跃得过去，所以危险并未解除。

万幸的是，恰在这时，贺齐率领的接应部队乘船抵达，连忙把孙权接上了船，孙权这才逃过一劫。

张辽率部追到岸边时，孙权的船队刚刚扬帆而去，仅仅差了一步。

虽然没能生擒孙权，但张辽在这一战中的惊人表现，已足以令他威震江东，名扬天下。此次合肥之战，成为中国历史上又一个以少胜多的经典战例。张辽仅仅凭借这个战绩，便可当之无愧地跻身三国名将的行列。

后来，张辽的威猛之名传遍民间，以致老百姓要吓唬爱哭的熊孩子时，都会说："你再哭，张辽就来了！"很多熊孩子果然就吓得不敢再哭。于是历史上就有了"张辽止啼"这个典故。

孙权死里逃生后，十分庆幸，便在船上设宴，一来慰劳众将，二来给自己压惊。然而这顿酒，大伙都喝得很不开心，因为这一仗打得实在是太窝囊了！

陈武战死，凌统重伤，徐盛等人也不同程度地挂了彩，甚至连主公孙权都两度遇险，差点被张辽掳了去……

尤其是考虑到双方的兵力对比，十万对七千，拥有绝对优势，本以为稳操胜券，可谁能想到，最后非但没拿下合肥，反倒被打成这副熊样，简直是奇耻大辱！

所以，众将都很郁闷。而最后一刻及时接应孙权的贺齐，除了郁闷之外，更多的则是后怕——假如自己来晚一步，后果岂堪设想？

为此，贺齐觉得不吐不快，便起身离席，一边流泪一边对孙权道："主公乃至尊之身，应时刻注意安全，以持重为念。今日之事，几乎酿成大祸，我等内心无不震恐，犹如天塌地陷一般，还望主公以此为终身之戒。"

其实，孙权自己又何尝不后怕？

当初，他的父亲孙坚和大哥孙策都是因为麻痹轻敌才遭遇不测的，今日他又因为不够“持重”而险些重蹈覆辙，这个教训太深刻了，足以令他没齿不忘。

孙权心中感慨，连忙上前，抹去了贺齐的眼泪，道：“我也非常惭愧。今日的教训，定当铭刻于心！”

曹操集团的权力斗争

建安二十一年（公元216年）二月，曹操班师回到邺城。

同年五月，曹操晋爵魏王。

虽然终其一生，曹操就在这个地方止步了，没有迈出那篡位称帝的最后一步，但从“魏公”晋爵“魏王”，显然也并非无关紧要之举。

曹操现在走这一步，其实就是在为曹丕日后颠覆汉室、另立新朝铺平道路。对此，朝中文武自然都是心知肚明。而且，绝大部分人是希望这一天早日到来的，甚至都希望由曹操本人来称帝更好。因为，他们名义上是汉朝的臣子，实则都是曹老板的人，而老板早一天成为皇帝，他们自然也就早一天成为新朝的开国大臣。到时候，不论是官位还是各种薪资待遇，自然就跟着水涨船高了。这种皆大欢喜的事，谁又不乐观其成且乐享其成呢?

所以，曹操刚刚晋封魏王不久，便有一帮人开始上表吹捧，大造声势，恨不得老板明天就百尺竿头更进一步，黄袍加身，位登九五。

在这帮替老板歌功颂德、涂脂抹粉的人中，有一个叫杨训。据说，此人的奏表写得十分浮夸，让所有看过的人都觉得肉麻，于是不少人都在背后笑骂，顺带也骂了当初举荐杨训的人，说他眼睛瞎了，才提拔了这种马屁精。

举荐杨训的人，正是向来以善于识人著称的崔琰。

听到人们的议论后，崔琰自然很不爽，便特意把杨训的奏表拿来看。看完后，估计也是被恶心到了，但崔琰又不敢说杨训做得不对，只好写了封信给他，大意是说，上表赞美老板，这本来是好事，但你得注意时机。什么时机呢？就是要等到大势即将产生变化的时候。换言之，就是等老板真的要称帝了，你再来拍马屁、造舆论也不迟。

言外之意，就是劝杨训拍马屁也要拿捏火候、掌握分寸，别成了人家的笑柄。

崔琰并不知道，就是这封信，给自己惹来了杀身之祸。

官场上的人都是眼观六路、耳听八方的，很快就有崔琰的政敌抓住这封信大做文章，说他傲慢自大，不可一世，且心怀怨恨，诽谤朝政，尤其是在私下议论魏王，出言不逊，实属悖逆。

这一堆大帽子扣下来，崔琰就在劫难逃了。

曹操大怒，立刻将崔琰关进了大牢，且施以“髡刑”（剃光头发），并在狱中服劳役。可是，崔琰的政敌仍不放过他，不久又向曹操奏报，说他在牢中依旧态度倨傲，言行举止都带着嗔恨，毫无悔过之心。

曹操很干脆，马上给了崔琰一杯毒鸩，把他赐死了。

崔琰无辜而死，他多年的同僚兼好友毛玠大感悲愤，言行中难免流露出了一些不满。于是，厄运立刻又降临到了他的头上。很快又有人向曹操告密，罪名还是那老一套，说毛玠心怀怨恨，诽谤魏王。

曹操二话不说，照旧把毛玠扔下了大狱。

眼看这些老臣都要一个接一个被收拾了，深感唇亡齿寒的两位同僚赶紧站了出来，替毛玠求情。这两人，一个是桓阶，一个是和洽。

桓阶请求先查明案情，再将毛玠定罪。曹操不以为然道：“据举报的人说，毛玠不但诽谤我，还替崔琰打抱不平，这就等于把‘君臣恩义’完全弃置一旁，只想替他死去的朋友鸣冤叫屈，我是绝对不能容忍的。”

“君臣恩义”四个字，是史书记载的曹操的原话。由此可见，此时的曹操不仅在心里把自己当成了实质上的皇帝，而且已经公然表现在言行中了，丝毫没有任何顾忌。

和洽闻言，赶紧道：“倘若真如举报者所言，那毛玠的确是罪过深重，为天地所不容。臣也不敢曲意回护毛玠，破坏君臣伦常。只不过，毛玠多年来深受您的信任，且为人刚直，公忠体国，是朝臣都敬畏的人，按理说不该有此言论。当然，人心难测，有没有也不好说，所以更应该深入调查，把检举人与被检举人的实情都弄清楚。如今，大王圣恩，不忍让有司公开审理毛玠，这固然是不想让他受辱，但反而会令是非曲直变得不分明。”

在和洽这番话中，不论是自称为“臣”，还是把曹操之恩称为“圣恩”，都已经公然把曹操视为皇帝了。换言之，此时曹操与满朝文武的关系，显然已非丞相与百僚的关系，而是“君”与“臣”的关系。

除了缺一个登基仪式外，此刻的曹操，与皇帝几乎没有分别了。

对于和洽之言，曹操的回答是：“我之所以不深入调查，正是为了保护毛玠和举报者两方。”言下之意是，不管毛玠是真的有罪还是举报者诬告，都是他不愿看到的。

这种态度，首先有和稀泥之嫌，难以令人信服；其次，这么做与其说是在保护毛玠，不如说真正目的是在保护那个躲在暗处的告密者，同时也是在鼓励告密行为并保护告密者的积极性。

和洽不接受这种“和稀泥”的处置办法，仍旧据理力争道：“如果毛玠真有诽谤主公之言，当在闹市上斩首；如果毛玠并无此言，那么就是举报者诬告大臣，蒙蔽大王视听，倘若不加以追究，臣深感不安。”

然而，不管和洽说什么，曹操终究不肯深入调查，也不让毛玠有机会跟那个举报者当面对质。

当然，由于和洽与桓阶的求情，曹操最后也放了毛玠一马，没有治他的罪，而是免去其所有官爵，放他回家了。

不久，毛玠以庶民身份在家中寿终正寝，终究没有像崔琰那样死于非命，也算不幸中的万幸。

崔琰和毛玠，这两个曾经在选拔人才、整顿吏治方面为朝廷做出巨大贡献的能臣，就这样一死一贬，落得个无比凄凉的下场。

个中原因，并不是他们真的对曹操不忠，而是遭遇了政敌的陷害，纯粹是死于曹操集团内部的政治斗争，就跟当年袁绍集团内部的倾轧与恶斗如出一辙。

崔琰和毛玠的政敌们之所以能够接连得手，无非就是利用了曹操的多疑和残暴。对于任何不利于自己统治的言论，曹操向来是宁信其有、不信其无的。因此，对于“告密”这种行为，他自然会采取欢迎和保护的态度，而不会在意告密者是否别有用心。因为只有这样，他才能随时掌握所有人的动向，从而把一切在他看来足以危及统治的因素扼杀在萌芽状态。

建安二十二年（公元217年）正月，曹操再度发兵进攻孙权，亲率大军进抵居巢（今安徽巢湖市）。孙权率吕蒙、甘宁、周泰、孙瑜、蒋钦等将领坚守濡须，与曹军对峙。

这是曹操与孙权的第二次濡须之战。

史书对第一次濡须之战的记载非常详尽，且有不少生动的细节。可对这次会战，各种史料却都语焉不详；关于战争的具体经过，基本上都付诸阙如。我们只知道，大概在当年二月，双方交手了几个回合，互有胜负，但战况似乎都不太激烈。然后，史书就简单粗暴地给出了这场战役的结果。

结果有些莫名其妙，且令人大跌眼镜——“二十二年春，权令都尉徐详诣曹公请降”（《三国志·吴主传》）。是的，孙权居然主动向曹操请降了。至于他是否被曹操打败了，以及如何被打败的，我们都不得而知。

对这个结果，曹操当然很满意，于是也遣使跟孙权修好，然后双方还承诺要互相通婚云云。

可是，如果孙权真的“请降”了，结果怎么会如此和谐呢？难道不应该是放弃地盘、解除武装、北面称臣才对吗？所以我严重怀疑，“请降”之说是陈寿老先生的笔误。正确的说法，应该是“请和”，即孙权主动求和，然后双方暂时修好，各自罢兵。

孙权之所以主动求和，想必是战况对他不利。而曹操之所以马上就答应了，想必是战况即便对他相对有利，但他也无心恋战，只想赶紧班师回朝。

当年三月，曹操命夏侯惇、曹仁、张辽等人驻守居巢，然后就引兵而还了。既然是主动出兵攻打，且战况有利，为何不乘胜进击，获取更大的战果，而要匆忙班师呢？

答案或许是：曹操此次出兵，目的并不是要打败孙权、夺取地盘，而纯粹只是“炫耀兵威”而已。换言之，就曹操的动机来看，这一战的政治意义，要远远大于军事意义。

那么，究竟是出于什么样的政治目的，曹操才会大举出兵，却又匆忙班师呢？

很简单，此时的曹操，正在加紧为“改朝换代”这件大事进行布局，所以他既需要对外“耀兵”以营造声势，又必须尽快回朝把一切安排妥当。

看曹操回到邺城后的一系列举动，这一点是表现得很明显的。

当年四月，曹操刚一回来，便以献帝刘协的名义下诏，自设“天子旌旗”，且“出入称警跸”。也就是说，曹操从此就不再遮遮掩掩了，而是公开打出了天子的大旗，且出入都要实行戒严，如清理街道、限制行人等，反正都按照皇帝的规格来。

同年十月，曹操再次以献帝刘协的名义下令，让自己戴上了皇帝专属的“十有二旒”的冠冕（前后各有十二条悬垂的玉石串珠），同时“乘金根车，驾六马，设五时副车”，就是乘坐黄金装饰的车驾，御马六匹，另有颜色各异的五辆副车随驾。

所有这一切，当然全都是“天子之制”，在正常情况下绝非人臣所能僭越。

然而此刻，该“僭越”的曹操全都僭越了一遍。

到了这一步，如果曹操临门一脚，索性把刘协踢下去，自己登上皇位，成为名副其实的天子，恐怕没有任何人会觉得意外，包括刘协在内。

可不知为什么，这最后一哆嗦，曹操终究还是忍住了。

也许，这跟曹操的务实性格有关。

迄今为止，天下犹然三分，尚未完成一统，所以曹操可能觉得自己还没有称帝的资格。或者，他认为自己在实质上已经跟皇帝没有任何区别了，差的仅仅是一个名号而已，所以根本不在乎，称不称帝都无所谓。又或者，尽管过去了这么多年，他的心态跟年轻时候比已经发生了巨大的变化，可在内心深处，当年那个一心想要讨伐董卓、匡扶汉室的青年曹操仍然活着。而且，那个具有理想主义色彩的曹操，或许还会不时发出声音，警告今天这个标准的现实主义者曹操——不论你实际上是否已经拥有了天子的一切，至少在名分上，你不能“篡逆”，不能在历史上留下千古骂名。

简言之，曾经的那个屠龙少年，并不希望自己最终变成恶龙。

所以，就在即将化身“恶龙”的一瞬间，曹操停了下来。虽然他很清楚，最后这个动作，就算他不完成，迟早也会由他的继承人去完成。但是至少，在有生之年，曹操还是说服自己，按下了“变身恶龙”的暂停键。

建安二十二年冬天，曹操没有亲手颠覆四百多年的大汉朝，但他还是在“改朝换代”的大棋盘上落下了最后的也是最重要的一子。

这一子，就是确立了自己的继承人，亦即确立了未来的曹魏帝国的天子。

这个继承人，就是曹丕。

曹丕，字子桓，生于中平四年（公元187年），是曹操的次子，由卞夫人所生。曹操的长子曹昂是妾室刘氏所生，由原配丁夫人抚养，后来因张绣之乱战死于宛城，丁夫人因此责怪曹操，夫妻关系破裂，曹操就让卞夫人当了继室，所以曹丕就成了实际上的嫡长子。

然而，他这个嫡长子最终成为“王太子”，却不是一帆风顺的。因为在这条路上，曹丕一直有一个非常强有力的竞争者——曹植。

卞夫人生了四个儿子：长子曹丕，次子曹彰，三子曹植，四子曹熊。就是说，曹丕跟曹植是同父同母的亲兄弟。

曹植，字子建，生于初平三年（公元192年）。众所周知，曹植是个享誉古今的大才子，其代表作有《洛神赋》《白马篇》《七哀诗》等，都是文学史上的经典之作，至今仍然脍炙人口。南朝诗人谢灵运曾以“天下才有一石，曹子建独占八斗”盛赞曹植，南朝评论家钟嵘也如此评价曹植的作品：“骨气奇高，词彩华茂，情兼雅怨，体被文质，粲溢今古，卓尔不群。”

《三国志》称，曹植“年十岁余”，就能“诵读诗、论及辞赋数十万言”。曹操有一次看他写的文章，觉得水平太高，不像十几岁孩子写的，便问他：“你是请人代笔的吧？”曹植答：“言出为论，下笔成章，此事面试便知，又何必请人代笔？”

建安十五年，史上著名的“铜雀台”在邺城落成，曹操命几个儿子登台作赋。当其他兄弟还在搜肠刮肚时，曹植已经“援笔立成”了，而且辞赋卓然可观，令曹操大为惊喜。

很显然，曹植在文学方面完全遗传了曹操的基因，且大有青出于蓝之势。此外，曹植生性务实，车马服饰都很简约，不喜欢华丽的东西，这也十分合乎曹操的性情，所以对这个儿子，曹操是越来越宠爱。

眼看曹植得宠，朝臣中的一些聪明人就开始选边站队了。

公然站到曹植这边的人，为首的有两个：一个是前太尉杨彪之子杨修，时任丞相府主簿；还有一个叫丁仪，时任丞相府的西曹掾。

这个丁仪，颇受曹操器重，官虽不大，但颇有实权。曹操甚至一度想把女儿嫁给他。只可惜，丁仪的长相有点问题，据说有一只眼睛病得厉害，几乎快瞎了，所以曹丕瞧不上他，坚决反对这桩婚事，曹操便作罢了。

因为这件事，丁仪对曹丕恨之入骨。他后来之所以投靠曹植，很大程度上就是想报复曹丕。

丁仪和杨修都属于比较张扬的人，他们加入曹植阵营后，便毫不避讳，屡屡在曹操面前称赞曹植，并力劝曹操立曹植为嗣。

这么大的事，曹操当然不会轻易决断，便给朝中一些主要的大臣发去密信，私下征求他们的意见。不料，崔琰竟然以公开信做了回答，说："《春秋》大义，立嫡以长，且五官中郎将（曹丕）仁孝聪明，理应接续正统，我崔琰誓死捍卫这个原则。"

崔琰后来之所以死于非命，祸端其实在此刻就已经埋下了。

他这么做，首先是得罪了曹操跟前的红人丁仪，其次也在某种程度上给曹操造成了尴尬——人家老板用密信向你咨询，就是暂时不希望把事情公开，可你倒好，为了显示自己的原则性，竟然一下就把事情挑破了，这不是让老板下不来台吗？

相比之下，毛玠做事就比较有分寸了。他没有像崔琰那样写公开信，而是私下答复了曹操，说："当初的袁绍，就是因为嫡庶不分，才会身死国灭。废长立幼这样的事情，不是我该听到的。"

崔琰和毛玠都站在了曹丕一边，自然就成了丁仪的死敌。所以，后来崔、毛二人一死一贬，并非出于偶然，其根源恰恰就是这场"立嗣之争"。

对于崔琰之死，史书没有明确记载是谁人所为，但毛玠下狱之事，史书则说得非常明白——"玠之获罪，仪（丁仪）有力焉"（《资治通鉴·汉纪五十九》）。

可见，崔琰和毛玠获罪，背后的黑手很可能都是丁仪。

见很多老臣都反对立曹植为嗣，曹操也就暂时按下不表了。

虽然暂时保住了嫡子之位，但曹丕知道，既然老爷子已经动了废立之念，那自己就始终处于危险之中，随时有可能被废掉。曹丕惶惶不安，便私下去找贾诩，请教自保之术。贾诩淡淡道：“只要你好好培养德行，不断扩大胸襟，权且把自己当成一个寒门子弟，凡事刻苦自律，朝夕勤勉，不违背人子之道，就可以了。”

乍一看，贾诩说的似乎都是老生常谈，甚至有些迂阔，但聪明的曹丕却一下就心领神会了——只要你自己不出错，对方迟早会犯错，到时候你就赢了，慌什么？

从此，曹丕便深自砥砺，开始了一场如临如履的刻苦“修行”。

不久，曹操又动了废立之念，便私下问贾诩的意见，贾诩却默然不语。

曹操不悦，道：“问你话呢，怎么不吱声？”

贾诩说：“刚才在想事儿，走神了。”

曹操问：“想什么？”

贾诩答：“想袁本初、刘景升父子之事。”

袁绍和刘表都干过废长立幼的事，然后他们就都身死国灭了。贾诩惜言如金，点到为止，貌似什么都没说，但其实什么都说了。

曹操这才明白过来，原来这老家伙是在拐弯抹角地劝谏呢，顿时哈哈大笑。

汉末三国时期，厉害的谋士很多，可像贾诩这样既洞明一切又圆熟老到的，其实也是凤毛麟角。无怪乎他能在这个乱世之中左右逢源，屹立不倒，最后还以七十七岁高龄，在曹魏新朝廷的三公之位上寿终正寝。

就曹操内心而言，他其实是倾向于曹植的，但大多数老臣都维护曹丕，这就达成了某种平衡，使这场“立嗣之争”不得不旷日持久地进行下去。

某一天，曹操出征，曹丕、曹植和众朝臣都到城门送行。曹植可能是得到了丁仪和杨修的点拨，便大秀文采，在出征仪式上出口成章，极力歌颂曹操的功德。于是，众朝臣的眼球一下都被曹植吸引了过去，曹操自然也很满意。

一旁的曹丕顿时失去了存在感。

眼看风头都被曹植抢光了，曹丕恨得牙痒，却又无计可施。此时，一个叫吴质的幕僚忽然凑了过来，对曹丕耳语道：“待会儿魏王启程，你什么都不用做，哭就好了。”

人生如戏，全靠演技。

曹植是大诗人，自然要秀文采，走高雅路线；曹丕的诗歌虽然也写得不错，但总体上的才艺不及曹植，所以必须另辟蹊径，走感情路线，搞差异化竞争。

曹丕的演技相当过硬，老爷子刚要动身，他便跪倒在地，然后眼泪说来就来，“涕泣而拜”，无言地表达着对父亲的眷恋和不舍之情。

看他瞬间哭成了一个泪人儿，曹操和众朝臣无不唏嘘不已。大伙都觉得，曹植虽文采斐然，可还是曹丕的“真情流露”更让人感动。

曹丕一哭，便胜过了曹植的千言万语，可见在权谋上，曹丕阵营的实力足以甩曹植阵营好几条街。

如果说，曹植遗传了曹操的文学才华，那么曹丕就是遗传了曹操的政治才干。所以，作为一个文人，曹植在更多的时候，会出于天生的性情行事，不太善于表演和伪装；曹丕作为一个天生的政治家，则会将权谋之术贯穿到所有的言行之中，不惜代价打造一个完美继承人应有的人设。

于是，久而久之，朝野舆论便渐渐倾向于曹丕。曹操耳中听到的，越来越多的都是称颂曹丕的声音。

到了建安二十二年冬天，曹丕坚持多年的刻苦“修行”终于修成正果，功德圆满——曹操正式将他立为王太子。

据说，得知这一消息，曹丕欣喜若狂，一把抱住朝臣辛毗的脖子，大笑道：“辛君知我喜不？”（《资治通鉴·汉纪六十》）

曹丕跟辛毗的私交可能不错，所以不怕他笑话，但如此得意忘形，终究有失太子的威仪，也不像一个未来的开国之君应有的样子。所以，辛毗一回家，就忍不住跟女儿辛宪英吐槽，辛宪英则不无鄙夷地感叹道：“太子的责任是替君王主持宗庙社稷，因责任重大，理应担忧恐惧，而他反倒欣喜若狂，这样的人如何能长久？曹魏的国运如何能昌盛？”

不管曹魏未来的国运如何，总之这场马拉松式的“立嗣之争”到此算是尘埃落定了。

曹植颇为失落，就开始破罐子破摔。后来有一天，他竟然擅自驾车奔驰在宫中的“御道”上，还大摇大摆地从“司马门”出了宫。要知道，御道和司马门都是天子专用的，曹植此举，显然丝毫不把朝廷礼制和规矩放在眼里。

在曹操看来，这小子故意这么干，就是在发泄不满，在跟他这个老头子示威！

曹操很生气，后果很严重。当天，负责守卫司马门的公车令便无辜躺枪了，被曹操砍掉了脑袋。没过几天，曹植的老婆也躺枪了，被曹操赐死在家中，理由居然是她穿的绣衣太奢华，违背了朝廷厉行节约的命令。

曹操没动曹植一根汗毛，但却拿这两个无辜之人的性命开刀，明摆着就是杀鸡儆猴——倘若你小子再不收敛，下一个掉地上的，就是你的脑袋！

从此，曹植被迅速边缘化，彻底失去了曹操的宠信。

曹丕终于长长地松了口气，再也不用担心这个才华横溢的三弟跟自己抢太子位了。

第五章

荆州争夺战

汉中之战，刘备称王

曹操占据汉中，无异于在刘备的卧榻之旁虎视眈眈，所以刘备是无论如何也睡不安稳的。

法正便向刘备进言，道："曹操一举逼降张鲁，平定汉中，不趁此机会进攻巴蜀，而只留夏侯渊和张郃驻守，自己班师北还，这并非因为他才智不足、力有未逮，而是其内部存在隐忧。如今，以我对夏侯渊和张郃的分析，其才略不足以胜过我军将领，我军若大举北上，定可攻取。一旦拿下汉中，便劝课农桑，积蓄粮食，等待时机。此战略，上可以消灭敌人，匡扶汉室；中可以蚕食雍、凉，开疆拓土；下可以固守要地，为持久之计。此乃上天所赐的良机，万不可失。"

刘备欣然赞同，随即亲率大军进兵汉中，同时派遣张飞、马超、吴兰等将领进驻下辨（武都郡治所，今甘肃成县），负责阻击曹操的援军。

曹操得到战报，立刻命曹洪、曹休率部进攻武都，驰援汉中。

建安二十三年（公元218年）三月，曹洪、曹休进抵武都。张飞闻讯，留吴兰守城，然后率部进驻固山（下辨西北），并故意放出消息，声称要截断曹军后路。

消息传来，曹洪等人都有些疑惧，便不敢轻易攻城。只有曹休不以为然，道："敌人若真的要断我军后路，必然是悄悄行动，暗中设伏，如今却虚张声势，反而说明他们没这个能耐。所以，我军应趁他们尚未完成部署，立刻攻击吴兰。等下辨城一破，张飞和马超无所立足，自己就跑了。"

曹洪觉得有道理，立刻下令攻城。

果然，刘备留给张飞等人的兵力其实不多，所以他们根本没有实力抄曹军后路，而当曹军全力攻城时，吴兰一部更是独臂难支。很快，城池被攻破，吴兰被曹军砍杀，所部全军覆没，张飞和马超被迫撤退。

此时，刘备在阳平关鏖战，处境也好不到哪儿去。当初，曹操亲率大军进攻此关，对手不过是名不见经传的张卫，尚且给曹军造成了惨重的伤亡，差点迫使曹操退兵。而如今，守卫此关的是夏侯渊、张郃、徐晃等曹军猛将，刘备要想拿下此关，势必要付出比曹操更大的代价。

眼看正面强攻几乎没有取胜的可能，刘备只能兵行险着，命部将陈式率部攻取马鸣阁栈道（今四川广元市北），试图绕过阳平关，从曹军后侧发起攻击。

可是，刘备想得到这招，曹军又怎么可能想不到呢？徐晃早就在此等候多时了。陈式一到，就被打得丢盔弃甲，仅率残部逃回。

刘备这边的攻势，同样接连受挫。

当时，曹军的主帅虽是夏侯渊，但刘备觉得夏侯渊不难对付，真正难搞的是张郃。他得知张郃屯兵广石（今陕西勉县西），便亲率一万余名精兵，并将其分成十部，于深夜对张郃大营发动奇袭。

曹军虽然深夜遇袭，但张郃却不慌不乱，亲自率部上阵肉搏，接连击退了刘备的十部精兵。刘备见偷袭不成，只好下令撤退。

经过一个多月的激战，刘备麾下已是损兵折将，不得不给诸葛亮发去急信，命他赶紧往前线增派部队。

当年七月，曹操得知刘备还在死磕汉中，遂亲率大军出征，于九月进抵长安。

然而，曹操此次出兵，与其说是要跟老对手刘备决一死战，还不如说只是想给刘备施加压力，让他知难而退。因为，从九月到达长安曹操就按兵不动了，直到半年之后，前线的形势急转直下，他才从斜谷（今陕西眉县西南）急趋汉中。

此时，刘备早已占据了战场的主动权，曹操先机已失，注定难有作为。

那么，这半年间到底发生了什么，才导致汉中战场的形势发生巨变呢？

答案就是——身为前线主帅的夏侯渊战死了。

建安二十四年（公元219年）正月，刘备与夏侯渊已经在阳平关下对峙了将近一年，却始终未能决出胜负。

刘备这个人，军事上其实没有什么过人的才干，但他有一个非常突出的优点，就是坚韧不拔。只要是他认定的目标，必定勇往直前，百折不挠。而汉中的得失关乎整个益州的安危存亡，所以刘备志在必得，愿意为此付出一切代价。

碰上这么个硬茬，夏侯渊也很头疼。夏侯老兄是一个急性子，你让他搞千里奔袭，打闪电战，大开大合，速战速决，他没问题；可像眼下这种旷日持久的拉锯战，却很容易把他弄得心浮气躁。

一个主帅一旦产生急躁心理，离失败也就不远了。当时，刘备率部南渡汉水，在离阳平关不远的定军山安营扎寨。如果夏侯渊足够有耐心，他完全可以稳坐阳平关，固守险要以逸待劳，让刘备来打，逐渐消耗刘备的有生力量，并最终耗死他。因为时间是站在曹军这边的，只要粮草和补给不出问题，打上个两三年都没关系。刘备是客场作战，后勤运输线道阻且长，时间拖得越久，对他越为不利，所以刘备最希望的就是夏侯渊主动出关，然后伺机展开决战。

就在此刻，夏侯渊犯了第一个错误，与张郃一同引兵出关，然后筑起营寨，与刘备对峙。

随军出征的法正大喜过望，对刘备说："出击的时候到了！"

当天夜里，刘备命全军对曹营发起猛攻，开始放火焚烧曹营外围的鹿砦。

此刻，夏侯渊犯了第二个错误，急命张郃去修复东围鹿砦，自己则亲率一部去修复南围鹿砦。稍后，传令兵来报，说张郃失利，快守不住了。夏侯渊就在这时犯了第三个也是最后一个致命的错误——从原本不多的部众中，又拨出了一半兵力去增援张郃。

刘备得到情报，立刻命黄忠所部全力进攻夏侯渊。

据说，此时夏侯渊身边只剩下四百人。当黄忠率部从山上俯冲下来，对他们展开雷霆一击时，这四百人无论如何是抵挡不住的。

于是，曹军的汉中主帅、一代名将夏侯渊，就这样被黄忠斩杀了。

毫无疑问，夏侯渊死得很没有价值。在他接连犯下的三个错误中，最不应该的，就是亲自出马去修补鹿砦。

这本来是一个“工兵排长”就可以干的活儿，可他这个前线总司令愣是自己上手了，结果不但害死了自己，也直接导致了曹军在这场战役中的惨败，进而影响了整个汉中之战的走向和结局。

由此可见，身为主将，如果个人英雄主义色彩太过浓厚，迟早是会出大事的。

其实，早在几年前，曹操就看出了他身上的这个毛病，因此郑重警告他说：“身为将领，应当要有胆怯的时候，不可一味依仗自己的勇猛。固然，将军要以勇猛为本，但同时必须要有智谋；若只有勇猛，不过是一介匹夫罢了。”

很可惜，夏侯渊没听进去，所以曹操这番话就不幸言中了。

夏侯渊一死，曹军群龙无首，被刘备打得大败，张郃只能率残部退守阳平关。

没了主帅，军营上下人心惶惶，都不知道下一步该怎么办。时任督军的杜袭和司马郭淮商量了一下，决定推举张郃暂代主帅。他们收拢了散兵溃卒，然后号令各军，说：“张将军乃国之名将，素为刘备所忌惮，而今形势紧急，非张将军不能主持大局。”

张郃遂临危受命，接管了部众。他下令各军严加戒备，并亲自巡视阵地，而众将领也都接受节制，军心总算安定了下来。

当年三月，曹操才姗姗来迟，率大军从斜谷进入了汉中地区。

刘备得报，非但不惧，反而一脸轻松地对诸将说：“曹操虽亲自出征，已无法挽回颓势，我军定能拿下汉中。”

从前的刘备不止一次被曹操打得满世界跑，可以说患上了一定程度的“恐曹症”。然而此一时彼一时也。现在的刘备坐拥一个益州和半个荆州，已然跟曹操、孙权形成三雄争霸之局，且麾下人才济济、兵强马壮，自然不会再害怕曹操了。

不过，刘备也不急着跟曹操交手。

因为，曹操亲率大军前来，兵力固然是大大增加了，可粮秣给养的消耗也相应增加了。如果说，之前刘备的后勤补给比曹军艰难的话，那么现在，双方就是半斤对八两了，我难你也难，就看谁更有耐心、更有韧劲了。

所以，刘备随即下令各军据守险要，准备跟曹操打一场持久战。

大军对峙，却无意交锋，那么能做的事情恐怕就只有袭击对方的补给线了。某日，黄忠得到情报，说曹军有一支运粮队要从阳平关北面的山上经过。他决定劫了这批粮草，于是立刻率部前往。

可是，黄忠走后，大半天都不见回来。

当时，赵云和黄忠同驻一座大营。赵云有点担心，怕老黄出事，便带上几十名骑兵出去探查。不料，此时曹操大军恰好出动，双方猝然遭遇。按理说，碰上这种状况，最明智的做法应该是掉头就跑，可赵云居然反其道而行之——命手下骑兵对曹军发起进攻。

虽然他们只有几十骑，但一顿猛冲之后，曹军前锋的阵脚还是被打乱了。赵云见好就收，赶紧带着部众且打且退。

等曹军前锋回过神来，才发现对方仅有几十人，连忙重新集结，然后拼命追击。

赵云一口气跑回了军营，可曹军却在背后紧咬不放。此时，营中毫无防备，要组织有效的防御根本来不及。于是，赵云又一次不按常理出牌，竟然命部众把营门打开，然后偃旗息鼓，让大伙各回营房，制造出了一个空营的假象。

当曹操率大军追到营门外时，见敌营不但大门洞开，而且一片死寂，连个鬼影都看不到，顿时大为狐疑。

怎么回事？

事出反常必有妖！联想到方才赵云只带了几十骑出外溜达，然后打一下就跑，这不就是示敌以弱、诱敌深入，最后想在营中打埋伏吗？

还好我老曹警惕性高，否则就着了你小子的道了！

曹操得出这个结论后，当即掉转马头，引兵而还。一场迫在眉睫的危机，就这样被赵云轻而易举地化解了。

这就是历史上真正的“空城计”。后来，西晋人郭冲把这个故事移到了诸葛亮头上，然后写进了《条亮五事》（记录诸葛亮的五则逸事）中；再后来，罗贯中又把郭冲编的这个故事写进了《三国演义》。于是后世读者都以为“空城计”的主人公是诸葛亮，对手是司马懿，其实真正的主人公是赵云，对手则是曹操。

我们今天常用的成语“偃旗息鼓”，也是出自赵云一手导演的这出“空城计”。

曹操带着部众掉头离去后，本以为事情就这么结束了。可他万万没料到，大军刚刚走到汉水边上，身后突然“擂鼓震天”，赵云居然率部追了过来。

还没等曹操回头列阵，赵云部众的强弓劲弩便一齐发射，漫天箭雨呼啸而下，瞬间就击杀了一大片曹军的后卫部队。曹军大为惊骇，开始四散狂奔，然后互相踩踏，不少人被活活踩死，更多的则是堕入汉水，溺水而死。

这场令人始料未及的遭遇战，就这样以赵云的大胜和曹操的惨败而告终。

次日，刘备专程前来营中视察，对赵云大加赞赏，说：“子龙一身都是胆也。”（《三国志·赵云传》注引《云别传》）

此后，曹操与刘备又对峙了一个多月，曹军中的厌战情绪开始蔓延，逃亡的官兵越来越多。

汉中在曹操眼里，本来就不是一个值得死守的地方，所以当初平定张鲁后才会把那么多百姓迁走。如今夏侯渊在此战死，自己又遭遇了惨败，此时的汉中对曹操而言已经不只是一块鸡肋了，更成了一个伤心之地。而眼下将士们又大量逃亡，军队的战斗力正在迅速削弱，如果继续这么耗下去，说不定自己的老命都得扔在这儿。

将上述事情通盘考虑了一遍后，曹操顺理成章地做出了一个决定——放弃汉中。

当年五月，曹操引兵北还，彻底把汉中让给了刘备。

临走前，他担心刘备会攻取武都，然后利用当地的氐人来进逼关中，便问时任雍州刺史的张既有何良策。张既说：“可以把氐人迁到关中。就跟他们说，先到者朝廷重重有赏；为了利益，后面的人自然就会跟着走了。”

曹操同意这个办法，并让张既到武都负责此事。很快，便有大约五万个氐族村落的百姓集体迁居到了关中，分别被安置在扶风郡（治今陕西兴平市）和天水郡（治今甘肃甘谷县）。

至此，曹操前后三次把汉中和武都的百姓迁了出去，总计应有数十万人之多。所以，刘备虽然就此占据了汉中，却不得不长期面临人口匮乏、土地荒芜的局面。

若干年后，诸葛亮以汉中为基地，接连发动五次北伐，其中多次都是因为粮草不继而被迫撤兵，其根源就在于汉中一带早就被曹操掏空了。

拿下汉中后，刘备并未就此止步，而是把目光转向了与荆州北部接壤的地区——那里仍是曹操的地盘。除了襄阳和樊城外，位于襄、樊西面的房陵（今湖北房县）和上庸（今湖北竹山县西南），也都还在曹操手中。

随后，刘备命将领孟达从秭归出兵，攻打房陵。孟达很快便将其攻克，斩杀了曹操任命的房陵太守蒯祺。刘备又命养子刘封从汉中顺沔水而下，与孟达东西夹击，攻打上庸。曹操任命的上庸太守申耽自知不敌，只好开门迎降。

至此，汉中全境悉数被刘备收入囊中。

拿下房陵和上庸，不仅把刘备现有的地盘全部连成了一片，而且对襄阳和樊城形成了钳形攻势——西面的上庸有刘封和孟达，南面的江陵则有关羽。

下一步，刘备的战略便是攻取襄、樊，据有整个荆州北部，然后便可西出宛城、进逼中原了。

一切，都按照当年"隆中对"的既定战略在步步推进。

当年七月，刘备在沔阳（今陕西勉县）设坛，举行了一场盛大的册封仪式，自立为"汉中王"。

这一年，刘备五十九岁。

出道这么多年，历经无数挫折，如今的玄德兄总算是熬出头了。所以，他需要一顶王冠来好好犒赏一下自己，也给追随自己多年的弟兄们一个交代。

放眼天下，昔日多少枭雄都已灰飞烟灭，能够撑到今天的，既是胜者为王，也是"剩者"为王。所以，曹操成了魏王，刘备成了汉中王，孙权也将在三年后成为吴王。

既然已经称王，刘备自然是要跟曹操打声招呼的。他随后便派遣使节去了许都，对御座上的傀儡天子作了奏报，同时把"左将军"和"宜城亭侯"的印绶还给了曹操。

你是魏王，我是汉中王，从此大家就平起平坐了，这些东西当然要物归原主，还请孟德兄收好。

当曹操看着刘备还给他的这些东西，不知道会不会想起当年对刘备说过的那句话——天下英雄，唯使君与操耳！

事实上，当年曹操说这句话，多少是有些言不由衷的。他之所以这么说，既有笼络之心，也有敲打之意，并非真的把刘备当成普天之下唯一的对手。换言之，当初的曹操虽然知道刘备是个人物，但恐怕也没有想到会有今天。

当初随口一说，而今竟一语成谶！

想起这些，曹操一定会感到既无奈又讽刺。

水淹七军：关羽的巅峰时刻

刘备称王后，立刘禅为太子，随后擢升魏延为镇远将军、汉中太守，命他镇守汉中，然后班师凯旋，回到了成都。

老板称王了，弟兄们的身价自然就跟着水涨船高了。

刘备擢升许靖为太傅，法正为尚书令，关羽为前将军，张飞为右将军，马超为左将军，黄忠为后将军；其余人等，也各有提拔。

此轮晋升，大部分是没什么问题的，我们先来分析一下。

其中，许靖是文官，本身也是益州名士，虽谈不上有什么贡献，但提拔他主要是为了笼络人心，而“太傅”一职基本上是荣誉衔，给他很合适；法正是刘备最倚重的谋士，此次出兵汉中就是他的提议，且随军出征，肯定有功，理应提拔；关羽和张飞是刘备的老兄弟，反正每次提拔几乎都有他们的份儿，没什么可说的；黄忠虽然资历较浅，来到刘备麾下的时间也不长，但人家老当益壮，斩杀了夏侯渊，这份功劳自然应该重赏。

上面这些人都没问题，“唯二”让人觉得不太公平的，一是没什么战功却升至高位的马超，二是明明立下大功却压根没被提拔的赵云。

客观来看，马超自从投靠了刘备，基本上就没什么拿得出手的业绩。唯一称得上贡献的，也就是刚来的时候把刘璋及成都军民吓破了胆，从而顺利逼降了刘璋。而此次打汉中，他和张飞在武都是吃了败仗的，后面刘备死磕阳平关的时候，史书便没有他的记载了，估计就是没有任何值得一表的战绩。可即便如此，他还是一跃而为“左将军”，相当于取代了刘备原来的职位。若单纯以军功论，这是难以服众的。

可是，刘备为什么还是让他跻身“一线大将”的行列呢？

唯一的解释，可能就是马超之前毕竟是一方诸侯，其江湖地位和威望摆在那儿，就算没有什么战功，刘备也不敢怠慢了他。换言之，就是以高官厚禄加以笼络，免得这个曾经纵横关陇的军阀再起异心。所以，此次对马超的擢升，更多的是从政治的角度出发，而不是从军功的角度。

再来看“一身是胆”的赵云，以一出绝妙的“空城计”大败曹操，从而迫使曹操放弃了汉中，可谓居功至伟，然而在这轮晋升中，刘备似乎把他给忘了。

之前攻下益州，赵云由“牙门将军”晋升为“翊军将军”，而此次却没有挪窝，还是原职。

那么，是不是“翊军将军”的军衔已经够高，足以跟前、后、左、右将军比肩，所以升无可升了呢？

首先，这个军衔古来未有，是刘备独创的，专门封给了赵云，终三国之世，再也没人继承这个头衔。从这个意义上讲，似乎也算一种独有的荣宠，地位肯定是比一般的杂号将军高得多。此外，据东晋人常璩所著的《华阳国志》，也是把赵云的“翊军将军”与关、张、马、黄四人的军衔并列的。

由此可见，总体上看，赵云虽然在此轮晋升中被忽略了，但他在刘备集团里的真正地位，应该可以比肩于关、张、马、黄，或者说同属第一梯队。当然，要是进一步死抠细节的话，有一个差异不可不提——关、张、马三人在晋升军衔的同时，更获得了“假节钺”或“假节”的特权；而这项特权，黄忠和赵云是没有的。

所以，如果纯以军功、资历和在后人心目中的地位而言，《三国演义》所谓“五虎上将”的排序，应该更符合我们后世读者的认知，即关、张、赵、马、黄，赵云排在中间，仅次于关羽和张飞。

但是，若以正史记载和当时的实际情况来看，其“官方排名”则为：关、张、马、黄、赵，赵云屈居末位。陈寿在《三国志》中将这五人合为一传时，也是按照这个排位顺序来写的。就此而言，赵云是有些憋屈的，不得不让后人替他抱憾。

关于此轮晋升，还有一个小插曲，跟关羽有关。

据说，当刘备派遣属下司马费诗前往荆州去给关羽授衔时，关羽听说自己居然跟资历平平、年纪却一大把的黄忠并列，顿时勃然作色，道：“大丈夫终不与老兵同列！”（《三国志·费诗传》）然后坚决不肯受命。

不得不说，这就是关羽身上最大的缺点——傲气。

有才的人，通常都有这种“自视甚高、恃才傲物”的毛病，关羽也未能免俗。其实，关羽的这个性格缺点，早在几年前，他得知马超来降时就已经暴露出来了。

当时，关羽素闻马超威名，觉得这家伙一来，可能会抢了自己的风头，便特意写了封信给诸葛亮，问马超这个人的才干，大致可以跟何人相比。

诸葛亮一看，就知道关羽的傲气上来了。他真正想问的，其实是——马超跟我比如何？

怎么回信呢？

若说马超比你强吧，既不太符合事实，也会惹怒你，肯定不行；说马超不如你吧，似乎又把马超得罪了，日后传出去，肯定影响安定团结。

所以，诸葛亮再三斟酌后，提笔做了这样的回复：“这位孟起兄，文武双全，雄烈过人，堪称一世豪杰，不亚于汉初名将黥布、彭越，差不多可以跟翼德兄并驾齐驱、一争高下，但是跟你云长兄比嘛……你可是傲视群伦、超绝当世之人啊，他是肯定不及的。”

如此回复，既给了马超极高的评价，日后传出去也不怕得罪他，同时也等于捧了张飞，最后又把关羽直接捧上了天，简直是一石三鸟、面面俱到，可以说没人能把话说得比诸葛亮更漂亮了！

关羽见信后，虚荣心得到了极大的满足，然后就把这封信珍藏了起来，此后每次接待客人，都会把信拿出来让大家传阅，活像小孩子拿了“三好学生”的奖状一样。

即使是再强大的英雄，也有他的死穴和软肋，正如《荷马史诗》中刀枪不入的阿喀琉斯，也会有一个脆弱的脚后跟。自负和孤傲，就是关羽的“阿喀琉斯之踵”。

短短数月后，关羽之所以会在形势一片大好之时“大意失荆州”，一世英雄却落得“败走麦城”、身首异处的下场，很大程度上就是“骄傲”这一弱点导致的。

当时，费诗见关羽不肯接受任命，连忙苦口婆心地劝说道：“创立帝王之业者，不能只用同一种人。昔日，萧何、曹参跟高祖是发小，而陈平、韩信都是后来才投靠的。可论其官位，韩信居上，却也从未听说萧何、曹参因此抱怨。如今，汉中王以一时之功（指斩杀夏侯渊）重用黄忠，然而在他心目中，黄忠岂能与君侯你相提并论？在我看来，大王与君侯犹如一体，可谓休戚与共、祸福同担。所以，愚意以为，君侯不应计较官位高低、爵禄多少。在下不过一介信使，任务就是传达王命，君侯若执意不受拜，在下也只能回去。但是，君侯此举，令人遗憾，恐怕迟早会感到后悔。”

其实，关羽也不过是摆摆架子、发发牢骚而已，不可能真的拒绝受命。

虽说跟黄忠同列有些掉价，可你好歹在武将序列中也是排名第一的，还想怎样？倘若费诗真的拍屁股走了，你关羽不但自己下不来台，也会让老大刘备难堪，到时候大家脸上都挂不住，事情就不好收场了。

所以，听完费诗的劝解，关羽便做出一番“大感悟”的样子，顺势就坡下驴，接受了任命。

当刘备命刘封和孟达拿下房陵、上庸后，关羽立刻意识到，进攻襄、樊，全面夺取荆州北部的时机成熟了。

建安二十四年七月，即刘备刚刚自立为汉中王没几天，关羽便打响了北伐之战。

他命南郡太守糜芳（糜竺之弟）镇守江陵，部将傅士仁镇守公安，以防备孙权，然后亲率水陆大军北上，对曹仁驻守的樊城发起了猛烈进攻。

据《三国演义》所言，关羽“刮骨疗毒”的经典一幕，便是发生在这场攻城战中。故事里说，关羽在攻城时被曹仁的弓弩手所伤，右臂中箭，翻身落马，被关平救回大营。因箭头有毒，关羽伤口红肿，右臂不能动弹，众人赶紧四处寻访名医。恰在此时，神医华佗翩然而至，为关羽刮骨疗毒，旋即妙手回春，治愈了箭疮。

“刮骨疗毒”的一幕，在历史上是真实存在的，不过发生的时间和地点不详，至于为关羽医治的人，史书没有记载，但可以肯定不是华佗。因为，华佗早在建安十三年，就已经被曹操扔进许都的监狱中，然后拷打致死了。假如还有一个“华佗”去给关羽开刀，那肯定是江湖骗子。

按《三国志》记载，关羽“尝为流矢所中，贯其左臂”，后来伤口虽然愈合了，但每到阴雨天，“骨常疼痛”。医师认为，是因为箭头有毒，侵入了骨头，必须割开手臂皮肉，刮骨去毒，才能根治。关羽二话不说，手臂一伸，就让医师动刀。

这是典型的外科手术，可关羽完全不当回事儿，一边开刀还一边跟众将领聚宴喝酒。手术过程中，只见“臂血流离，盈于盘器”，关羽竟然若无其事地喝酒吃肉，还跟众人谈笑风生。

这种忍耐力和意志力，当真世所罕见！

千百年来，无数后人之所以把关羽奉若神明，除了崇拜他的义薄云天、武功盖世之外，再有的话，想必就是这种视疼痛如无物的“大丈夫气概”了。

关羽开始攻城后，曹仁一边据城死守，一边频频向曹操告急。曹操接到战报，立刻任命曹植为“南中郎将、行征虏将军”，打算让他挂帅出征。可是，在权力斗争中出局的曹植对政治早已死心，如今更没有那个心思去打仗，于是故意喝得酩酊大醉，连站都站不稳。

曹操万分无奈，只好转而派遣于禁和庞德，共率“七军”约三万人驰援樊城。

庞德本是马超麾下猛将，此前跟马超一起投靠了张鲁，可后来马超转投刘备，庞德却没有跟从，而是留在汉中。再后来，他便随张鲁一起投降了曹操，被曹操封为立义将军。

援军到来后，曹仁命于禁和庞德驻扎在城北十里处的山谷中，准备内外夹击，给关羽来个反包围。

然而，曹仁万万没料到，正是这一安排，导致了于禁的惨败。

时值八月，秋雨连绵，汉水暴涨，致使堤坝决口。而于禁、庞德驻扎之处，地势低洼，所以一夜之间就被数丈深的洪水淹没了。

这对关羽而言，自然是天赐良机。

当时，曹军人马大多被洪水所淹，于禁带着部分将士仓皇爬上了附近的高岗。关羽则率领他的水军，乘坐大型战舰，浩浩荡荡而来，将于禁等人团团包围，然后从容地发起了进攻。

于禁率残部抵抗了一阵，可他眼下的处境如同困守“孤岛”，再怎么抵抗也是徒劳。所以，摆在他面前的只有两条路——要么战死，要么投降。

经过一番激烈的思想斗争，于禁最后还是选择了投降。

令人感到意外的是，身为曹操嫡系的于禁选择了投降，可不久前才刚刚投奔曹操的庞德却表现得极其英勇。

庞德当时带着少数部众逃到了附近的堤坝上。面对关羽水军的围攻，史称其“被甲持弓，箭不虚发，自平旦力战，至日过中”（《资治通鉴·汉纪六十》），也就是从清晨一直力战到中午。部将董衡、董超等人想要投降，都被庞德亲手砍杀了。

最后，箭射光了，敌人密密麻麻地围了上来。庞德厉声对部众道：“吾闻良将不怯死以苟免，烈士不毁节以求生。今日，我死日也！”（《三国志·庞德传》）说完便拔刀冲了上去，跟敌人展开了短兵相接的肉搏战。

这是一场毫无希望、必败无疑的战斗，可庞德却“战益怒，气愈壮”，用视死如归的行动诠释着“良将”的风范与“烈士”的气节。

然而，战至午后，大水越漫越高，庞德及其部众能够立足的地方也越来越小。面对如此绝境，残存的将士们终于撑不下去了，纷纷缴械投降。最后，庞德身边只剩下三个人。

他万般无奈，只好带着这三个人乘上一艘小船，准备拼死突围。可船刚划出去没多远，就被湍急的水流掀翻了。关羽部众生擒了庞德，把他押到关羽面前，命他跪下，可庞德却昂首挺胸，坚决不跪。

关羽内心也颇为敬佩他的悍勇，便道：“你的堂兄庞柔在汉中归顺了我们，我也有心要收你为将，你为何不早点投降呢？”

庞德怒目而视，破口大骂道：“竖子，扯什么降不降！魏王带甲百万，威震天下，你们刘备不过是个庸才，岂能敌得过魏王？我宁为国家之鬼，也绝不当贼人之将！”

关羽有心想留庞德一命，可见他如此决绝，也没办法，只好把他杀了。

后来，于禁投降、庞德就义的消息传到邺城，曹操忍不住怆然涕下，悲叹道：“于禁与我相知三十年，何曾料想面临危难，反而不如庞德啊！”

至此，中国历史上的经典战役之一“水淹七军”，以曹军惨败、关羽全胜而告终。这无疑是关羽军事生涯中最辉煌的一页，也是他人生的巅峰时刻。

不过，值得一提的是，这一仗的胜利，很大程度上是老天爷帮了大忙，而并非像《三国演义》里写的，是关羽决堤放水才淹了于禁七军。究其实，关羽只是顺势而为，抓住了战机而已。

灭了于禁的援军后，关羽立刻回师，继续围攻樊城；同时，另遣别将进攻曹军将领吕常驻守的襄阳。

由于连日被洪水浸泡，樊城的城墙多处坍塌，曹军将士惶惶不安，于是有将领劝曹仁道：“今日之危险，非人力所能克服，还是趁关羽尚未完成合围，乘上快船，连夜撤退吧。”

曹仁闻言，心里不由得也打起了退堂鼓。

此时，满宠也在樊城，见曹仁的意志有所动摇，赶紧道：“洪水来势凶猛，可难以持久，不必太过担心。我得到情报，说关羽已另派一部北上，前锋已进抵郏县（今河南郏县）。如今，自许都以南，百姓皆人心惶惶，而关羽之所以不敢再向前推进，就是担心我军断其后路。一旦我们撤退，关羽便会长驱直入，只怕到时候，黄河以南就不再是朝廷所有了。”

曹仁当然也知道樊城的战略地位有多么重要，只是眼下自己的部众只有区区数千人，若无援军，必定坚守不了多久。然而，若真的弃城而逃，回到邺城又将如何面对魏王？即便逃过一死，一世英名也将毁于一旦，那不是比死还难受？

所以，与其苟且偷生，不如死战到底！

曹仁想通了，遂召集部众，然后把一匹白马沉进了水里，以此立下盟誓，命全军上下“同心固守”。

随后，关羽对樊城完成了全面包围，彻底断绝了城内与外界的一切联络。

这样的围困，很容易让一些人意志崩溃。很快，城中便有两名大员违背了曹仁刚刚立下的“白马之盟”，偷偷出城投降了：一个是荆州刺史胡修，一个是南乡太守傅方。

关羽相信，用不了多久，城中守军便会步这两人之后尘，乖乖出城投降。而一旦拿下襄、樊，他便可挥师北上，直取中原了！

然而，此刻踌躇满志的关羽，却忘记了一句古训——螳螂捕蝉，黄雀在后。

他一心只盯着北边的曹操，却忽略甚至轻视了身后的孙权。所以，英雄盖世的关羽，注定要为他的自负和轻敌，付出致命的代价。

孙权在下一盘大棋

这几年，刘备率主力经略益州，独留关羽一支偏师镇守荆州，可见关羽身上的责任是非常重的。在孙刘联盟基本能够维系的前提下，以关羽的才干，独当一面并没有什么问题，因为他只要把主要精力用来对付北面的曹操即可，无须太过担心东边的孙权会在背后捅刀子。

可问题在于，孙刘联盟的维系自始至终都离不开一个重要人物——鲁肃。

这些年来，鲁肃一直主动充当孙权与刘备之间的沟通桥梁和矛盾缓冲垫；对于自负骄矜的关羽，他也一直采取顾全大局、包容忍让的态度。正是在他的不懈努力下，脆弱的孙刘联盟才得以勉强维系，关羽也才得以稳稳地守着荆州的西半部。

然而，到了建安二十二年，孙、刘关系中至关重要的“纽带式人物”鲁肃病故了，取代他担任汉昌太守的人，是孙权一手提拔起来的吕蒙。

鲁肃生前最担心的事情就是孙、刘联盟破裂，所以曾一再劝谏孙权，说曹操还在，应该安抚和团结关羽；孙、刘双方要同仇敌忾，不可失去和睦的局面。

这一基调大致主导了孙权这些年的对外政策。可是，随着鲁肃的离去和吕蒙的到来，孙、刘之间相安无事的局面就注定要被打破了。

因为吕蒙是鹰派，不是鲁肃那样的鸽派。

鲁肃认为应该安抚和团结关羽，可吕蒙的看法却截然相反。他认为关羽素来骁勇，是枭雄般的人物，对荆州和江东有着“兼并之心”。而且，关羽占据着荆西三郡，处于长江上游，在战略上对江东构成了莫大的威胁。所以，在吕蒙看来，孙、刘之间这种脆弱的联盟关系必定是难以持久的。说白了，就是看谁先动手打破了。

为此，他在赴任之前，特地向孙权进行了密奏，提出了一个先下手为强的战略。

吕蒙说："可命孙皎驻守南郡，潘璋进驻白帝，蒋钦率机动部队一万人，沿长江上下游弋，随时支援各处据点，而我则跨江北上，为主公进据襄阳。如此一来，何必担心曹操？又何必依赖关羽？况且，刘备、关羽君臣向来狡诈，每投奔一处便背叛一处，绝不可跟他们推心置腹。如今，关羽之所以还不敢对我们动手，一来是因为主公圣明，二来是我等将领尚在。若不趁现在我方实力正强时动手，一旦我等不在人世，再想有所作为，也是力不从心了。"

对于这一战略，孙权无疑是相当动心的。

因为这些年来，刘备的"狡诈"和关羽的"骄矜"，早就让他受够了。

就在不久前，他按照鲁肃一贯的主张，出于笼络关羽的目的，主动派了使节去见关羽，想跟他缔结儿女婚约。在孙权看来，自己身为雄踞江东的诸侯，对关羽做出这个姿态，明显是纡尊降贵的，关羽肯定会欣然应允。可万万没想到，关羽不但一口回绝，还把使节臭骂了一顿，然后就给赶了回来。

这让孙权的脸往哪儿搁？！

孙权勃然大怒。可是，碍于联盟关系还在，且这几年自己一直在东线与曹操交锋，实在腾不出手来收拾关羽，只好强行吞下了这口恶气。

如今，鲁肃已死，时移势易，似乎到了跟刘备、关羽新账老账一块儿算的时候了。不过，孙权却仍有顾虑。因为自从赤壁之战后，他的内外战略基本上都是按照鲁肃"联刘抗曹"的主基调在制定的，所以主要兵力和资源更多配置在了东线战场，将曹操的徐州作为主攻目标，如今要掉转方向去打关羽，整个内外战略势必随之进行一百八十度的大调整，这个决心可不是那么好下的。

所以，孙权有些迟疑道："我想先取徐州，然后再取关羽，你认为如何？"

吕蒙当然反对这个战略，道："曹操远在河北，镇抚幽、冀，无暇东顾，我们若攻打徐州，定可拿下。可问题是，徐州地处平原，适合骑兵驰骋，主公今日夺取徐州，曹操明日必定来争，就算用七八万兵力去守，也还是让人担心。而今之计，不如进攻关羽，将长江中下游全部置于我方的控制之下，势力越是扩张，防守也就越容易了。”

孙权闻言，权衡了一番利弊后，终于下定了决心。

吕蒙旋即赴任。之后两年，他一直在暗中筹备进攻关羽的事宜，同时静待时机。

到了建安二十四年，关羽大举进攻襄、樊，机会终于出现，吕蒙立刻上书孙权，说：“关羽进攻樊城，但在后方还是留下了不少兵力，正是担心我从背后发动袭击。我现在身体不好，经常生病，不如以此为由，设计智取关羽。我的计划是：将部分兵力调回建业，同时我也回去养病，关羽得知后，必定会把后备部队悉数调往前线。到时候，我军便可昼夜兼程、溯江西上，利用其后防空虚的机会，一举拿下南郡，且生擒关羽！”

孙权遂依计而行，公开发布命令，把吕蒙召回了建业。

吕蒙回程，途经芜湖时遇到了一位中层将领，二人做了一番攀谈。就是通过这次谈话，此人给吕蒙留下了极其深刻的印象。然后吕蒙一到建业，便郑重地向孙权举荐此人，让他作为自己的继任者。

这个人，此时还默默无闻，日后却名震天下，成为东吴帝国的中流砥柱，被誉为“社稷之臣”。

他，就是陆逊。

陆逊，字伯言，吴郡吴县（今江苏苏州市吴中区）人，出身于江东大族，二十一岁入孙权幕府，历任东西曹令史、屯田都尉，曾出兵征讨会稽山贼，因功升为定威校尉。孙权对他颇为赏识，便将侄女（孙策之女）许配给了他。

建安二十二年冬，丹阳一带的山贼首领费栈与曹操暗通款曲，收了曹操给的官员印绶，然后充当内应，策动山越人发动了叛乱。孙权任命陆逊为右部督，命他出兵征讨。陆逊一到，便针对山贼支党众多、分散藏匿于山间的特点，将部队化整为零，于深夜潜入山中，分别锁定目标，之后才大举进攻，遂一战便将费栈叛军彻底击溃。

战后，陆逊又在数郡范围内广泛征兵，将大多数青壮山民征召入伍，得到了精兵数万人。这一招可谓釜底抽薪，一下就把动辄叛乱的山越人的兵源吸干了，同时又给部队输送了大量新鲜血液，实属一举两得。

可是，陆逊这么干，显然是动了当地官员的奶酪。会稽太守淳于式立马上书告状，说陆逊“枉取民人，愁扰所在”（《三国志·陆逊传》），就是指控他滥抓壮丁，骚扰百姓，严重破坏了当地的社会秩序。

随后，陆逊回朝复命，谈及此行见闻，却大赞淳于式是个好官。

孙权很纳闷儿，忍不住问：“淳于式专门上书来告你的状，你却替他说好话，这是为何？”

陆逊答：“他是为了让百姓安居乐业，所以才告我，如果我也在主公面前告他的状，那岂不是扰乱了圣听？此风断不可长。”

孙权一听，大为感佩，道：“你这是忠厚长者才有的胸怀啊，一般人绝对做不到。”

后来，陆逊奉命驻扎芜湖，就在这里遇见了“告病回朝”的吕蒙。

陆逊此时只是中层将领，自然不知道孙权和吕蒙这些高层决策者在谋划什么，所以对吕蒙关键时刻离开前线的做法很有意见，便直言不讳道：“关羽驻地与我方接壤，对我们构成了直接威胁，可你怎么就走了呢？你难道不担心发生什么变故？”

吕蒙不能泄露机密，只好装糊涂道：“你说得没错，但我病得很重啊！”

如此不负责任、轻描淡写的回答，自然是让陆逊很不满意。其实陆逊并不知道，吕蒙故意这么说，就是想考察一下他，看看他能否拿出什么高见。

陆逊果然没让吕蒙失望。他立刻当仁不让地提出了自己的战略，说：“关羽自恃骁勇，盛气凌人，之前在樊城新建大功，越发骄矜自负，故而一意北伐，根本没把我们放在眼里。如今，他又听说你生病了，必然更不戒备，我军若出其不意、攻其不备，定能将其制伏。希望将军见到主公后，能妥善计议。”

这就叫英雄所见略同。

陆逊提出的战略，恰恰跟孙权、吕蒙的高层决策不谋而合。吕蒙一听，不由得在心里对陆逊大为赞赏。不过表面上，他仍然装出一副不置可否的样子，打着官腔道：“关羽素来勇猛，平时便是个难缠的对手，何况现在据有荆西三郡，根基打得十分牢固，再加上立了大功，胆气和声势越发雄壮，没那么好对付啊。”

这番谈话到此就结束了。

史书没有记载陆逊听完后做何反应，不过失望的心情是可以料想的。估计在他看来，吕蒙不但身体有病，脑子也有病，否则怎么会白白错失这个对付关羽的大好机会呢？

吕蒙回到建业后，孙权马上就问他：“谁能接替你的职位？”

答案当然是——陆逊。

吕蒙答言：“陆逊这个人，思虑深远，才堪大用，看他的心胸器宇，终将担当大任。而且，起用他还有一个好处，就是他现在还没什么名望，不是关羽忌惮的人。所以，没有比他更合适的人选了。一旦起用陆逊，就要命他敛藏锋芒，韬光养晦，暗中则全力备战，如此定能克敌制胜，完成计划。”

孙权对陆逊也赏识已久，遂与吕蒙一拍即合。

随后，孙权立刻召陆逊回朝，拜他为偏将军，正式接替吕蒙。

陆逊这才知道，原来领导们是在下一盘大棋，而自己竟然在不知不觉间通过了领导的面试，然后一下就被摆在了“棋眼”上。

很快，陆逊便进驻陆口，开始实施“谋取关羽、夺回荆州”的战略计划。

计划的第一步，就是向关羽发射“糖衣炮弹”。

陆逊特意写了一封长信给关羽，在信中极力赞美他的功勋和美德，恨不得把他捧上天；同时把自己的身段放得很低，恨不得低到尘埃里。最后，陆逊还意味深长地暗示自己有跳槽的打算——“为尽忠自托之意”（《资治通鉴·汉纪六十》），也就是想到刘备那边“尽忠”，欲将前程托付关羽。

关羽见到这封充斥着溢美之词的“跪舔”信，自然非常受用，原本尚存的一丝戒备心理也彻底消失了，旋即把大量后方的预备队调到了樊城前线。

陆逊立刻向孙权进行了奏报，并进一步完善了谋取关羽的计划。

此时的关羽，完全没有意识到孙权的绞索已经套上了他的脖子，仍然把孙权的君臣们当成软柿子，想捏就捏——由于之前“水淹七军”时收降了不少于禁的部众，粮食不够吃，关羽便悍然发兵，夺取了孙权设在湘水边上的粮仓。

孙权闻报后，新仇旧恨一齐涌上心头，遂一刻也不想多等，当即决定收紧绞索！

他打算让孙皎和吕蒙共同执行歼灭关羽的计划，于是分别任命他们为“左、右部大督”。可吕蒙却对此提出了异议。他说：“若主公认为孙将军能担此任，那就用他；若是认为我能胜任，那就用我。想当初，周瑜和程普分任左、右部督，一同领兵攻打江陵，虽然大事都由周瑜决断，但程普自认为是老将，而且跟周瑜平级，所以两人经常意见不合，险些坏了国事。这样的教训，今日正应引以为戒。”

孙皎是孙权的堂弟，所以孙权此项任命，用意不言自明，就是派一个自己人去当“政委”，即吕蒙当军事主官，孙皎当政治主官。至于为什么要安排一位“政委”，那当然是防范某些不便言说的风险了。

不过，单纯就此事而言，孙权可能也没有多想。如此安排，只不过是一种习惯成自然的“帝王心术”罢了，并非针对吕蒙，当然更谈不上对他不放心。因此，当吕蒙提醒他这么做的弊端之后，孙权也意识到了不妥，当即向吕蒙道歉，然后说：“就以爱卿为大督，让孙皎带领后备部队即可。”

没有了“政委”掣肘，吕蒙就可以放开手脚大干一场了。

此时此刻，关羽还在樊城与曹军鏖战。他绝对不会想到，“病夫”吕蒙出手之日，就是他这个盖世英雄的覆灭之时。

白衣渡江：吕蒙的千里奇袭

建安二十四年的这个冬天，曹操颇为心烦。

樊城和襄阳被围，于禁全军覆没，且关羽前锋大有北上之势，而中原一带恰在此时也跟着乱了起来。

陆浑县（今河南嵩县东北）有一个叫孙狼的家伙，聚众起兵，杀了该县的主簿，然后跑到南边投奔了关羽。关羽马上授予孙狼官职，还给了他一支兵马，命他回中原打游击，在曹操的后院点火。

孙狼随即带兵回到中原，然后东奔西突，四处流窜。于是，自许都以南的很多地方相继发生叛乱，且纷纷打出了响应关羽的旗号。

一时间，关羽的威名响彻中原大地，用史书的说法，就叫“羽威震华夏”（《资治通鉴·汉纪六十》）。

曹操不免有些惶恐。当年十月，他亲率大军离开邺城，进驻洛阳，旋即召集群臣商议，准备把天子刘协和朝廷从许都迁出，移到北方，以避关羽兵锋。

这是自从建安元年，把天子接到许都后从未发生过的事情。二十多年来，只有曹操东征西讨、耀武扬威、到处威胁别人的份儿，谁能想到有朝一日，曹操也会被别人威胁到打算迁都的地步？

没办法，曹操老了。

关羽正当壮年，而曹操已经英雄迟暮。

这一年，曹操已然六十有五，在他那个时代，基本上可以算高龄了。所谓“烈士暮年，壮心不已”，那是因为当年那个“烈士”没有真的到“暮年”——当初写下这一豪迈的诗句时，曹操才五十三岁，不过中年而已。

如果说当时的曹操是下午两三点钟的太阳，那么现在的曹操，显然已经是傍晚六七点钟的太阳了。

当生命的黄昏真正降临，人的心态就会悄然发生变化。哪怕是像曹操这种斗志昂扬、野心勃勃的一世枭雄，也难免会趋于保守和倦怠。这一点，其实早在四年前，曹操平定汉中后却无意南征益州时，就已经表露无遗了。

此刻，迁都之念的萌生，同样是一个老人保守和倦怠的表现。

不过，在比他年轻的人看来，这样的想法纯属反应过度，完全没必要。

比如，时任丞相军司马、时年四十一岁的司马懿就站出来进行了劝谏，他说：“于禁等将领是因为遭遇洪水才失利，并非作战失败，对于朝廷大计更没有丝毫损害。刘备跟孙权，表面亲密，实则互相猜忌，而关羽得志，必然是孙权所不愿的。故此，可派人前往江东，游说孙权出兵，抄关羽后路；作为交换，朝廷可权且答应他割据江南。如此一来，樊城之围自然就解除了。”

曹操觉得有道理，这才打消了迁都的念头，旋即依计而行，一边写信给孙权，让他抄关羽后路，一边给樊城派出了第二波援军——徐晃。

当时徐晃驻扎在宛城，接到命令后迅速南下，不久便进抵阳陵陂（今湖北襄阳市西北）。关羽知道第二波援军随时会来，所以早就派遣了一部兵马驻扎在偃城（今湖北襄阳市北）。徐晃被挡住了去路，便心生一计，命工兵在偃城西侧挖掘壕沟，且故意暴露出要把壕沟挖到城池南面的意图，做出要切断对方退路的样子。

关羽的部将得到情报，果然中计，旋即烧毁兵营，率部撤出了偃城。

徐晃遂进据偃城。此地距樊城已近在咫尺，于是部将们都嚷嚷着要即刻进攻关羽，解樊城之围。可徐晃很清楚，仅凭自己这一支援军，根本救不了曹仁，必须等待其他援军陆续集结才有胜算，否则只能把自己搭进去。

随军参谋赵俨看出徐晃的顾虑，便对众将道："眼下，敌军对樊城的包围十分严密，且洪水仍然很大，我们的兵力又太过薄弱，曹仁被困，不知我们已经抵达，难以完成内外夹攻的配合。我们若仓促行动，既救不了曹仁，也害了自己。而今之计，必须设法与曹仁取得联络，让他知道援兵已至，才能激励守城将士。我估计，我军主力不出十日便可到达，而樊城再坚守十日应当没问题。等到各路援军全部集结，到时候里应外合，一起发动，必可破敌。诸位放心，若是因援救迟缓而获罪，全由我一人承担，与诸位无关。"

众将一听，这才不再聒噪。

随后，徐晃派出工兵和传令兵，悄悄摸到关羽的围城阵地前，距其仅三丈之遥，然后双管齐下，一边暗中挖掘地道，一边飞箭传书，好不容易才跟城内联络上，于是跟曹仁来回互通了好几次消息。

差不多与此同时，孙权的回信也送到了曹操手上。他在信中说，愿以征讨关羽报效朝廷，只希望曹操不要透露消息，以免关羽有所防备。

曹操就此事要不要保密询问群臣的意见。众人都认为，孙权愿意出手，再好不过，这个消息自然应该封锁，绝不能泄露。

只有谋士董昭持不同意见。他说："军事行动，崇尚的是权变之术，一切应以获得最大利益为前提。我们可以向孙权承诺保守秘密，不过同时却要暗中向关羽泄露消息。如果关羽相信这个消息，就会立刻回师，那么樊城之围自然解除，到时候鹬蚌相争，我们便可坐收渔翁之利。不过据我观察，关羽这个人，一向自负好强，不见得会相信，且他自认为江陵和公安守备严密，不一定会马上撤兵。所以，这个消息也必须让曹仁知道，一旦守城将士得知孙权要在背后攻击关羽，便会坚定守城的意志。无论如何，把消息泄露出去，对我们只有好处没有坏处。"

曹操闻言，大赞了一声："善！"旋即命人把孙权的信复写了一封，然后把原件和副本都送到前线，命徐晃分别将信射入樊城和关羽大营之中。

不出董昭所料，城中将士见信后，顿时士气倍增；而关羽看完后，则满腹狐疑，最终还是没有回师。

得知关羽按兵不动，曹操麾下群臣就又慌了，纷纷劝曹操赶紧率主力南下，否则曹仁必败。

如果放在以前，不用群臣来劝，曹操早就亲率大军杀过去了。可是今时非同往日，连"迁都"这种想法都能冒出来的一个六十五岁的老人，还有那个斗志和精力挂帅亲征吗？

然而，面对一众属下，一向自负的曹操又不愿表现出消极厌战的情绪，只好硬着头皮同意出征。

这种微妙的时刻，就需要有聪明的下属来帮领导解围了。时任侍中的桓阶看出了曹操的倦怠，便站出来跟老板唱了一出双簧。

他问曹操："在大王看来，以曹仁和吕常（襄阳守将）的能力，能否应对当下的危局？"

曹操答："能。"

桓阶又问："那大王会担心二人不尽全力吗？"

曹操答："不会。"

桓阶再问："那大王为何还要亲征？"

曹操答："我担心敌人兵力太强，徐晃等人力量不够。"

桓阶觉得铺垫得差不多了，便来了一番总结陈词，道："曹仁等人身处重围之中，之所以能够死守孤城，绝无二心，全是仰赖大王以强大的声势作为外援。正所谓'居万死之地，必有死争之心'，如今曹仁等人内怀死争之心，外面则有强大的救援力量，而大王麾下拥有大军，何必担心失败而一定要亲征呢？"

有了桓阶给的这个台阶，曹操便顺势下来了，做出一副"从谏如流"的样子取消了亲征计划。随后，曹操率军进驻摩陂（今河南郏县东），并立刻大举派遣援军——先后派出了殷署、朱盖等十二支部队驰援樊城。

随着援军陆续抵达，徐晃的底气越来越足，遂决定对关羽发起总攻。

当时，关羽在樊城四周的高坡上设置了四个攻城指挥所，然后本人在一座最高的山丘上设置了总指挥部，彼此间互为犄角，遥相呼应。

徐晃放出假情报，扬言要率主力进攻关羽总部。正当关羽严加戒备之时，徐晃却兵分四路，对那四个指挥所发起了猛攻。关羽见状，赶紧亲率五千步骑去救援。而此时，徐晃早就率一部精锐埋伏在了关羽的必经之路上。

关羽率部刚到山下，便遭到了徐晃的伏击。双方短兵相接，展开激战。由于徐晃在兵力上占据了优势，关羽渐渐不敌，只好下令撤回大营。

然而，此时两军早已纠缠在一起，关羽虽拼死杀出了重围，却无法甩开徐晃——他前脚刚撤入大营，徐晃后脚就跟着杀进来了。

曹军的战斗力本就强悍，加之人多势众，所以徐晃势如破竹，一连突破了关羽大营的十重壕沟和鹿砦。双方在大营中混战，结果关羽大败，不久前刚刚投靠过来的傅方和胡修也死于乱战之中。

关羽无奈，只能率残部撤退。

围攻樊城之战，就这样以失败而告终。不过，关羽只是撤走了陆军，水军则仍然在汉水游弋，负责阻断樊城与襄阳之间的交通，以便有朝一日卷土重来。

然而，遗憾的是，关羽再也没有机会卷土重来了。因为，孙权的绞索已经从背后悄悄伸了过来。而手握绞索的人，就是那个“告病还朝”的吕蒙。

正当关羽跟徐晃在樊城外对峙的时候，吕蒙已经带着一支精锐部队，悄然从建业来到了寻阳（今湖北武穴市东北）。

一场隐秘的奇袭行动，即将从这里展开。

吕蒙在这里组织了一支船队，全部打上商船旗号，然后将精兵埋伏在船舱中，同时命一部分士兵穿上平民的“白衣”，负责摇橹划桨；另一部分人则化装成商贾，在甲板上活动，以掩人耳目。

一切就绪后，吕蒙就率领这支船队浩浩荡荡地溯江西上了。

早在战前，关羽便在长江沿岸布置了很多观察哨和斥候，目的就是防备孙权偷袭。可关羽的人万万没想到，从东边缓缓驶来的这支“商船队”，竟然会是江东的精锐水军。所以，这些毫无防备的观察人员和斥候，就陆陆续续全部被吕蒙俘虏了。

很快，吕蒙的这支“白衣”船队便长驱直入，神不知鬼不觉地来到了江陵与公安之间的江面上。

这场成功的千里奇袭行动，从此作为中国战争史上的经典战例之一，被永远地载入了史册。史书还给这次行动起了一个颇有诗意的名字——白衣渡江。

当时，糜芳驻守江陵，傅士仁驻守公安，如果他们忠于关羽、拼死一战的话，吕蒙不见得会轻易得手。只可惜，这两个家伙跟顶头上司关羽的关系很不好。

之所以关系不好，其因有二。

其一，身为领导的关羽，对待下属一向盛气凌人。而糜芳和傅士仁的能力都比较一般，所以关羽很瞧不起他们，时常颐指气使，二人自然就怀恨在心了。

其二，关羽此次北伐，命二人在后方负责筹措粮草、供应军需，由于供应不太及时，关羽就怒了，遂放出狠话，说一旦班师，定将二人治罪。

如此一来，糜芳和傅士仁更是惶惶不安。

这些重要情报，事先早已被吕蒙摸得一清二楚。

吕蒙决定不战而屈人之兵，遂命随军谋士虞翻去劝降傅士仁。虞翻来到城下，要求见面，傅士仁不肯露面。虞翻便写了封信递了进去，自然是一番威逼利诱。傅士仁知道自己是守不住公安城的，况且就算勉强守住了，在关羽那儿也不一定讨得着好，于是便不再犹豫，打开城门投降了。

虞翻接着又向吕蒙献计，说只要带着傅士仁一块儿去江陵，糜芳必降。果不其然，当吕蒙带着傅士仁来到江陵城下时，糜芳站在城头上一看，残存的一点抵抗意志瞬间就瓦解了，旋即出降。

就这样，吕蒙几乎不费吹灰之力便拿下了江陵、公安这两座军事重镇，一举端掉了关羽的老巢。

吕蒙进入江陵后，首先释放了被关押在此的于禁，以此向曹操示好；接着严令全军，善待关羽及部众的家属，对城中百姓也必须做到秋毫无犯，坚决不取群众一针一线。

军令一下，所有将士果然都不敢越雷池半步。

只有一个人，因为一件芝麻绿豆大的小事，被吕蒙抓了典型。

此人是吕蒙麾下的将官，且跟吕蒙是同乡，只因拿了老百姓的一顶斗笠，就被吕蒙以“违反军令”为由抓了起来。

一顶斗笠本来就不算啥，况且据史书称，此人也并非将斗笠据为己有，而是取之“以覆官铠”。意思大概是说，此人负责运送铠甲，可能是碰到了下雨天，就随手从百姓那儿拿了一顶斗笠盖在铠甲上面。

按理说，这事小得不能再小，而且又是出于保护“官铠”的公心，一般而言，象征性地责罚一下也就罢了。然而，这个人倒霉就倒霉在，眼下正是吕蒙要在江陵大搞“军民鱼水情”的节骨眼上，这时候任何一点微小的瑕疵，都会因为影响了这个“形象工程”而被无限放大。同理，任何一个稍微触犯了军令的人，也都会被吕蒙拿来作为杀一儆百的典型。

更何况，此人又是吕蒙的同乡，就更适合拿来做“大义灭亲”的典型了。于是，吕蒙便流着泪把这个人的脑袋给砍了。

此事一出，顿时“军中震栗”，所有人都成了惊弓之鸟，于是江陵城立刻出现了“道不拾遗”的太平景象，社会秩序好得让人不敢相信。

吕蒙并不满足于此，而是再接再厉，派出了一大批“社区工作者”，从早到晚在城中不停奔走，深入各条街道慰问父老，给他们送温暖，询问他们有什么需要，然后“疾病者给医药，饥寒者赐衣粮”（《三国志·吕蒙传》），把江陵的父老乡亲们感动得眼泪哗哗的。

事后来看，吕蒙在江陵善待关羽部众的家属，尤其是大张旗鼓搞这个“军民鱼水情”的形象工程，实在是一记釜底抽薪的妙招——它轻而易举地收了关羽部众的心，瓦解了他们的斗志，从而最终将关羽推入了孤家寡人的境地。

从吕蒙“告病还朝”，到陆逊写信示弱，再到白衣渡江，千里奇袭，智取江陵、公安，善待敌军家属，抚慰江陵父老……吕蒙这一连串计谋玩下来，堪称“不战而屈人之兵”的绝妙范例！

再厉害的人物，恐怕也挡不住如此处心积虑的连环杀，更何况关羽还有“自负骄矜”这一极易被人利用的死穴。

所以，局势发展到这一步，我们只能发出一声沉沉的叹息——悲剧已然注定，关羽在劫难逃！

英雄末路：关羽走麦城

关羽得知江陵、公安失陷，又惊又怒，立刻加快了南下的步伐。

眼看关羽彻底退去，曹仁终于长长地松了一口气。他旋即召集众将开会，讨论要不要追击。众人都认为，关羽现在老巢被占，形势危殆，若出兵追击，定能将其生擒。

只有谋士赵俨提出了不同看法。他说："孙权利用关羽北上之机，抄了他的后路，接下来，他便会坐山观虎斗，让我们跟关羽斗个两败俱伤。所以，我们现在应该放关羽走，让他成为孙权的祸害。如果我们穷追猛打，消灭了关羽，那么孙权扭头就会来对付我们。我想，这一定是魏王最担忧的事情。"

曹仁觉得有道理，遂按兵不动。

没过几天，曹操的加急令就到了，果不其然，跟赵俨的判断如出一辙，命众将不得追击。

关羽担心自己和部众的家属有什么闪失，所以不敢贸然回去攻打江陵，便暂时在半路驻扎，然后接连派出使者，骑快马去江陵打探消息。

吕蒙热情地接待了关羽的使者，还带着使者走遍全城，探访了很多关羽部众的家属。使者每到一处，看到的都是平安祥和的景象，听到的都是对江东军队的赞美之词。不少家属还特意写了平安信，托使者带给军中的子弟。

使者回去后，众将士纷纷私下打探消息，当大伙得知家属都安然无恙，而且日子过得比过去还舒坦时，一颗颗惴惴不安的心终于都放了下来。

与此同时，他们的战斗意志也瞬间瓦解了——既然妻儿老小都过得挺好，那还有必要反攻江陵吗？索性把这身军装脱了，回去跟家人团聚岂不更好？

所以，江陵父老写给军中子弟的那些平安信，客观上其实就是一封封劝降信，甚至效果比后者还好。因为劝降信的意图太明显了，反倒会令一些意志坚定的战士产生逆反心理；而平安信则发挥了"随风潜入夜，润物细无声"的效果，哪怕是再坚强的钢铁战士，在亲情面前都是毫无抵抗力的。

这就是所谓的"用兵之道，攻心为上"。

吕蒙的这套"攻心术"，玩得可谓炉火纯青，登峰造极！

关羽意识到军心已散，反攻江陵已成为不可能之事，只好暂时进驻麦城

（今湖北当阳市东南），后面的事再做打算。

得知吕蒙兵不血刃拿下江陵和公安，孙权大喜过望，立刻从建业赶到江陵，前来慰问吕蒙及全军将士，同时也专程前来招降纳叛、收揽人心。

刘备任命的那些荆州文武官员，本来大多还在犹疑观望，此刻见江东的老板大驾亲临，于是不再纠结，纷纷跳槽，悉数归附了孙权。

只有时任治中从事的潘濬，闭门称病，不肯来拜孙权的码头。孙权就派人去他家，连人带床一块儿给抬了过来。潘濬趴在床上，涕泪横流，却看都不看孙权一眼。孙权便在床边坐下，亲切地称呼他的字（承明），不停地温言劝慰，然后还命左右拿手帕帮他擦眼泪。

这一幕，乍一看挺让人感动，其实往细了一想，两个人无非都是在作秀而已。

潘濬之所以闭门称病，不肯见孙权，其用意并非不肯为孙权所用，而是故作姿态，待价而沽罢了。孙权也很清楚潘濬的心思，所以便心照不宣地配合他演了一场悲情戏。

孙权之所以纡尊降贵予以配合，一来固然是看中了潘濬的才干，二来则是借此塑造“折节下士”的美名——通过这“感人”的一幕打一波广告，让江陵的文武官员和父老乡亲心悦诚服地接受他这个新老板。

很显然，要论“攻心术”，不止吕蒙是大咖，孙权也是个中好手。

眼看戏演得差不多了，潘濬这才收起眼泪，翻身下床，向孙权拜谢。孙权随即升任他为治中，全面参与荆州的军事决策。

随着荆州官员的纷纷归附，原本由刘备占据的荆西三郡（南郡、武陵、零陵）基本上都被孙权收入囊中，最后只剩下一个叫樊伷的原武陵从事，纠集了一帮当地蛮夷，仍然在负隅顽抗。

有谋士建议，至少要派一万人出征，才能平定樊伷。孙权咨询潘濬的意见，潘濬却说，五千人足矣。

孙权问：“你为何如此轻视樊伷？”

潘濬引用一则逸事回答了这个问题。他说：“樊伷虽出身南阳大族，颇能摇唇鼓舌，但没有真实才干。臣听说过一件事：有一次，樊伷设宴邀请当地官员，结果等到日过中天，一盘菜都没上，十几个客人一下子全走光了。仅此一例，便足以让臣轻视樊伷。这就好比要判断一个人是不是侏儒，不需要看他全身，只看他的手或脚就清楚了。”

孙权闻言，忍不住大笑，旋即给了潘濬五千兵马，命他出征。

果然，潘濬到后，一战便斩杀了樊伷，平定了武陵郡。

同年十一月，刘备任命的宜都（治今湖北宜昌市）太守樊友见大势已去，便弃城而逃，下辖各县及蛮夷酋长，遂纷纷投降。

至此，除了北部的襄、樊一线仍由曹操占据，荆州全境基本上全都落入了孙权手中。

经过数年的精心筹划，这场“夺回荆州”的行动终于取得圆满成功。孙权开始论功行赏，任命吕蒙为南郡太守，封孱陵侯，赐钱一亿、黄金五百斤；任命陆逊为宜都太守，并擢其为右护军、镇西将军，封娄侯，命他进驻夷陵，负责扼守秭归至峡口（宜昌市西北）一线，防止刘备反扑。

接下来，孙权要做的最后一件事，就是解决掉关羽这个宿敌了。

当然，关羽毕竟是当世屈指可数的猛将，杀了未免可惜，所以孙权还是心存一丝希望，派人前去麦城劝降。

关羽表面上答应投降，然后在城头上遍插旌旗，还摆放了很多稻草人，企图以此迷惑孙权。布置完这一切，关羽才偷偷出城，往西北方向飞奔而去。

此刻，他麾下的部众早已溜得一干二净，绝大多数当然都是回江陵跟亲人团聚了。最后，跟着关羽一块儿走的人，只有儿子关平和十几名亲卫骑兵。

一世英雄，却落到这个众叛亲离、孤家寡人的地步，实在是令人唏嘘。

建安二十四年十二月，奔走在逃亡之路上的关羽，内心一定充满了愤懑和不甘。

时值隆冬，万物萧瑟，天地之间一片苍凉。举目四望，到处都是凄惶肃杀的景致，像极了关羽此刻的命运和心境。

“水淹七军”的胜利，“威震华夏”的荣耀，似乎就发生在昨天。

夺取襄樊、剑指中原的战略，已经有了一个漂亮的开局，成功似乎也是指日可待。

可为什么，忽然之间，这一切就都像一场美丽的春梦一样，遽然消散、转眼成空了呢？

关羽想不明白。

他也许会把这场失败归因于曹操派来的援军太多了，以至于他独臂难支；或者，他会将其归咎于糜芳和傅士仁的背叛，导致他失去了退路；又或者，他也会怪自己疏忽大意，不该派使者去江陵打探消息；即使要打探，也必须对全军将士封锁消息，如此便不至于弄得军心离散、不战自溃……

总之，关羽可能会想很多，但他唯独不太可能把原因归结到自己身上，更不可能归结到自己的性格上。

如果这时候有人告诉他，归根结底，就是“自负骄矜，目中无人”的性格害了你，关羽一定会嗤之以鼻。

一个生性骄傲的人，即便是死，他也会昂着高傲的头颅去死，绝对不会自省和自责，更不会反思和忏悔。因为在他看来，这些都是懦弱的人才会干的事。

所以，这个冬日的黄昏，在一个叫章乡（今湖北当阳市东北）的地方，当关羽遥遥望见不远处有一支人马拦住去路的时候，他的内心或许会感到绝望，但一定不会感到恐惧。

正如“刮骨疗毒”不会让他发出一声呻吟一样，面对即将到来的死亡，我想他也一定是平静而从容的。

脑袋掉了，不就是碗大个疤吗？何惧之有？！

自从中平元年跟随大哥刘备起兵的那一刻起，三十多年来，金戈铁马，纵横天下，关羽对这一天的到来，想必早有心理准备。所以，即便是猝然降临的死亡，也不会在他心里激起任何波澜。

关羽唯一的憾恨，或许就是没有机会跟大哥谢罪，也没有机会跟大哥、三弟告别了。眼下，他唯一能做的事情，也许只有面朝益州方向的天空，在心里对刘备和张飞说：

“大哥，对不住，我一不留神，把荆州弄丢了。”

“大哥，三弟，原谅我关云长不辞而别，先走一步。若有来生，咱们再做兄弟！”

至此，人生再无余事。

关羽昂起头颅，跃马横刀，义无反顾地冲向了那个宿命的结局……

此刻，横在关羽面前的这支人马，为首者是一个名不见经传的小人物，名叫马忠。

早在孙权派人去劝降关羽的同时，就已经做了另一手准备。他料定关羽投降的可能性很小，所以早就派遣大将朱然和潘璋渡江北上，截断了关羽的逃亡之路。而这个马忠，就是潘璋麾下的一个区区司马。

在汉末三国，不少征战沙场的老将最后都是死在小人物手里。这似乎有点讽刺，但其实也很正常。因为英雄一旦走到穷途末路，就跟普通人没什么区别了；而他的脖子，自然也不会比普通人更硬。

关羽人生中的最后这场战斗，纵然规模很小，但一定是悲壮而惨烈的。因为关羽这边虽然只有十几个人，但马忠想取下关羽首级，绝非易事，势必要付出不小的代价。至于这场战斗的具体经过，我们只能自行脑补，因为史书上只记载了这么短短一句话："十二月，璋司马马忠获羽及其子平于章乡，斩之"（《资治通鉴·汉纪六十》）。

关羽"大意失荆州"，最后兵败身死，主要责任肯定在他自己身上。正如我们前文一再讲过的，关羽刚愎自用，目中无人，用陈寿的话说，就是"刚而自矜"，所以遭遇这样的败局并不算意外。

这就叫性格决定命运。

然而，除了关羽本人的因素外，有一个非常重要的问题，也值得我们探究——当关羽、曹操、孙权三方在荆州打得不可开交之时，刘备在干什么？在前后长达半年的这场荆州争夺战中，刘备集团为何自始至终没有派出一兵一卒驰援关羽？

由于这件事情太过蹊跷，完全不合常理，且史书上也没有对此做出任何解释，所以就有不少人从阴谋论的角度，提出了一些耸人听闻的观点。

比如，有人认为，刘备之所以不救关羽，是因为关羽功高震主，遭到了刘备的猜忌，且刘备担心日后刘禅镇不住关羽，所以就利用此次机会，借孙权之刀杀了关羽。

还有人认为，是诸葛亮与刘备合谋害死了关羽，理由是关羽后期居功自傲，不但对刘备的分封不满（黄忠事件），而且不顾大局，一再破坏孙、刘两家的联盟关系，违背了诸葛亮与刘备在隆中制定的战略决策，所以二人对关羽颇为不满，认为他难以驾驭，索性对荆州战事不闻不问，任他兵败身死。

事实上，这些观点完全是无稽之谈，根本不值一哂。

理由很简单，暂且不说关羽多年来对刘备的贡献之大以及二人的感情之深，即使纯粹站在厚黑学的立场，从现实政治的角度考量，假设关羽真的功高震主，引起了刘备的猜忌和诸葛亮的不满，那么刘备和诸葛亮也有一千种办法来对付他，绝不会愚蠢到拿荆州这一战略要地来给关羽陪葬。

换言之，即便刘备和诸葛亮要玩权谋，也会考虑代价最小的办法。最简单的，就是以换防为由，把关羽召回成都，然后采取历史上惯用的权术，外示尊崇，内夺兵权，最后再制造一起“意外事故”令他暴毙。如此既能消除心腹大患，又没有丝毫代价和副作用，还能瞒过天下人的耳目，岂不是上上之策？

这么玩，才叫权谋。若像上述阴谋论者所言，为了除掉关羽而丢掉荆州，那刘备和诸葛亮的智商就令人担忧了。这不啻为了干掉一只老鼠，却把一座房子给烧了。此乃脑残行径，怎么可能是刘备和诸葛亮这种级别的政治人物会干的事？

既然阴谋论不足采信，那么刘备为何没有援救关羽呢？

用最简单的一句话来回答，就是：非不欲救，而是有诸多客观原因使然。

首先，关羽发动襄樊之战时，正值刘备打完汉中之战后，府库空虚，士众疲惫，需要一段时间的休整和喘息，才可能恢复元气。而且，此时刘备的当务之急是治理益州内政，修固各处关防，以图长治久安之计，所以在客观上，对荆州的重视就不够了。

有关刘备这个时期到底在益州忙些什么，大部分史料都付诸阙如，只有《三国志·先主传》注引《典略》中的一句话，让我们窥见了端倪。该书称，刘备从汉中回到成都后，“于是起馆舍，筑亭障，从成都至白水关，四百馀区”。

所谓“馆舍”，即驿站、客栈及各种房屋；所谓“亭障”，即军事要塞、堡垒。可见，刘备一回到成都，就开始忙着大兴土木了。因为他现在已经称王，从政治上讲，有必要修建一些宫殿及配套设施，才能彰显“汉中王”的身份和权威，并为日后称帝做好铺垫；此外，他还在成都和白水关之间修建了一系列要塞和驿站，这自然是为了防御北边的曹操。

也就是说，回到成都后，刘备出于政治和军事上的目的，一口气修建了四百多座相关建筑。可想而知，这需要耗费大量的人、财、物力，也占用了刘备极大的精力。所以，他很可能是忙得脚打后脑勺了，以致无暇旁顾其他事务。

其次，关羽发动此次北伐，前半段的进展是极其顺利的，不但兵围襄樊、水淹“七军”、降于禁、斩庞德，而且剑指中原、“威震华夏”，吓得曹操差点迁都。所以，从当年七月出兵到十月初与徐晃在樊城下对峙，关羽发给成都的战报全都是胜利的消息，刘备高兴还来不及，又怎能料到之后的形势会急转直下呢？

而当曹操的援兵陆续集结，徐晃凭借兵力上的优势击退关羽后，形势也还没那么糟。因为当时关羽还把水军留在了襄、樊之间的汉水上，可见他只是打算稍作休整，然后随时要打回去的。换言之，直到被迫解除樊城之围，主动权仍然在关羽手上，而关羽也并不认为自己战败了，所以仍然没有必要向成都求援。

形势真正开始恶化，是吕蒙袭取了江陵、公安之后，即当年十月中下旬。直到此刻，关羽才彻底丧失了主动权，同时也意识到了危险的降临。然而，此时向成都告急求援，还来得及吗？从成都到江陵，今天的高速公路也要将近一千公里，当时的距离绝对是在两千里以上，一来一回就是四千多里地。等关羽的急报送到成都，再等刘备组织兵力赶过来，少说也要好几个月，到时候黄花菜都凉了，还救什么救？更何况，刘备之前接到的都是捷报，丝毫没有思想准备，仓促间要集结兵力、准备粮秣及一应军需物资，哪有那么容易？哪样不需要时间？

所以，当关羽意识到远水救不了近火的时候，他就不可能向刘备求援。而这个时候，离他最近的援兵，其实是驻守上庸的刘封和孟达。上庸在今天湖北的竹山县，距离襄樊大约五百里，距麦城也不过五百多里。事实上，据《三国志·刘封传》记载，早在关羽围攻樊城和襄阳期间，便已多次联络刘封和孟达，要求他们出兵相助了：“自关羽围樊城、襄阳，连呼封、达，令发兵自助。封、达辞以山郡初附，未可动摇，不承羽命。”就是说，刘封和孟达压根不想配合关羽，便以上庸刚刚拿下、人心不稳为由拒绝了他。

由此可见，关羽并没有自大到想一个人包打天下。在围攻襄、樊期间，形势尚且有利之时，他就已频频联络刘、孟了，更何况后来丢了江陵和公安，被迫败退麦城之际，关羽怎么可能不求救呢？他一定会再度向刘、孟二人发出十万火急的求救信！

遗憾的是，刘封和孟达依旧无动于衷，始终未曾派出一兵一卒。

就此而言，如果说是刘封和孟达间接害死了关羽，恐怕也不为过。

综上所述，在关羽丢失荆州、兵败身死的这场悲剧中，真正见死不救的人并不是刘备，而是他的养子刘封！

其实，刘备当初把刘封和孟达放在上庸，其目的就是想让他们配合关羽。而正因为早在战前就做了这项部署，所以刘备后来才没有再派兵给关羽。换言之，在这场荆州争夺战中，并不是刘备没有及时援救关羽，而是他早就给关羽安排了一支协同攻防的援军。至于后来形势会恶化得那么快，且刘封和孟达居然会见死不救，那就不是刘备事先能够逆料的了。

关于刘封和孟达为何不救关羽，我们后文还会讲到，此不赘述。总之，战后，刘备对刘封在这件事上的表现，自然是极度不满的——“会羽覆败，先主恨之”（《三国志·刘封传》）。

短短半年后，刘封就遭了报应，被刘备赐死了。

虽然刘备赐死刘封还有别的原因，但刘封间接害死关羽的这份罪责，恐怕是促使刘备最终痛下杀手的主因，至少也是原因之一。

人生几何：曹操的最后岁月

孙权据有荆州后，之前被刘备安置在公安的刘璋，其处境就变得十分尴尬了。

现在的公安已经是孙权的地盘，刘璋自然就成了孙权的俘虏。那么，该如何处置这个特殊的俘虏呢？

是该把他废为庶民，任他自生自灭，还是干脆把他杀了，省得再花钱养他？

这两个选项，孙权都没有采用，因为它们都不高明。孙权的做法，是把益州牧的官帽，重新戴回到刘璋头上，然后把他安置在了秭归，其他待遇一仍其旧。

很显然，孙权这么做，一来是为了恶心刘备，二来则是为了动摇益州人心，总之就是要让刘备不舒服。

一张本来已经没用的“废牌”，让孙权这么一打，貌似还有点用处——虽然在实质上对刘备构不成什么伤害，但至少侮辱性是有的。

只可惜，没过几天，刘璋就死了。具体死因，史书没有记载，只用一个“卒”字就把这个人物交代了。不过我大胆推测，不排除是刘备暗中派人干掉了刘璋，因为刘备是不可能容许世上有两个益州牧存在的。

此次孙权能够不费吹灰之力夺回荆州，吕蒙可谓居功厥伟。然而，遗憾的是，随着荆州争夺战的落幕，吕蒙的生命也走到了尽头。

吕蒙之前便已疾病缠身，只因重任在肩，才强撑病体，全力以赴地打完这一仗并夺取了胜利。如今大功告成，再无遗憾，心中紧绷的那根弦一松，病魔便迅速把他击倒了。

孙权把吕蒙安排在了自己的行馆隔壁，然后动用了当时最好的医疗手段，千方百计予以救治。每当医师给吕蒙针灸时，孙权在一旁看着，感觉那些针仿佛都扎在了自己心上。孙权希望时刻关注吕蒙的病情，可又怕打扰他，便在墙壁上凿了一个洞，暗中观察。每当看见吕蒙病情稍有好转，多少能吃下一点东西，孙权便喜不自胜，跟左右之人有说有笑；否则便长吁短叹，乃至夜不能寐。

不久，吕蒙的病情忽然减轻了许多，孙权大喜，立刻下令赦免罪犯，以示庆祝，麾下文武百官也齐来道贺。

然而，孙权没想到，这只是回光返照。

短短几天后，吕蒙便溘然长逝了，年仅四十二岁。

孙权悲痛万分，为他举行了一场隆重的葬礼，然后指定三百户百姓为吕蒙看守墓园，专门负责祭拜洒扫。

在孙权守业、创业的道路上，他的运气很好，因为先后有周瑜、鲁肃、吕蒙这三位国士替他出谋划策、开疆拓土；可换个角度看，他的运气也没那么好，因为老天爷给他安排的国士仿佛有“配额限定”，给一个，就必然要召回一个，让孙权永远都只有一人可用。

从赤壁之战到荆州争夺战，周瑜、鲁肃、吕蒙仿佛就是在打一场接力赛，每跑完一程，就把接力棒交给下一任，自己则黯然离场——周瑜交棒给鲁肃，鲁肃交棒给吕蒙，而现在，吕蒙则交棒给了陆逊。

有一天，孙权和陆逊谈话，言及这三位国士，孙权对他们的功绩做了一番总结和评价，基本可以视为对这三个人的盖棺论定。

首先，孙权对周瑜的评价是："公瑾雄壮刚烈，胆略过人，大破曹操，开拓荆州，其功勋罕有人及。"

接着，他谈到了鲁肃："子敬是公瑾推荐给我的，我跟他促膝长谈，第一次便谈到帝王大业，此乃第一件让人称快之事。后来，曹操降服刘琮，扬言率数十万大军东下，水陆并进，我问诸将该如何应敌，却无人敢言，而张昭和秦松则主张投降，唯独子敬驳斥反对，并劝我迅速召回公瑾，托以大计，迎战曹操，此乃第二件让人称快之事。其后，子敬劝我借荆州给刘备，这固然是他的失策，但无损于前两次的贡献。古代的周公，不会要求一个人十全十美，所以我常忽略子敬之所短，而重视其所长。"

然后，孙权谈到了吕蒙："子明年轻时，做事不畏艰难，果敢而有胆识，我以为他的长处就这些而已。想不到他年长之后，学问大有增益，奇谋妙策过于常人，可以说仅次于公瑾，唯有言谈议论不及公瑾那样雄姿英发。而且，在谋取关羽这件事上，子明胜过子敬。"

最后，孙权的话题又回到了鲁肃身上："子敬曾有一次写信对我说：'每一个帝王的兴起，都有人替他扫清障碍，关羽不足为虑。'这其实是他力有未逮，在面子上说说大话而已。我也原谅了他，并未加以责备。不过，子敬在治军和治政方面还是颇有建树的。在他的管辖内，军队能做到令行禁止，地方上能做到路不拾遗，其治理之道堪称尽善尽美啊。"

三个人中，孙权谈周瑜谈得最少，但评价最高；吕蒙次之；鲁肃谈得最多，但恰恰对他的不足也谈得最多。

孙权对鲁肃最大的不满，就是"借荆州"这件事。

如果说在赤壁之战结束后的头几年，孙刘联盟对孙权而言还是利大于弊的话，那么到了刘备夺取益州后，这个联盟关系对孙权来说就越来越像一块鸡肋了——因为孙权分明感受到，刘备已经由弱变强，对自己的威胁越来越大；反倒是过去咄咄逼人的曹操，后期的战略已明显趋于保守，其威胁也随之变小了。

既然外在形势发生了此消彼长的变化，孙权的战略必定要随之调整。然而，鲁肃却自始至终坚持“联刘抗曹”的立场，这在孙权看来，就未免有些“刻舟求剑”的味道了。

所以，鲁肃一死，孙权就迫不及待地改变了外交战略，从“联刘抗曹”变成了“联曹灭刘”，这才顺利地除掉了关羽，夺回了荆州。

从结果来看，孙权的这一战略转变无疑是正确的。假如鲁肃还在的话，孙权非但拿不回荆州，而且还会在战略上陷入“两面受敌”的困境——在东线与曹操相持，在西线又受到关羽威胁。

所以，孙权之所以在这番“盖棺论定”的谈话中对鲁肃颇有微词，原因就在于鲁肃中后期的战略思想太过故步自封、不知变通。

当然，正所谓瑕不掩瑜，鲁肃后期的战略失误，仍然无损于他在前期和在总体上对江东所做的贡献。就像孙权说的那样：“孤忘其短而贵其长。”

樊城保卫战的胜利，对曹操而言，虽然只是保住了既有地盘，没有新的开拓，但除掉了关羽这一劲敌，还是让他长长地松了一口气。

徐晃凯旋班师，回到摩陂，曹操亲自到七里之外迎接，然后举办了一场盛大的宴席，犒劳徐晃和众将领。席间，曹操亲自给徐晃敬酒，说：“保全樊城和襄阳，全都是将军的功劳啊！”

樊城和襄阳的确是保住了，但这一仗的损失太大，以致曹操对是否应该长期经营此地打上了一个问号。所以，他又生出了大规模迁移人口的想法，打算把襄、樊一带的居民和派驻在汉水两岸的屯垦部队全部迁回中原。

如果这一计划实施，其结果很可能就是跟汉中一样，迟早会丢掉这块地盘。

曹操终究是老了，这几年在战略上处处采取守势，一味收缩，与他早年的锐意进取完全判若两人，这样下去可不太妙。

司马懿当即站出来劝谏，道：“荆楚之人，生性轻躁易动，如今关羽刚刚覆灭，诸多追随者各自藏匿逃窜，心存观望，倘若我们把良善百姓都迁走了，这既有损于他们的利益，也会让那些逃亡之人永远不敢回来。”言下之意，如此一来，就没有人愿意归附，而襄、樊一带便彻底残破荒废了。

曹操一听，觉得有道理，这才作罢。

事后，那些一度逃亡的人，发现没什么异样，而且看曹操也没有“秋后算账”的意思，便都陆陆续续回来了。

随着荆州争夺战落下帷幕，曹操跟孙权之间开启了一段你侬我侬的“政治蜜月期”：曹操表荐孙权为骠骑将军，假节（持节），兼领荆州牧，封南昌侯；孙权则遣使入朝进贡，向曹操称臣，同时还送上了两份特殊的礼物。

头一份，就是关羽的首级。

孙权擒杀关羽后，把他的身躯以诸侯之礼安葬于当阳，然后把他的首级封在匣子里，郑重其事地献给了曹操。

曹操一向敬重关羽，对他的死其实也深感惋惜，于是也以隆重的礼节将其首级葬于洛阳。从此，民间就有了关羽“头枕洛阳，身卧当阳，魂归故里”的说法。

对于孙权献首级这件事，曹操心里很清楚，这小子装得这么恭敬，其实就是想把关羽之死的责任推到他曹操头上，让刘备以为害死关羽的罪魁祸首是曹操。

不过，孙权的这点小心思，既瞒不过曹操，也瞒不过刘备。所以不久之后，刘备就将用一场战争来表达对孙权的愤怒和仇恨。

孙权献给曹操的第二份礼物，是在奏表中“称说天命”，即鼓吹曹操是天命所归之人，怂恿他颠覆汉朝、登基称帝。

对于这样一份居心叵测的“礼物”，曹操更加嗤之以鼻。他把孙权的奏表拿给文武百官传阅，然后说了一句很经典的话：“是儿欲踞吾著炉火上邪！”（《三国志·武帝纪》注引《魏略》）

这小子是想把我架在炉火上烤吗？！

在曹操看来，汉朝虽然早已名存实亡，但毕竟在名义上仍然存在，这就像最后一层窗户纸，要捅破它很容易，问题是什么时候捅、谁去捅，却是大有讲究的。而曹操自从晋爵魏王后，实际上跟皇帝已经没什么区别，差的也只是一个名分而已。

所以，摆在曹操面前的问题就是：他如果硬要拿下皇帝这个名分，就必须同时背负“篡夺汉室”的骂名——活着，被世上的人骂；死了，也要被后世之人千年万载地骂。

这么干，值得吗？

曹操这个人向来务实，名分对他来讲意义不大，除非那个名分能给他带来实实在在的利益。倘若现在为了得到“皇帝”的名分，却要遭到天下和后世之人的口诛笔伐，同时又没有任何实质上的利益，那这样的名分意义何在呢？

因此，对曹操而言，最明智的选择就是——不要也罢。

可是，曹操不想要这个名分，下面的文武百官却都很希望他要。原因我们前文说过，老板早一天黄袍加身，底下的人就早一日跟着鸡犬升天。

以陈群、桓阶、夏侯惇为首的文武百官，趁着孙权“称说天命”的机会，极力向曹操劝进，说：“汉朝国祚其实早已终结了，并不是今天才这样。殿下功德巍巍，群生仰望，故而孙权远在江东，依然俯首称臣。此乃天人感应之兆，所以天下人才会异口同声称说天命，殿下应该早正大位，还有什么可犹豫的呢？”

曹操冷冷地看着这帮慷慨激昂的大臣，只淡淡地说了一句：“若天命在吾，吾为周文王矣。”（《三国志·武帝纪》注引《魏氏春秋》）

商朝末年，周文王作为当时天下最强大的诸侯，虽然四海归心，“三分天下有其二”，但终究没有推翻商朝。直到其子周武王继位后，才灭掉殷商，建立了周朝。

可见，曹操的态度明摆着——终其一生，他都会像周文王“服事殷商”那样尊奉汉室，绝不会颠覆它，至于改朝换代的事情，就交给后人（曹丕）去做吧。

那层薄薄的窗户纸，最终一定是要捅破的，但曹操并不想自己捅，因为他不愿留下千古骂名。

曹操说出上面那句话的时候，已经是建安二十四年十二月末。此时的曹操，很可能已经预感到自己时日无多了。

对酒当歌，人生几何？

譬如朝露，去日苦多。

在人生即将走到尽头的时刻，作为政治家的曹操必然会从他的生命中逐渐淡去，而作为诗人和哲人的曹操，却一定会在这时候越发生动起来。因为，生命的风景不同了。当眼前只剩下落日余晖，人的心境只能被感伤和回忆充满、被诗情和哲思充满，而不该再让现实理性和政治考量来搅扰。

所以，与其在这最后的岁月里还劳心费神地去鼓捣一场篡汉自立的大戏，还不如平平静静地过完这剩下的日子，然后从从容容地与这个世界告别。

建安二十五年（公元220年）春，正月二十三日，曹操病逝于洛阳，享年六十六岁。

临终前，曹操留下遗言："天下尚未安定，不宜遵照古礼来办丧事。一旦安葬完毕，你们就脱去丧服。率军驻守边防的将领，都不得离开驻地。各级官吏都要各尽其职。入殓之时，穿平时的衣服即可，不要在墓穴里埋藏金玉珍宝。"

在生命的最后时刻，曹操依然秉持着一贯的务实和节俭作风，要求不得厚葬，一切从简。作为一个实质上已经是皇帝的人，这样的做法，实属难能可贵。

盖棺论定之际，陈寿在《三国志·武帝纪》中总结了曹操的一生，给出了很高的评价。

> 汉末，天下大乱，雄豪并起，而袁绍虎视四州，强盛莫敌。太祖运筹演谋，鞭挞宇内，揽申、商之法术，该韩、白之奇策，官方授材，各因其器，矫情任算，不念旧恶，终能总御皇机，克成洪业者，惟其明略最优也。抑可谓非常之人，超世之杰矣。

这段话的大意是：汉朝末年，天下大乱，英雄豪杰同时起兵，而袁绍虎视天下，占据四州，强盛无敌。曹操运筹帷幄，施展智谋，征战四方，纵横宇内，运用申不害、商鞅的法家之术，兼备韩信、白起的兵家奇策。将官职授予有才干的人，发挥他们各自的特长；做事能克制情绪，理性考量；用人则唯才是举，不念旧恶。最终才能够总揽朝廷大政，完成建国大业，这是因为他的聪明才智无人可及的缘故。他可以说是一个非凡的人，是超越当世的一代俊杰。

司马光在《资治通鉴》中，则从另外一些侧面做了补充评价，并同样给予了曹操盛赞。

> 王知人善察，难眩以伪。识拔奇才，不拘微贱，随能任使，皆获其用。与敌对陈，意思安闲，如不欲战然；及至决机乘胜，气势盈

溢。勋劳宜赏，不吝千金；无功望施，分毫不与。用法峻急，有犯必戮，或对之流涕，然终无所赦。雅性节俭，不好华丽。故能芟刈群雄，几平海内。

曹操知人善任，很难在他面前作假伪装。他赏识提拔奇才异能之士，不论出身是否微贱，都能依照其才干授予职务，人才也乐于为他所用。与敌人对阵之时，意态悠闲，就好像不愿作战一样，可一旦捕捉到战机，便能克敌制胜，且气势昂扬，威不可当。对建有功勋应获赏赐之人，一掷千金，毫不吝啬；而对没有功劳却企图赏赐的，则一分一毫都不会给。执法严峻，对犯法者必定诛杀，就算犯人痛哭流涕，也绝不赦免。生性朴素节俭，不喜华丽之物。所以他才能够扫灭群雄，几乎平定海内。

陈寿和司马光之所以都对曹操赞誉有加，是因为在那个时代，曹操的确是最杰出的人物，没有之一。之前的董卓、袁绍、袁术、刘表等诸侯虽然都曾称雄一方，但比起曹操，差的那可不是一星半点儿；即便是之后与曹操三分天下的刘备和孙权，在才干、学问、气魄、格局、功业以及综合素质上，也还是不如曹操。

打开今天的百度百科，后人给曹操的历史定位是——“中国古代杰出的政治家、军事家、文学家、书法家、诗人”。在这一串头衔中，刘备和孙权最多只能荣膺前两项，而与后三项绝对无缘。另外，曹操还有两个身份：“汉末权臣”和“曹魏奠基者”，而刘备和孙权虽然分别是蜀汉和东吴的开国之君，但跟“权臣”的身份则丝毫不沾边。换言之，曹操对汉末天下的影响力是全局性的，代表的是中央政权；而刘备和孙权的影响力都只是局部性的，因为他们只是一方诸侯。

所以，不论是从个人综合素质的角度讲，还是从历史影响力的角度讲，曹操都是当之无愧的三国一哥！

如果说，一个时代只能推举出一个代表人物，那么曹操肯定是汉末三国最具有说服力、最没有争议的“形象代言人”。我们常说时势造英雄，但英雄往往也创造着时势。假如不是汉末三国这样一个征战杀伐、金戈铁马的乱世，肯定孕育不出曹操这样一位“奸雄”；但如果没有曹操这个人物，汉末三国的历史也不会如此波澜壮阔、精彩纷呈！

英雄和时代，往往是互相影响、彼此成就的。

随着曹操的逝去，一个时代就此落下了帷幕。

一段群雄混战、诸侯争霸的历史渐渐远去，迎面而来的，则是一个三国鼎立的全新时代。

第六章

三国鼎立

曹丕称帝，汉朝覆灭

曹操病逝于洛阳时，太子曹丕并没有在他身边，而是远在邺城。也就是说，曹操所拥有的权力，并没有及时移交到曹丕手上。

这样的权力真空期，无疑是一个危险的时刻。

据史书记载，当时随曹操来到洛阳的军队率先“骚动”了起来。换言之，就是军中将士们开始忙着寻找出路，谋划各自的前程了。

面对这一状况，文官们不禁忧心忡忡，很多人建议干脆秘不发丧，以免引起更大范围的混乱。日后的曹魏名臣、时任谏议大夫的贾逵却认为不可。因为曹操去世这么大的事，无论如何是瞒不住的，刻意隐瞒有可能适得其反，令事态变得更加复杂。

众人想了想，觉得有道理，这才正式发丧。

可是，紧接着又有人提议，说应该把各郡县的太守和县令全都换成沛国人或谯县人。言下之意，就是全都换成曹操的同乡，把地方权力抓在自己人手里，以免生乱。

很显然，这是个相当脑残的馊主意。

首先，在这种权力真空期，仓促替换郡县长官非但无助于事态稳定，反而是在人为制造混乱。其次，要在短时间内做到如此大规模的人事调整，绝对是不可能完成的任务，就算勉强完成，也绝对无法保证换上来的人能够称职。最后，也是最荒唐的，凭什么认为曹操的老乡就一定会是忠于曹魏的“自己人”呢？如果用地域和籍贯就可以判断一个人的忠奸，那天底下的所有人事组织部门就全都可以解散了。

所以，出这个主意的人，非蠢即坏。

时任魏郡太守的徐宣便厉声反对道：“如今，朝廷的用人体制都是统一的，不论关系远近，在任官员普遍都有忠诚之心，何必专任沛国人和谯县人，来让捍卫社稷的忠臣们寒心呢？”

此言一出，这个馊主意才没有被施行。

然而，这边的葫芦刚刚按下，那边却又起了瓢。之前就已骚动不安的军方彻底出事了——曹操生前的嫡系部队“青州兵”，竟然撂挑子不干了，各将领带着部众哗然四散，各奔西东，连招呼都不带打的。

这可急坏了文官们。众人七嘴八舌，都说应该拦住他们，绝不能放他们走，若是不听，便就地格杀。

“青州兵”就是当年曹操从黄巾降众中遴选出的精锐，多年来一直追随曹操南征北战，对他颇为忠心，战斗力也十分强悍，问题就是军纪一向很差——虽然已经当了很多年的正规军，但依然改不掉流寇的习气，一贯无组织无纪律。

这样一支部队，除了曹操，基本上没人镇得住。如今，曹操一死他们便一哄而散，恰恰说明他们谁都不服。在此情况下，又有谁能拦得住他们？还想把他们就地格杀，这不是痴人说梦吗？

假如真这么干了，青州兵必定造反，而这帮文官也绝对会死无葬身之地。

贾逵知道这些人是无法禁止的，所以他的意见是放他们走。不但放他们走，贾逵还当即发布文告，命各郡县负责给这些青州兵提供食宿。

之所以做得这么殷勤，是因为贾逵很清楚，这帮军纪涣散的家伙一旦流窜到地方上，就是社会不安定因素，你如果不让他们吃好喝好，他们一定会烧杀抢掠，到时候局面就难以收拾了。

刚刚把青州兵这摊烂事摆平，一件更棘手的事情就接踵而至了——有人想利用曹丕远在邺城的机会，乘虚而入，抢先把曹操的魏王玺绶搞到手。

这个人就是曹操的嫡次子、曹丕的二弟曹彰。

曹彰，字子文，生于中平六年（公元189年）。

曹操的四个嫡子，除四子曹熊早夭外，剩下这三个，如果说老大曹丕继承的是曹操的政治才干，老三曹植继承的是文学才华，那么曹彰继承的则是曹操的军事才干。

据说，曹彰的外貌有个与众不同的特点，胡须是黄色的，所以被曹操称为“黄须儿”。

这个黄须儿，从少年时代起便善于骑射，臂力过人，敢徒手跟猛兽肉搏。他经常对左右说：“大丈夫应当做卫青、霍去病那样的人，率十万大军驰骋沙漠，驱逐戎狄，建功立业。”曹操有一次跟儿子们聊天，问起他们的志向，曹彰说他最想当将军。曹操就问他，怎样才算一位好将军。曹彰答：“披坚执锐，临危不惧，身先士卒，有功必赏，有罪必罚。”曹操大笑，颇感欣慰。

建安二十三年，代郡（治今山西阳高县）的乌桓发动叛乱，曹操任命曹彰为北中郎将、行骁骑将军，征讨乌桓。临行前，曹操特意叮嘱他说：“在家里咱们是父子，接受了任命就是君臣了，一举一动都要按王法行事，你要谨慎。”

曹彰出征后，身先士卒，亲自冲锋陷阵，铠甲上被射了好几箭，他非但不退，反而越发斗志昂扬，遂大破乌桓叛军，斩杀并俘虏了数千人。当时，鲜卑部落酋长轲比能也心存异志，率数万骑兵在附近观战，打算坐山观虎斗，伺机捡便宜，结果一看曹彰如此凶猛，吓得赶紧主动请降。

北方的叛乱就此平定，曹彰一战便威震塞外。

当时，曹操正在汉中与刘备鏖战。有一次，刘备命养子刘封到曹营外挑战，曹操气得破口大骂，说：“你这个卖草鞋的小子，敢派个假儿子来骂战，等我把亲儿子黄须儿叫来，让他来揍你们！”

随后，曹操果然下令曹彰赶赴汉中。不过，曹彰刚到长安，曹操便已从汉中撤兵了。后来，曹操就让他驻扎在了长安，以防刘备入侵关中。

这回，曹彰听说老爷子在洛阳去世了，马上心急火燎地从长安赶了过来。

曹彰此来，首要目的当然是奔丧，以尽人子之孝；其次，就是打算抢班夺位。

曹操四个嫡子，最小的曹熊早夭，而曹植在几年前的立嗣之争中已经落败，所以现在唯一有可能跟曹丕争夺继承权的，就只有曹彰了。

并且，曹彰军功在身，确实也有夺嫡的资本。

他一到洛阳，便急吼吼地问贾逵："先王玺绶何在？"就是问曹操的魏王印玺和绶带在什么地方。

这话问的，实在是太简单粗暴了，果然是战场上生猛无敌的黄须儿，连夺嫡都弄得跟肉搏似的，一点修饰都没有。

可是，像夺嫡这么有技术含量的事情，又怎么可能跟打仗一样呢？暂且不说你黄须儿只是一介武将，没什么政治头脑，就算你有，你大哥曹丕岂是那么好对付的？人家跟老三曹植斗了那么多年，斗争经验无比丰富，而且太子也当了这么久了，早就在朝野上下遍植党羽，你黄须儿就算把魏王玺绶抢到手，又有什么用呢？

所以，贾逵一听曹彰这话，真有点哭笑不得。

也罢，既然你黄须儿如此简单粗暴，那我也不必跟你绕弯子了。贾逵旋即一脸正色道："社稷自有继承人在，至于先王玺绶在何处，不是君侯（曹彰的爵位是鄢陵侯）你应该问的。"

一句话，就把曹彰给撐回去了，也把他刚刚露出苗头的夺嫡梦想一举粉碎了。

当然，曹彰此举，或许也只是投石问路而已，并非铁定了心要夺嫡。否则，仅凭贾逵轻飘飘的一句话，是不可能让他罢手的。换言之，曹彰自己可能也很清楚，曹丕在朝野的势力比他强得多，自己单凭军功，是很难撼动老大的太子位的。

在贾逵等人的努力下，洛阳的局面总算是稳住了。

很快，曹操去世的噩耗传到邺城，曹丕顿时悲不自胜，"号哭不已"。司马懿的弟弟、时任中庶子的司马孚赶紧劝慰道："君王晏驾，天下都依靠殿下做主。上为宗庙社稷，下为天下万民，殿下岂能效法匹夫之孝呢？"

良久，曹丕才慢慢收起了眼泪，说："卿言是也。"

历史上，每逢君主去世，继承人总是会哭得惨惨戚戚，同时旁边也一定会有人以“大义”相劝。这几乎就是一套固定的戏码，在历史上屡见不鲜。当然，老爷子去世，身为儿子内心悲伤，这份真情肯定是有的；但作为政治人物，而且是即将接掌最高权力的政治人物，其眼泪也一定有作秀成分——你哭得越悲伤，才越能掩饰内心深处那种即将上位的兴奋和喜悦。

这种政治作秀，不光局限于继承人，也包括文武百官们——因为新老板一上任，他们的职位和薪资肯定都会往上提的。

所以，得知曹操去世的消息后，群臣就在朝会上聚在一块儿痛哭，连班位和行列都错乱了。这种时候，自然还得有人站出来以“大义”相责。而这个人，当然还是司马孚。只听他义正词严道：“如今君王离世，天下震动，应当早日辅佐太子即位，以安定四方，难道你们只会哭？”

有人出头喊一嗓子，大伙就能顺势收起眼泪，赶紧努力工作了。

而眼下最迫切的工作，除了操办丧事外，更重要的，莫过于尽快拥曹丕继魏王之位。按照礼制，继承王位，必须要有天子诏命，可现在天子远在许都，这一来一去得花多少天？群臣顿时有些犯难。

这种时候，当然还得有人出头再喊一嗓子。

司马孚出了好几次头了，再站出来不太方便，于是这回改由尚书陈矫来发话了，说：“魏王在外去世，天下惶惧，太子应该克制悲伤，马上继位，以安定朝野人心。何况，大王心爱的儿子（曹彰），正守在洛阳的灵柩旁，万一发生变故，社稷就危险了。”

尽管曹彰的威胁没想象中那么大，可毕竟也是一个威胁，不能不防。所以，别管什么礼不礼制了，赶紧先上车，回头再补票吧。

于是，大伙立刻分头行动，一天之间，就把即位仪式需要的东西全都置办齐全了，效率之高，令人叹服。

次日一早，大伙从卞夫人那儿弄来了一个“王后令”，权且以此代替圣旨，然后匆匆忙忙就把曹丕扶上位了。

许多天后，御史大夫华歆才带着天子诏书赶到邺城，授予太子丞相印绶、魏王玺绶，还有冀州牧的官印，这才把合法手续补全了。

与此同时，朝廷改元延康。

这个新的年号，仍然是属于汉朝的，所以它注定是短命的。短短十个月后，它就将被曹魏的年号取代。

当年二月二十一日，曹操的灵柩从洛阳运了过来，被安葬在邺城西面的高陵。

曹丕上位后，第一件事就是命两个兄弟赶紧滚远点儿——让兄弟滚蛋这种事，学名称为“就国”，就是命他们到自己的封国去住，别在新老板的跟前晃悠。

于是，曹彰就被赶到了自己的封国鄢陵（治今河南鄢陵县）。而曹植的命运则远比曹彰更为不堪。曹植本是临菑侯，本来应该赶到临菑（治今山东淄博市临淄区）去，可曹丕一想到当初差点被这个三弟夺了太子位，就觉得不能这么便宜了他，遂以“醉酒悖慢”为由，把曹植贬为安乡侯，封邑由原来的一万户一下子削减到八百户，然后把他赶到了远比临菑偏僻荒凉的安乡（治今河北晋州市侯城村）。

收拾完曹植，接下来就该清算他的党羽了。

时任“右刺奸掾”的丁仪，还有他的弟弟、时任黄门侍郎的丁廙，以及他们家族的所有男子，一夜之间被全部诛杀。

杨修本来也在清算之列，不过他在建安二十四年就被曹操干掉了。既然人早死了，曹丕也就没再株连他的家人，所以杨修家族的男子才侥幸躲过一劫。

杨修之所以会被曹操干掉，可以说是应了那句老话——聪明反被聪明误。

当初，曹丕跟曹植在争夺储位时，由于杨修和丁仪极力在曹操面前美化曹植，所以曹丕一度落于下风。为了扭转颓势，曹丕就想跟自己的密友、时任朝歌（今河南淇县）县长的吴质好好谋划一下。可是，吴质是地方官，若公然与曹丕交往，容易犯忌讳，于是曹丕就想了个办法，让吴质藏在装绸缎的竹筐里，用马车载到他的府邸，以此掩人耳目。

不料，杨修早就在曹丕身边安插了眼线，旋即将此事告到了曹操那儿，说曹丕跟吴质以这种不正常的方式交往，一定是在谋划不可告人之事。

曹操身边当然也有曹丕的眼线，所以杨修一告状，曹丕立马就知道了。他大为惊慌，赶紧问吴质该怎么办。吴质却气定神闲，淡淡一笑道：“无害。”然后附在他耳边说了句话。曹丕一听，顿时转忧为喜。

几天后，一驾同样载着绸缎的马车又驶入了曹丕府邸。杨修再度得到情报，立刻又禀告了曹操。曹操旋即派人前来，当场拦下马车搜查，把车上的东西翻了个底朝天，可没想到，车上除了竹筐和绸缎，压根就没有吴质的影子。

杨修顿时目瞪口呆。

老谋深算的吴质挖了个坑，自以为聪明的杨修就乖乖往里面跳了。曹植最终之所以败给曹丕，除了自身的问题外，手下谋士的“段位”不够也是一大原因。

经此一事，曹操就认定杨修这小子不靠谱了。

后来，又经过多次交锋，形势逐渐逆转，曹植开始失势。他十分焦虑，就跟杨修走得更近了，把希望都寄托在了杨修身上。杨修不敢拒绝，同时也不甘心就此罢手，便决定再拼一把。

曹植虽然写文章厉害，但思维不够周密，尤其在处理政务方面，水平有限。而曹操为了考察他，又时常会拿一些政务问题让他作答。为此，杨修便揣摩曹操的心思，事先拟好了十几种不同类型的答案，让曹植对号入座，针对不同问题给出相应答案。

随后，每当曹操的考题刚刚送到曹植手上，不消片刻，一个完美答案就出现在了曹操的案头。曹操大为狐疑，觉得这其中一定有鬼，便派人暗中调查。结果，杨修帮曹植作弊的事情就被抖出来了。

曹操顿时怒不可遏——好你个杨修，上回诬告曹丕的事还没跟你算账，现在竟然把这种伎俩玩到老子头上来了，你这是把我曹孟德当白痴吗？！

到了这一步，曹操对杨修已是深恶痛绝，加之杨修跟袁术又有亲戚关系（杨修是袁术的外甥），这就更让曹操感觉恶心了。于是，新账老账一块儿算，曹操随即以“漏泄言教，交关诸侯”的罪名逮捕了杨修，然后就把他杀了。

机关算尽太聪明，反误了卿卿性命！

杨修之死，大可以给《红楼梦》的这句经典格言做注脚。

新王即位，有仇的报仇之后，接下来自然是有恩的报恩。

当初在立嗣之争中为曹丕出谋划策、立下大功的贾诩，由太中大夫擢升太尉；之前专程从许都赶来，帮曹丕补办合法即位手续的华歆，由御史大夫擢升相国；与曹丕平时关系不错的王朗，由大理擢升御史大夫。

而在洛阳极力帮曹丕稳定局面的贾逵，则先由谏议大夫擢为丞相祭酒，紧接着又出任豫州刺史，成了封疆大吏。因贾逵在任上很快做出了政绩，“外修军旅，内治民事，兴陂田，通运渠，吏民称之”，故而曹丕大加赞赏，说：“逵真刺史矣！”（《资治通鉴·魏纪一》）旋即布告天下，命各州郡皆以豫州为榜样，然后又封贾逵为关内侯。

除了朝廷和地方上的大员之外，曹丕在选任侍中、常侍等近臣时，也基本上都是从自己的旧日亲信里面提拔，全不考虑其他人。司马孚看不过眼，便劝谏道：“新王刚刚即位，应当任用海内英贤，怎么能只在自己的人际圈里选呢？如果选官的方式不当，那么得到官位的人也不值得被尊重。”

曹丕闻言，这才意识到自己格局小了，遂改弦更张，开始扩大范围，广纳人才。

中国历史上著名的选官制度“九品中正制”，就是在这时候由尚书陈群制定，然后迅速颁布实施的。

所谓九品中正制，就是朝廷在地方设立“中正官”，然后以三等九品（上上、上中、上下；中上、中中、中下；下上、下中、下下）为标准，品评人物，选拔人才。这个制度，其基本原则就是只论人才优劣，不看出身贵贱，目的就是破除门阀士族对政治权力的垄断，让真正有才干的人进入仕途。

相对于东汉中后期流弊丛生的“察举制”，这项全新的官员选拔制度，一开始的确起到了纠偏补弊、拨乱反正的作用。然而，好景不长，没过多久，当年“察举制”的那些流弊便又卷土重来了。

九品中正制的根本问题，就在于中正官的个人利益和好恶决定了一切。正所谓“高下逐强弱，是非由爱憎”，虽然表面上朝廷也有一套选择人才的标准，但在实际操作中却很难做到真正公平和客观，到头来还是由中正官说了算，于是请托、行贿、利益输送等流弊便大量滋生，结果便是“上品无寒门，下品无世族”“世胄蹑高位，英俊沉下僚”。所以，自魏晋南北朝以后的四百年间，政治权力大都被世家大族把持，真正的人才湮没无闻，以致官场腐败丛生，吏治一团黑暗……直到隋唐年间，九品中正制才被更为公正的科举制取代。

当然了，这些都是后话。

曹丕用了一年不到的时间，就大致建立了自己的政治班底，推行了新的选官制度，也基本上巩固了手中的权力。

接下来，曹操生前完全可以做却始终没有做的那件大事，就该提上议事日程了。

这件事就是——彻底终结名存实亡的大汉王朝，正式建立曹魏帝国！

延康元年（公元220年）十月，在曹丕的授意下，以贾诩、华歆、王朗、陈群、桓阶、辛毗、刘晔、司马懿等人为首的文武百官纷纷上表，声称“魏当代汉，见于图纬，其事众甚”（《资治通鉴·魏纪一》）。意思就是曹魏应当取代汉朝，此事民间早有预言，且各种祥瑞更是数不胜数。

按照历史上惯有的改朝换代的戏码，文武百官的戏份是频频上表劝进，而最高领导的戏份则是屡屡婉言谢绝，如是一而再，再而三，最后领导人实在推却不掉万千臣民的盛情，才勉为其难地接受劝进，美其名曰“应天顺人”。

曹丕篡汉的戏份，当然也是按这个套路演的。

十月十三日，这场大戏终于来到了最高潮的部分：大汉天子刘协到高庙（刘邦之庙）焚香禀告，然后命大臣把皇帝玉玺和禅位诏书恭恭敬敬地送到了曹丕手上；曹丕又接连三次“上书辞让”，做足了谦逊的姿态，而结果当然是“义不容辞”，于是这皇帝就当定了。

随后，朝廷在许都西面的繁阳（今河南许昌市西）修筑了一座高台，作为登基仪式之用。

十月二十九日，曹丕登上高台，接受玺绶，即皇帝位，然后祭拜天地山川，改元黄初，大赦天下；三天后，曹丕追尊曹操为“武皇帝”，因而历史上也经常把曹操称为魏武帝。

至此，享国四百零七年的大汉王朝，自董卓之乱起便已名存实亡的大汉王朝，终于在苟延残喘了三十多年后，正式覆灭，颓然仆倒在了历史的尘埃中。

刘协逊位后，被曹丕封为山阳公，迁出许都（此后改名许昌），然后就到封国山阳（治今河南焦作市）做寓公去了。

其实，对命途多舛的傀儡皇帝刘协而言，早一天脱下不属于他的天子衮冕，早一天过上正常人的生活，未尝不是一件幸事，也未尝不是一种解脱。

草根逆袭：刘备终于当上了皇帝

在曹丕称帝的三个月前，刘备麾下的一员大将忽然投降了曹魏，等于是提前给曹丕献上了一份贺礼。

这个人，就是跟刘封一块儿驻守上庸的孟达。

孟达之所以叛变，是因为跟刘封关系很差，两人经常发生冲突，而刘封仗着自己是老板的养子，自然不把孟达放在眼里，想怎么欺负就怎么欺负。孟达实在受不了，就本着惹不起躲得起的态度，带着部众四千余家投降了曹丕。

有道是冰冻三尺非一日之寒，刘封跟孟达闹矛盾，肯定不是一天两天了，估计早在他们进驻上庸的那一天就开始了。所以当初关羽急需他们发兵援助时，这两个家伙才会按兵不动。其实并不是他们真的无动于衷，而是忙着窝里斗，没那个工夫搭理关羽。因为要想支援关羽，肯定得一人守城、一人出兵，否则上庸就可能丢了。那么，到底该谁出兵呢？两人肯定会互相推诿，都希望对方出战，最好是战死沙场别回来了，所以最后的结果就是——你不去我也不去，看谁耗得过谁！

于是，两个家伙都没动，然后关羽就被耗死了。

对于孟达的投诚，曹丕自然是喜出望外，立刻任命他为散骑常侍、建武将军，封平阳亭侯，并且对他礼遇甚周，连出门都拉着他同坐一辆车，表现得非常器重。

当然，老板对一个刚刚跳槽过来的新员工这么好，肯定不光是赏识他的才干，而是寄希望于他去拓展市场，给公司创造效益的。

所以，曹丕给孟达布置的第一个任务，就是去把他前东家的地盘抢过来。

曹丕把刘备占据下的房陵、上庸、西城（今陕西安康市）三地做了合并，设置为新城郡（郡治设在房陵），然后任命孟达为新城太守，命他与徐晃、夏侯尚（夏侯渊侄子）一同出征。

孟达若想在曹魏立足，这一仗至关重要，而且这回又可以找刘封报仇，于公于私都只能胜不能败，所以孟达一到上庸，就打得特别卖力。刘封顶不住，弃城而逃，一口气跑回了成都。而之前投降刘备的上庸太守申耽，此时屁股一挪，又叛回了曹魏这边。

这棵乱世中的墙头草，东风吹来西边倒，西风吹来东边倒，反正保命要紧，认谁做主子都不是问题。像这种人，若是碰见异族入侵，就是妥妥的汉奸；如果异族被打跑了，他辫子一盘，立马又是革命党。一个国家，倘若这种人多了，可以分分钟亡国。所幸，在几千年的中国历史上，这种毫无廉耻、毫无气节的可怜虫，终究只是少数。

刘封逃回成都后，怎么处置他，成了摆在刘备面前的一道难题。

这小子现在身上背着三宗罪：第一，见死不救，客观上害死了关羽；第二，仗势欺人，迫使孟达投敌；第三，战败而逃，丢失了战略要地。

若三罪并罚，就是一个字——死。

可刘封毕竟是刘备从小养到大的义子，要杀他，这个决心还真不好下。

纠结之际，诸葛亮帮刘备下定了决心。他私下向刘备进言，说这小子生性刚猛，若是大王你百年之后，恐怕没人驾驭得了他，不如就趁现在这个机会除掉，以免后患无穷。

刘备也觉得有道理，只好痛下杀手，赐死了刘封。

当然，刘备最终之所以下得了手，是因为他现在早就有三个亲生儿子了：刘禅、刘永、刘理，根本不怕家业没人继承。若非如此，就算刘封把天捅个窟窿，刘备也断断不会杀他。

曹魏黄初二年（公元221年）春，曹丕称帝的重磅消息传到了成都。

犹如一石激起千层浪，益州的舆论瞬间炸开了锅。

舆论一沸腾，谣传也就跟着来了。有消息称，大汉天子刘协已经被曹丕害死了。刘备一听，宁信其有，不信其无，立马穿上丧服，大开追悼会，然后全境举哀，并给刘协追封了一个“孝愍皇帝”的谥号。

刘备之所以这么快就相信刘协死了，并不是因为他认定曹丕这坏小子心狠手辣，干出这种事不足为奇，而是因为把“刘协之死”确认为一个既成事实，对刘备最有利。

为什么这么说？

原因很简单——刘备想当皇帝。

自从出道以来，刘备一直打的都是“匡扶汉室”的旗号，如果刘协不死，刘备就没有称帝的合法性。现在曹丕悍然称帝了，刘备这个从小就想坐上“羽葆盖车”的人，自然更是按捺不住称帝的欲望。

所以，刘协必须死——就算他没有在曹丕的屠刀下“生物性死亡”，也必须在刘备刻意制造的舆论场中“社会性死亡”。

只有这样，刘备才能顺理成章地登基称帝，并且还可以把“匡扶汉室”的旗号换成“为刘协复仇”的旗号，为进一步扩张地盘、逐鹿天下提供更强的合法性。

麾下的文武百官显然看懂了老板的心思，于是纷纷“竞言符瑞，劝汉中王称尊号”（《资治通鉴·魏纪一》）。

下面的人这么懂事，让刘备很欣慰。

可是，在一片歌功颂德的劝进声中，还是出现了一丝不和谐音。时任前部司马的费诗竟然上书说：“殿下是因为曹操父子逼主篡位，故而集结士众，征战万里，一心讨伐曹贼。而今大敌未克，殿下却先自立为帝，恐怕天下人心会感到怀疑和困惑。昔日，高祖跟项羽相约，先破秦者称王，可直到攻破咸阳，擒获子婴，高祖却仍然谦让。何况，如今殿下连益州的大门都没迈出去，就打算自立称帝吗？臣虽愚钝，但还是认为殿下不该这么做。”

你确实愚钝，愚钝得不可以道里计！

刘备看到奏疏，气得肝都疼了——人家文武百官个个都那么懂事，一看到我为刘协发丧就明白怎么回事了，就你小子眼瞎，什么都看不出来吗？还把话说得那么难听，什么“未出门庭，便欲自立”，我刘玄德打了这么多年仗，现在黄土都埋半截了，这辈子就想当一回皇帝、坐一回羽葆盖车怎么了？这个要求很过分吗？你一个屁大点儿的官，竟然敢这么跟老板说话，是不是不想干了？不想干趁早滚蛋！

随后，刘备就把费诗贬到了万山丛中的永昌（治今云南保山市），官职降为“从事”，存心要让他在那个瘴疠之地了此残生，这辈子都不想再看见他。

不懂事的人走了，登基大典自然就紧锣密鼓地筹备了起来。

当年四月六日，刘备在成都西北面的武担山南麓举行了一场隆重的登基仪式，即皇帝位，大赦，改元章武，以诸葛亮为丞相，许靖为司徒。

这一年，刘备六十一岁。

从二十四岁起兵到现在，刘备付出了百倍于常人的艰辛，在遍布荆棘的创业之路上跋涉了三十七年，而今终于大功告成，得偿所愿，当上了“九五之尊”的皇帝。

这个当年摆地摊、卖草鞋的穷小子，终于实现了完美逆袭，坐上了从童年时代起就梦寐以求的羽葆盖车。

刘备用他创业维艰、百折不挠的人生故事，再一次告诉我们——梦想总是要有的，万一实现了呢?

由刘备所建立的政权，历史上称为“蜀汉”，刘备后来也经常被称为“先主”或“蜀汉昭烈皇帝”。

随着刘备的称帝和蜀汉政权的建立，中国历史在这一年（公元221年）进入了三国鼎立的时代。虽然此刻的孙权既未称王也未称帝，理论上只是曹魏的藩属国，但从割据自立的事实而论，此时的中国已然是魏、蜀、吴三分天下。

广义的三国，可以从东汉末年黄巾起义、董卓乱政算起；狭义的三国，则要从曹丕、刘备相继称帝的这个时期算起。

同年五月，刘备立长子刘禅为皇太子，娶张飞之女为太子妃；六月，立次子刘永为鲁王，三子刘理为梁王。

忙完了“称帝”这件大事后，刘备接下来要做的，是他已经想了很久的另一件大事——为关羽复仇!

关羽之死，是刻在刘备心头的一道流血的伤口，也是刻在他脑门上的一个耻辱的印记。不让孙权血债血偿，刘备誓不为人。

得知老板要大举进攻孙权，麾下的文武百官大多都不赞同。第一个站出来劝谏的人，就是赵云。他说：“国贼是曹操，不是孙权。如果我们先把曹魏灭掉，孙权自然臣服。如今曹操虽然死了，但曹丕篡位，正应顺应人心，早日进图关中，占据黄河上游，讨伐叛逆。到时候，关东义士必箪食壶浆以迎王师。倘若放弃曹魏，先与东吴交战，战端一开，难以很快结束，臣以为并非上策。”

紧接着，群臣也纷纷劝谏。

然而，刘备决心已定，万牛莫挽。

正当刘备调兵遣将、摩拳擦掌之际，从阆中（今四川阆中市）突然传来一个噩耗，令刘备如遭电击——张飞死了。

张飞既不是病死，也不是战死，而是被自己的两个部下给杀了。一代名将却死得如此不堪，实在是令人唏嘘扼腕。

张飞为什么会落得这个下场呢？

答案与关羽如出一辙——性格决定命运。关羽的死穴是骄傲，张飞的死穴则是暴躁。

关羽的傲慢，主要是对士大夫，对普通士兵则十分善待；而张飞恰恰相反，对士大夫非常敬重，却丝毫不体恤中下层的将士。

据说，张飞经常动不动就杀人，鞭打身边的将士更是家常便饭。刘备深知他的这一缺点，曾郑重告诫他，说："你执行军纪时，杀人太多，而且动辄鞭打将士，打完后又把他们留在身边，这是取祸之道啊！"

张飞听了，虚心接受，却坚决不改。

每当张飞发飙时，他帐下的两名将官张达、范强就成了受气包，没少挨鞭子。久而久之，两人自然怀恨在心。此次刘备准备东征，命张飞率一万人从阆中出发，到江州与其他部队会合。可就在开拔前夕，张达和范强找了个机会，就把张飞的脑袋给砍下来了，然后带着他的首级顺流东下，投奔了孙权。

事发后，张飞所部立刻把这一消息送到了成都，刘备连奏表都没打开看，就已经预感到张飞出事了，不禁发出一声哀叹："噫！飞死矣。"（《三国志·张飞传》）

陈寿在《三国志》的相关传记中，对关羽和张飞的结局，有着十分中肯的评论。

> 关羽、张飞皆称万人之敌，为世虎臣。羽报效曹公，飞义释严颜，并有国士之风。然羽刚而自矜，飞暴而无恩，以短取败，理数之常也。

"以短取败"，说的就是关羽和张飞性格中的缺点，一个是"刚而自矜"，一个是"暴而无恩"，所以导致了他们最终的败局。

刘备万万没想到，当初发誓"不求同年同月同日生，但求同年同月同日死"

的这两个兄弟，竟然在这么短的时间内，相继离他而去了。这对刘备无疑是非常沉重的打击。

本来就已在他心中熊熊燃烧的复仇的火焰，无疑也在这一刻变得更加炽热。

虽然张飞之死与孙权无关，但就冲着杀害张飞的凶手提着首级投奔了孙权，刘备就有理由把这笔血债也记在孙权头上。

所以，为了向孙权复仇，刘备绝对会不惜一切代价。

孙仲谋，赶紧洗干净你的脖子，等着我刘玄德的复仇之剑吧！

刘备伐吴，孙权封王

黄初二年七月，刘备集结了一支四万余人的大军，顺流东下，打响了进攻孙权的战争。

孙权做了两手准备，一边遣使求和，一边积极备战。

时任南郡太守的诸葛瑾立刻给刘备写了封信，劝解道："陛下与关羽的关系虽然亲密，但也比不上跟先帝（刘协）的宗室之亲吧？都应该报仇，可应当谁先谁后呢？如果仔细思考这一层，该怎么做就很容易决定了。"

诸葛瑾的言下之意是：关羽被孙权杀了，刘协被曹丕杀了（按当时的传言），以事情的轻重而论，你应该先找曹丕报仇才对。

刘备当然不吃他们这一套。不管是求和的使节还是诸葛瑾的信，他一概置之不理。

诸葛瑾是出于公心，才跟刘备通信，不料随后便有人向孙权密报，说诸葛瑾有通敌的嫌疑，还煞有介事地说诸葛瑾已经派亲信去跟刘备见面了。

此时此刻，诸葛瑾的身份的确十分敏感，毕竟他是诸葛亮的胞兄，诸葛亮又是蜀汉的二号人物，令人起疑也是情理中事。若是碰上一个耳根子轻的主公，诸葛瑾这回恐怕就麻烦大了。不过，孙权的脑子却很清醒。

他当面对那个告密的人说："孤与子瑜（诸葛瑾的字），有生死不变的誓言，子瑜绝不会辜负我，就像我绝对不会辜负他一样。"

然而，此时谣言已经甚嚣尘上，传得有鼻子有眼。陆逊知道诸葛瑾是清白的，赶紧上表给孙权，建议孙权向诸葛瑾表明信任的态度，免得他受不了舆论的压力。

孙权给他回信说："子瑜跟我共事多年，恩情如同骨肉，互相了解很深。他的为人，非正道的路不走，非大义的话不说。刘备当初派诸葛亮过来，我曾经对子瑜说：'卿与孔明乃一母同胞，而且弟弟追随兄长，名正言顺，你为何不设法留下他？孔明若愿意留在我身边，我便写信向刘备解释，现在就看你的意思了。'子瑜回答我说：'孔明已效忠刘备，君臣名分已经确定，就大义而言，便不会再有二心。他不会背叛刘备投奔主公，正如我不会背叛主公而去投奔刘备一样。'这样的话，足以感动神明，而今又岂会背叛我？之前诬告他的奏疏，我已经转寄给他了，而且亲笔给他写了封信。孤与子瑜，可谓神交，不是外人所能离间的。我知道你关心子瑜，所以就把你的奏表也寄给他，让他知晓你的心意。"

刘备大军迅速东进，前锋将领吴班、冯习在巫县（今重庆市巫山县）大破孙权军，刘备主力随后进抵秭归。武陵一带的蛮夷部落心属刘备，遂纷纷遣使来见，请求刘备早日进军。

见刘备来势汹汹，此战不可避免，孙权遂任命陆逊为大都督，率将军朱然、潘璋、宋谦、韩当、徐盛、鲜于丹、孙桓等人，共率大军五万，在秭归至夷陵一线严阵以待。

为了全力抵御刘备，避免两线作战，当年八月，孙权遣使前往曹魏都城洛阳，再度向曹魏称臣，且态度十分谦卑，还把当初滞留在东吴的于禁等人送了回去。

刘备跟孙权大动干戈，自然是曹丕最喜闻乐见的事情。

事实上，早在刘备出兵伐吴之前，曹丕就曾召集群臣，专门讨论过刘备是否会为关羽报仇的问题。当时，几乎所有人都认为，蜀汉只是蕞尔小国，只有关羽一个名将，他一死，蜀汉举国忧惧，不可能出兵伐吴。

只有侍中刘晔提出了不同看法。他说："蜀汉虽然弱小，但刘备一心要以武力自强，势必动员大军，以显示自己的实力。而且，关羽跟刘备，从大义来说是君臣，从私恩来说却形同父子兄弟。关羽死了，刘备若不为他报仇，在情分上就有亏欠了。”

这回，孙权遣使称臣，曹魏群臣都向曹丕道贺，只有刘晔再度发出了与众不同的声音。

他对曹丕说：“孙权称臣请降，是因为他现在遭遇了危机，因关羽之事被刘备兴师讨伐。如今的东吴，外有强敌，众心不安，又担心我朝趁机进攻，这才有称臣之举。如此，一来可以避免受到我朝攻击，二来则以我朝作为后援，以增强他的声势，令刘备产生疑惧。如今，虽说天下三分，但我朝拥有天下的十分之八，蜀汉和孙权，只不过各保一州（刘备据益州，孙权据扬州）。他们的自保之术，一是利用山川险阻，二是急难之时互相救援，如今他们却互相攻伐，此乃上天要灭亡他们，我朝正应大举出兵，渡江进攻孙权。蜀汉攻他的边境，我军则直捣其腹地，旬月之间，孙权必定覆灭。东吴若亡，蜀汉便独臂难支，就算他攻占了吴国的一半领土，也很难长期存在，何况蜀汉只得到吴国边境，我们得到的却是吴国的心脏地带！”

刘晔这一招够狠。

假如曹丕有乃父曹操的雄心、魄力和胆识，势必会采纳这个战略。倘若如此，天下一统的时间必然会大大提前，三国鼎立的历史也就从此改写了。

然而，曹丕比曹操差远了。听完刘晔的建言，他只是不咸不淡地回了一句：“人家向我朝称臣，我们却趁机发难，这会阻塞天下人的归附之心，不如接受东吴的臣服，发兵袭击蜀汉的后方。”

曹丕这个想法，如果是放在一二十年前群雄割据的时候，的确是明智的，因为接受一个诸侯的投诚，势必会对其他诸侯产生榜样效应，如此便可不战而屈人之兵。问题是，如今天下只剩下魏、蜀、吴三家，这个论调就完全是刻舟求剑的迂阔之谈了。因为接受孙权投诚，并不能促使刘备也这么做。除了这两家，现在也没什么割据自立的诸侯了，你还顾虑什么“天下人的归附之心”，不就是一句彻头彻尾的空谈吗？

刘晔很可能也看到了这一点，遂据理力争，道：“蜀汉远而吴国近，若刘备发现后方遇袭，必定回师，战事就很难在短时间结束了。如今，刘备正在盛怒之下，一旦得知我朝也出兵伐吴，就知道孙权必亡，一定会加速进攻，乐得跟我朝瓜分吴地，绝不会改变初衷、压抑怒火而援救孙权。”

可是，刘晔好说歹说，最终还是没能说服曹丕。一个千载难逢的统一天下的良机，就这样被曹丕生生错过了。碰上如此没有战略眼光的老板，刘晔除了无奈之外，顶多也就是回家去缅怀一下前老板曹操了。

曹丕这个人，不仅没有战略眼光，还远远没有他爹曹操那样的阳刚之气。曹丕做事情，有时候甚至会让人觉得有点阴暗和猥琐。

就以于禁的遭遇为例。据说，于禁回朝后，“须发皓白，形容憔悴”（《资治通鉴·魏纪一》），已经跟当初挂帅出征的那个猛将判若两人了。他见到曹丕后，“泣涕顿首”，显然对自己的失节投降一事深感耻辱和懊悔。

曹丕例行公事地慰勉了几句，给了他一个“安远将军”的虚衔，然后命他到邺城的高陵去祭拜曹操——有什么忏悔之言，就跟先帝去说吧。

如果曹丕所为到此为止，那也不失为一个有气量、能容人的君主。

可惜，事实并非如此。

曹丕事先命人在高陵殿堂的墙壁上，画了一组活灵活现的壁画，主要刻画了三个人物形象：关羽大获全胜的样子，庞德义愤填膺、临死不降的样子，还有于禁跪地投降、臣服关羽的样子。

可想而知，于禁看到老板特意为他准备的这些东西，内心会崩溃到什么程度。

正可谓士可杀不可辱，没过几天，于禁就“惭恚发病死”了。也就是说，一个大活人，生生被内心的羞愧和愤恨给折磨死了。

这个结果，正是曹丕命人画那组壁画的用意所在。倘若于禁没被气死，而是活得好好的，想必曹丕一定还有别的法子折磨他。

这样的老板，用心不可谓不阴暗，手段不可谓不猥琐。连司马光著书至此，也忍不住在《资治通鉴》中发了这样一段议论：“于禁将数万众，败不能死，生降于敌，既而复归。文帝废之可也，杀之可也，乃画陵屋以辱之，斯为不君矣！”

于禁战败投降，这固然是他的一大污点，曹丕若是看他不爽，可以把他废为庶民，甚至可以杀了他，何必弄个壁画来侮辱他呢？所以在司马光看来，曹丕这么做，不是一个君主该有的样子。

对于孙权的称臣之举，曹丕很满意，于是投桃报李，准备封孙权为吴王，并加九锡。

刘晔再度表示反对，说："先帝当初东征西讨，天下十分已据其八，威震海内；陛下受禅即位，德配天地，声誉传播四方。孙权虽有雄才，却只是前朝（东汉）的一个骠骑将军、南昌侯而已，官小位卑。若要接受他的归降，可擢升他的将军称号，最多封十万户侯，但万万不可封他为王。因为王位与天子位只有一步之遥，其礼仪、服饰、车马等，都很容易与天子相混淆。孙权若只是一个侯爵，江南士民跟他之间便没有君臣名分，可我朝一旦封他为王，就等于给了他人君的身份，这无异于让他如虎添翼啊！"

为了让曹丕相信孙权绝不会真心归顺，刘晔进一步对孙权日后可能采取的行动做了预判。

他说："孙权接受王位，又击退了蜀汉之后，他会在表面上以周全的礼数敬奉我朝，令其国士民都知晓此事，但私底下，他一定会以无礼的举动激怒陛下。等到陛下赫然发怒，兴兵征讨，他就会装出一副委屈的样子告诉他的臣民：'我献身归顺朝廷，不爱惜金银财宝，随时进贡，不敢失去人臣之礼，而朝廷却无故讨伐我，一心要残害我的家国，俘虏我的人民，去给他们当仆人和奴婢。'东吴百姓听了这样的话，没有理由不相信。所以到时候，东吴必定同仇敌忾，上下同心，其战斗力或许会十倍于今。"

后来发生的事实，基本上都被刘晔不幸言中了。孙权耍的伎俩，大致不出他的预判。可见，不论是劝曹丕与蜀汉同时进攻孙权，还是劝曹丕不要给孙权封王，刘晔的建议都是正确的。

当然，即便曹魏不给孙权封王，孙权迟早也会自己称王。因为以孙权的实力而言，他要称王是不必看任何人脸色的，无非是等待一个合适的时机罢了。

所以，曹丕到底该不该给孙权封王，其实根本不重要。重要的是，对待孙权，曹丕究竟应该持一种怎样的战略。假如曹丕仅仅满足于孙权在口头上臣服，愿意接受事实上的"三分天下"，那无话可说；如果并不满足于此，那就应该迫使孙权拿出实际行动来证明他归顺的诚意，比如命他送儿子入朝为质，或干脆命他割让几个战略要地，而且都要严格限定时间，不能无限期拖延。

如此一来，孙权必然会露出原形，那曹丕就可以立刻采取刘晔的战略，与刘备一西一东夹攻孙权，一举将他灭掉，然后再慢慢收拾刘备。

假如雄主曹操在世，一定会这么做。

只可惜，曹丕压根不是雄主。他虽然不敢完全相信孙权，但同时却又心存幻想，以致宝贵的战机就在他的优柔寡断中稍纵即逝了。

后面我们就将看到，曹丕在对付足智多谋、灵活善变的孙权时，是多么缺乏战略远见，多么缺乏决断力，其智商又是多么令人着急！

当年八月，曹丕不顾刘晔的强烈反对，执意派遣使臣邢贞前往武昌，千里迢迢地给孙权送去了王位。

孙权是在三个月前从公安迁到鄂城（今湖北鄂州市）的，然后将其改名为武昌，这段时间便以此为大本营。

邢贞来到武昌后，东吴群臣大多认为，孙权的爵位应该是“上将军、九州伯”，不应接受曹魏的封号。所谓“九州伯”，纯属这些人杜撰的。由于九州就代表了天下，所以这个头衔，几乎无异于“天子”的别称。

孙权当然知道这个称号不妥，便对群臣道：“九州伯，自古以来从没有听说过。其实，接受魏国的封号，不见得就是耻辱。昔日，沛公也曾接受项羽所封的汉王，此乃因时制宜的办法，一个封号对我又有什么损害？”

随后，孙权率文武百官出城，在都亭迎接邢贞。邢贞坐车进入城门时，端着架子，没有下车。张昭大为不悦，对邢贞道：“要讲礼仪，便不能没有敬意；要讲法令，则必须严格执行。阁下竟妄自尊大，难道是觉得我们江南人少力弱，连一寸兵刃都没有吗？”

在人家的地盘上，邢贞当然不敢造次，闻言赶紧乖乖下车。

当时，大将徐盛对受封一事极感愤怒，忍不住对身边的同僚说：“我等不能奋斗牺牲，为国家夺取许、洛，吞并巴蜀，竟然令君王接受邢贞这种人的册封，岂非奇耻大辱！”说着竟然“涕泣横流”，把场面搞得十分悲壮。

当然，这一幕不排除是故意演给邢贞看的。

邢贞一看孙权的文臣武将都这么硬气，便对属下感叹道：“江东将相如此，看来孙权非久居人下之辈啊！”

一番册封仪式弄完后，孙权便派使臣赵咨随邢贞一同入朝答谢。

赵咨在洛阳觐见曹丕。曹丕问他：“吴王是一个什么样的主公？”

赵咨答："聪明仁智，雄略之主。"

曹丕让他举一些例子来听。

赵咨道："从平凡人中擢升鲁肃，是'聪'；从行伍中提拔吕蒙，是'明'；得到于禁却未加以伤害，是'仁'；取荆州兵不血刃，是'智'；据三州（扬州、荆州、交州）虎视天下，是'雄'；屈身臣服于陛下，是'略'。"

赵咨吹捧自己的老板，无可厚非，而且孙权也的确当得起这些吹捧。问题在于，赵咨居然当着曹丕的面如此高调、如此张扬，却令我们这些读史的后人十分不解。

因为，孙权现在向曹丕称臣，纯属缓兵之计，目的就是麻痹曹丕。既然如此，那东吴的策略就应该是尽量低调、尽量示弱，怎么可以反其道而行之呢？这不是与自己的既定策略相互矛盾吗？

尤其可笑的是，赵咨居然对曹丕说，孙权甘愿屈身臣服，表明孙权很有谋略。这不就等于把孙权的底牌完全亮给曹丕了吗？

上面这些对话，由陈寿记载于《三国志·吴主传》中。如果不是史料有误，那我们只能认为，赵咨是一个不合格的使臣。他口才固然很好，问题是此行的目的并不是来秀口才、夸老板的，而是要让曹丕相信孙权是真心臣服的。现在可倒好，你说老板臣服于曹丕是他的谋略，那你不是找死吗？自己找死倒也罢了，你这简直是成心破坏孙权的大计啊！

在陈寿的《三国志·吴主传》里，赵咨与曹丕的这场谈话到此为止。可是，在裴松之所引的《吴书》中，两人后面又谈了一堆，我们且先接着往下看。

曹丕又问赵咨："吴王有学问吗？"

赵咨又十分高调地炫了一把，答："吴王拥有战舰万艘，带甲百万，选贤任能，志存经略，一有闲暇，便博览群书，遍读史籍，博采众长，不像一般的书生寻章摘句而已。"

曹丕可能也对赵咨这样一再"示强"不太舒服，便突然抛出一个十分敏感的问题："吴国可以征服吗？"

这个问题绝对是触及要害了，但赵咨居然是这么回答的："大国有征伐之兵，小国有备御之固。"意思就是你们大国兵力雄厚又咋地？我们早就严阵以待、有备无患了。这种口气，完全就是针锋相对、反唇相讥，甚至可以说是赤裸裸的挑衅！

假如是曹操，这时候差不多可以把这个姓赵的直接拿下了，然后赶紧召刘晔上殿，趁着现在刘备在西线大举进攻的良机，开始制定一个全面的伐吴战略。

然而，面对赵咨一而再，再而三地“示强”，曹丕除了抛出一个又一个问题进行试探之外，就再没有别的举动了。

接下来，他又问了赵咨一个更加敏感的问题：“吴国有能力进攻魏国吗？”

至于赵咨的回答，简直就是在给曹丕下战书！

他说：“吴国带甲百万，又有长江、汉水的天险，若要进攻，有何困难？！”

区区一个吴国使臣，敢对堂堂的魏国皇帝这么说话，而且还是在“称臣”的前提下，实在让人难以理解。而更让人大跌眼镜的是——曹丕居然忍了，对这句狠话毫无反应。

最后，他又问赵咨：“吴国像你这样的大臣有多少？”

言下之意，貌似对赵咨十分赏识。

赵咨又牛皮烘烘地回答道：“特别聪明和通达的，有八九十人；像我这样的，车载斗量，数不胜数。”

至此，对话终于结束。

我们基本上可以得出一个结论：赵咨此行，一是来吹牛的，二是来挑衅的，反正绝无半点低调和示弱的意思。

而对这一切，曹丕竟然照单全收了。

如果上述所有史料都准确无误的话，那我们只能说——曹丕这个人，在处理军国大政上，水平堪忧。

因为赵咨的上述言行已经反复表明一个事实：孙权绝非真心臣服，目前所做的一切都只是缓兵之计。

可明知如此，曹丕依然对孙权心存幻想，我们就不得不怀疑，他的脑回路实在是异于常人。同样生儿子，人家孙坚生了个雄才大略的孙仲谋，可曹操一代枭雄，却生了这么个既无判断力又缺乏战略远见的继承人，委实令人遗憾。

看来，曹丕也只有在跟兄弟争权的时候，才显得有些政治才干，一到真正治国，他的能力就明显不行了。

夷陵之战：蜀汉的惨败

要判断一个政治领袖是雄主还是庸才，可能需要多方面的考察，但其中有一个很简单的标准，却往往能让我们窥一斑而知全豹。

这个标准就是——看这个人贪不贪财。远的暂且不说，就以最近的两个人为例：汉灵帝刘宏贪财如命，最后成了一个标准的昏君；魏武帝曹操既俭朴又务实，因而成为一代雄主。

曹丕在这方面，恰恰跟他爹相去甚远。

黄初二年冬，曹丕专门派使臣前往东吴，要求孙权进贡江南的奇珍异宝，为此还开出了一张长长的“索贿”单子，写满了他要的东西：雀头香、大贝、明珠、象牙、犀角、玳瑁、孔雀、翡翠、斗鸭、长鸣鸡，等等。

吴国群臣一看就怒了，纷纷吐槽说：“我们荆、扬二州向朝廷进贡物品，都是有一定规制的。魏国现在要的都是珍玩之物，完全不合礼制，绝不能给。”

可孙权却丝毫没有生气。

不仅没有生气，他心里反而还生出了几分窃喜，因为曹丕此举，一眼就让孙权看穿了他是个什么货色。

孙权说：“我们如今正在西北与刘备对峙，江表的安全，暂时要仰赖魏国。他要的那些东西，对我来讲跟瓦片和石头无异，我何必吝惜呢？何况，曹丕目前还在为曹操守丧，心里却还惦记这些玩意儿，你怎么跟他谈礼制呢？”

随后，孙权便按照那张单子，全部如数奉上了。

一个贪求财货的对手，其实是最容易对付的，因为你只要花点钱，就可以把他砸晕——在政治博弈场上，还有什么比这更便宜的事情呢？

怕就怕，对手开出的“索贿”单子上不是一串奇珍异宝，而是一串城池和土地，那才是真正让人头疼的。

所以，曹丕这么做，一下就暴露了自己的贪婪、浅薄和平庸。无怪乎孙权对他的鄙夷之情溢于言表。至于曹丕渴求的这些奇珍异宝，在孙权眼中只是毫无价值的“瓦石”。

就此而言，谁是庸才，谁是雄主，一目了然。

孙权被封为吴王不久，就把长子孙登立为王太子，并精心遴选了四个元老重臣的儿子陪太子读书射猎，称为“四友”。他们是：诸葛瑾之子诸葛恪，张昭之子张休，顾雍之子顾谭，陈武之子陈表。

曹丕得知孙权立了太子，立刻表示要封孙登为万户侯。其用意，当然是想让孙权把儿子送到洛阳来参加册封仪式，然后借机扣下作为人质。

孙权心知肚明，遂以孙登年幼、不宜封侯为托词，上书辞让，并派使臣沈珩入朝拜谢，同时又进贡了一大堆江南特产。

曹丕接见沈珩时，又玩起了那套莫名其妙且毫无用处的试探，问他说：“吴国担心魏国南下吗？”

沈珩答：“不担心。”

曹丕问：“为什么？”

沈珩答：“因为我们相信彼此盟誓时说的话：‘永归于好。’所以不担心。不过，若是魏国背盟，我们也早有应对之策。”

瞧瞧，东吴的使臣，一个个都这么硬气。而且，孙权明明是向曹丕称臣，彼此应该是藩属国与宗主国的关系，却生生让沈珩说成了平等的同盟关系。是可忍，孰不可忍，可身为皇帝的曹丕偏偏又忍了。

接着，曹丕又问：“听说吴太子孙登即将入朝，有这回事吗？”

这话更是问得莫名其妙。你想让孙登入朝，那就明说，孙权若不从就是心里有鬼；反之，你如果明知孙登不会入朝，那这话问了也白问，反而只会让人觉得虚张声势，徒然弱化一个皇帝本来应有的威严。

面对曹丕这个貌似刁钻犀利、实则虚有其表的问题，沈珩的回答几乎就是公然扯谎了。他说：“臣在吴国，既没有参与朝会的权利，也没有列席宴会的资格，所以这个消息，臣无从得知。”

这样的回答，站在东吴的立场看，当然是避实就虚的高明应对，说明沈珩的口才十分了得；可站在曹魏的立场看，却是既滑头又敷衍，毫无诚意可言。

换句话说，对沈珩的回答，曹丕是应该感到不爽的。

然而，事实却是，沈珩说完，“文帝善之”（《三国志·吴主传》注引《吴书》）。曹丕居然对沈珩的回答予以了肯定和嘉许。

你曹丕是受虐狂吗？人家摆明了就是在忽悠你，你还嘉许对方，这是脑子进了多少水才会这样？更有甚者，据《吴书》记载，曹丕随后还“引珩自近，谈语终日”，就是亲切地把沈珩叫到身边，两人促膝长谈，谈了整整一天。谈些什么呢？《吴书》说：“珩随事响应，无所屈服。”就是随机应变，且从头到尾都很硬气，丝毫没有示弱。

《吴书》是吴国官方修撰的一部国史，大部已散佚。关于曹丕之前与赵咨的部分对话，以及之后与沈珩的问答，由裴松之收录于《三国志》的注里，才得以保存，且都被司马光原封不动地写进了《资治通鉴》。千百年来，后人基本上把这些内容都当成信史来读。但现在我们不得不怀疑，《吴书》中的这些记载，很可能是东吴史官的粉饰和夸诞之辞。否则的话，东吴使臣怎么可能不顾孙权的战略计划，个个牛皮烘烘，一意逞口舌之快？而曹丕的言行和反应又怎么可能那么弱智且不合常理？

当然，具体的对话和细节可能出于虚构，但大体的事实，想必东吴史官也不敢编造。

也就是说，关于曹丕跟孙权在这场博弈中的表现，我们大致可以认定的事实是：孙权韬光养晦，机变百出，显示出非常高超的政治谋略和博弈智慧；曹丕虽说没有《吴书》中描写的那么不堪，但总体上缺乏战略思维，胸无定见，没有决断力，且贪图财货，满足于东吴的表面臣服，可以说被孙权的虚情假意和银弹攻势给彻底麻痹了，甚至可以说是被孙权玩弄于股掌之中。

黄初三年（公元222年）二月，刘备在秭归经过半年的休整，集结了足够的兵马，调集了充足的粮秣和物资后，决定亲率大军对东吴发起全面进攻。

部将黄权劝阻道：“吴人悍勇善战，我们的水军顺流东下，进攻容易，撤退就困难了。臣请求担任前锋，迎击敌寇，请陛下坐镇后军。”

刘备当然也知道，打水仗，蜀军绝非吴军的对手。一番思忖后，刘备决定全军弃舟登岸，就在陆地上跟吴军一决雌雄。随后，他命黄权为镇北将军，率领江北各军从北岸进兵，自己则亲率主力，沿着长江南岸，翻山越岭，进抵夷道县（今湖北宜都市）的猇亭（今湖北宜昌市猇亭镇），在山上安营扎寨。

刘备一生中的最后一场战役，也是汉末三国三大战役的最后一场——夷陵之战（又称猇亭之战）就此打响。

吴军得到战报，众将纷纷请求出战。主帅陆逊却不同意，说：“刘备举主力东下，锐气正盛，且在高处扎营，据守险要，难以攻克。即便攻上山头，也很难全歼敌军，稍有失利，我军的损失就大了。而今之计，便是激励将士，多方思考对策，以观其变。如果这一带是平原旷野，我军或许会担心遭到敌军突袭，但目前敌军沿着大山扎营，兵势施展不开，自困于树木乱石之间，我军只需耐心等候，待其疲惫之时，便可克敌制胜。”

众将很不理解，以为陆逊畏敌怯战，个个心中愤恨不已。

刘备统治荆南数年，在武陵郡的蛮夷部落中颇有群众基础，这回要跟东吴决战，地方上的武装力量自然要设法调动起来。所以，刚一进驻猇亭，他便命侍中马良秘密前往武陵郡，找到五溪蛮夷部落的酋长，馈赠了大量金银绸缎，并许以官爵，要求他们起兵响应。

以沙摩柯为首的蛮夷酋长们欣然应允，旋即率部加入了刘备的阵营。

当时，刘备采取的是步步为营的战术。蜀汉大军自巫峡（今重庆市巫山县境内）往东，直到夷陵，在长达七百多里的战线上修筑了数十座大营。

这样的战术，好处是各营之间互为犄角、协同攻防，且稳扎稳打、步步逼近，其中任何一营都不会出现孤军深入、身陷重围的危险。

然而，其坏处也是显而易见的。

想当年，曹操大军在赤壁把所有战船用铁链拴在一起，自以为稳如泰山，结果被周瑜一把火便烧了个干净。如今，刘备把数十座大营全都修建在树木茂盛的大山中，无疑会面临一个同样巨大的危险——火攻。

此外，让人颇为遗憾的是，刘备此次御驾亲征，一心要跟东吴决一死战，按说应该把蜀汉的猛将都拉出来才对。可事实却是，昔日那些身经百战的一线大将，一个也没有随同出征；跟他一块儿来的，只有吴班、冯习、张南等二三线将领。

之所以出现这种情况，其因有二。

首先，这几年蜀汉流年不利，将星凋零，导致人才队伍出现了断层。比如，关羽、张飞都已去世，老将黄忠也已在建安二十五年病逝，马超则是在刘备出征这一年患上了重病，年底便去世了。昔日的五位上将军，仅剩赵云一人，只能在成都留守，不宜出征。像魏延这样的准一线大将，又在北边的汉中镇守，也没法调到东线来。

所以，此刻的刘备，几乎已经没有大将可用了。

其次，虽说目前的蜀汉人才凋零，但如果刘备对此次东征足够重视的话，也未尝不可以把赵云拉出来。毕竟眼下的益州内政有诸葛亮在挑大梁，基本上是稳定的，不一定非得留赵云镇守。另外，这几年汉中也无战事，假如刘备觉得有必要，也可以派几个二线将领去换防，把魏延替换到东线来。简言之，只要刘备觉得有必要，他是可以倾尽全力的。

刘备之所以没有这么做，是因为他对此次东征抱有一定的自大心理。刘备自认为，跟他同一辈的那些东吴大将周瑜、鲁肃、吕蒙都死了，除非孙权亲自来，否则如今的东吴貌似已经没有人配当他的对手了。至于目前这个吴军主帅陆逊，在他眼中不过是一个初出茅庐的无名之辈，又何足惧哉？

既然刘备胜券在握，那当然没有必要让赵云、魏延等主力队员上场了，权且带吴班、冯习这帮候补队员出来锻炼锻炼，经历一些“重大赛事”，也有利于蜀汉人才梯队的建设。

在战术选择上的疏忽大意，加上自大和轻敌的心理，使刘备的这场复仇之战尚未开打，两大失败的隐患便已悄然埋下。

从这一年二月，一直到六月，蜀军与吴军在猇亭对峙了四个多月，彼此都不敢贸然出手。可时间拖得越久，对刘备越不利，因为他是客场作战，后勤补给线道阻且长，再这么耗下去，粮草肯定供应不上。

刘备决定引蛇出洞，遂令吴班率数千人下山，在平地扎营。

吴军将领们一看，个个都抢着要出击，陆逊却不肯下命令，只淡淡地说了一句：“此必有诈，再等等看。”

此时，刘备正亲自率领八千精锐埋伏在附近的山谷中，就等吴军出动，便要给他们来个前后夹击。可左等右等，吴军却没有半点动静。刘备无奈，只好带着那八千伏兵灰溜溜地撤出了山谷。

陆逊无声一笑，对众将道：“之所以不让你们去打吴班，正是因为我料到敌人必有阴谋。”

眼看刘备渐渐沉不住气了，陆逊感觉时机已经成熟，便给孙权上书，汇报了自己准备决战的想法。他说：“夷陵是战略要地、国之门户，虽然容易夺取，但也容易失守。一旦失守，损失的不只是一个郡而已，整个荆州都将陷于险境。今日之战，必须取胜。刘备违背天意，不守在自己的老巢，却自行前来送死，臣虽不才，但承蒙社稷威灵，以顺讨逆，很快就将击败他，没什么可担心的。我起初还担心他们水陆并进，没想到他们反而舍弃舟船，仅用陆军，而又处处扎营。观察他们的部署，平平无奇，主公大可高枕无忧，不必挂怀。”

当年闰六月，陆逊向全军发布了总攻的命令。

此时，众将领反倒觉得时机不对，纷纷说：“要打刘备，应该一开始就打，如今他们深入我国境内五六百里，两军对峙了七八个月，各处要地他们皆已固守，现在才进攻，肯定讨不着便宜。”

陆逊只好耐心地解释道：“刘备一向狡猾，而且经验丰富，他们大军刚抵达时，精神集中，难以对付。如今驻扎了这么久，一直找不到我们的破绽，人马疲惫，士气沮丧，再也使不出什么招数了。歼灭此寇，正在今日！”

当天，吴军便对蜀军的一座营寨发起了试探性进攻。结果，攻了半天都攻不上去，吴军伤亡不小。众将大发牢骚，说这是让士兵白白送死。

陆逊一直在附近观战，起初眉头紧锁，稍后却面露笑容，对诸将道：“我已有破敌之术了。”

陆逊想到的破敌之术，正是火攻！

他命所有士兵每人带上一捆茅草，然后冲到敌营前纵火焚烧。结果，顷刻之间，蜀军的营寨便燃起了熊熊大火，吴军迅速将其攻克。

随后，火势蔓延开来，引燃了周遭的树林；林火很快又烧着了另一座蜀军营寨，于是火势更大；就这样，无情的烈火仿佛一只张着血盆大口的巨兽，把连绵相接的蜀军营寨一座接一座地吞噬了……

我们今天常用的成语“火烧连营”，正是来自这场著名的火攻战役。

陆逊抓住战机，命全军对所有蜀军营寨发起总攻，旋即接连攻破蜀军的四十余座大营，将蜀军大将冯习、张南及蛮夷酋长沙摩柯等人斩杀，逼降蜀军将领杜路、刘宁多人。刘备率余部仓皇逃上马鞍山（今湖北宜昌市西北），命部众迅速建立起一个环形的防御阵势。

陆逊命各军四面合围，全力进攻，丝毫不给刘备喘息之机。

此时的蜀军将士早已被铺天盖地的烈火吓破了胆，最后这一仗充其量就是困兽犹斗而已。在吴军的猛攻之下，蜀军很快就土崩瓦解，四散奔逃。

此时夜幕徐徐降临，刘备见大势已去，只好带着残部往西边逃窜。吴军在后紧追不舍。危急时刻，刘备麾下一个管驿站的小吏，把蜀军丢弃的盔甲堆到一个隘口焚烧，这才挡住追兵，让刘备得以逃出生天。

夷陵之战，就这样以蜀汉的惨败和东吴的全胜而告终。

蜀军的舟船、武器、装备，以及水陆两军的所有军用物资，全部丧失殆尽；五万大军也几乎全军覆没，尸体漂满了长江。

刘备一口气逃到了白帝城，又羞又愤，仰天长叹道："我竟然会为陆逊所折辱，岂非天意！"

这句话，把刘备战前的自大和轻敌心理暴露无遗。很显然，他是打心眼里瞧不起陆逊这个后生小辈的。可万万没想到，他这个堂堂蜀汉皇帝、纵横天下数十载的一代枭雄，最后还是败在了这个毫不起眼的陆逊手上。

刘备的失败，与当年曹操在赤壁的失败可谓如出一辙。

这两个雄主，战前都是志得意满，压根瞧不起对手，结果却同样被对手用一把火烧得怀疑人生。

巧合的是，汉末三国的三大战役官渡之战、赤壁之战和夷陵之战，最后导致胜负的决定性因素，居然都是一个字——火。

曹操在形势极为不利的情况下，一把火烧了乌巢的粮仓，转败为胜；周瑜在敌众我寡的形势下，一把火烧了曹军的战船，以弱胜强；陆逊则在耐心蛰伏了半年之久后，突然一把火烧掉了蜀军的数十座大营，一举而大获全胜。

在战前，不论袁绍、曹操还是刘备，看上去似乎都是稳操胜券的那一方。其结果，却都是强势的一方遭遇惨败。

看来，"骄兵必败"这四个字，无论何时都是颠扑不破的真理。

"蜜月"的终结：曹魏与东吴开战

夷陵之战，令陆逊声名鹊起，一跃成为东吴最耀眼的一颗将星。

事实上，在开战之前，陆逊的处境是颇为尴尬的。因为，不仅刘备瞧不起他，就连吴军内部的大将们也都没把他放在眼里。

虽然孙权信任陆逊，任命他为大都督，但其麾下的将领们，个个资历都比他深厚，要么是孙策旧部，要么是孙权的亲戚，全都牛皮烘烘，不大愿意听他号令。

为此，陆逊召集众将专门开了一个会，决定把话跟他们挑明。

在会上，他手握剑柄，神色严峻，对众将道："刘备名闻天下，连曹操都对他心存忌惮，如今沙场相见，是一个强大的对手。诸君皆荷国厚恩，当勠力同心，共同剪除这个敌人，上报国恩，可诸位却都不愿服从命令，这是为何？我虽是一介书生，但受命于主上，国家之所以委屈诸位听我指挥，是认为我还有些尺寸之长，并且能够忍辱负重。诸位在军中，应各负其责，岂能推辞？军令如山，不可违犯！"

这个会开完，众将表面上是不敢再跟陆逊对着干了，可内心还是不服。直到整场仗打下来，众将亲眼看见陆逊是怎么一步一步击败刘备的，这才心服口服，从此对他刮目相看。

当时，吴、蜀双方刚刚交战之际，孙权的族侄、时任安东中郎将的孙桓在夷道县被蜀军前锋围困，赶紧向陆逊求救。陆逊却按兵不动。众将以为他见死不救，纷纷质疑道："孙将军是公室贵戚，现在被敌人围困了，危在旦夕，你为何不救？"

陆逊却一点都不着急，慢条斯理道："孙将军深得士众之心，且夷道县城池坚固，粮草充足，没什么可担心的。等我的计划实施后，用不着救他，其围自解。"

后来，事态发展果如陆逊所料，蜀军惨败，夷道之围不救而解。孙桓随后见到陆逊，感慨道："之前我其实是怨你见死不救的，可直到今日，才知一切尽在你的调度掌控之中。"

战后，孙权接见陆逊，谈起之前众将不服他的事情，问说："当初诸将不听从号令，你为何不向我禀告？"

陆逊淡淡一笑，答道："臣深受国恩，而诸位将领有的是大王的心腹股肱，有的是身经百战的功臣，都是国家倚赖的可以共同成就大业之人。臣常追慕古代蔺相如、寇恂以国事为重、善自谦抑的精神，所以希望像他们那样来成就国事。"

孙权大笑，十分赞许，旋即擢升陆逊为辅国将军、领荆州牧，并改封江陵侯。

刘备在夷陵的惨败，令身在后方的诸葛亮大为痛惜。

他长叹了一声，道："孝直若在，必能阻止主公东征；即使阻止不了，也一定会辅佐主公，而不至于遭遇如此惨败。"

孝直，就是法正。

早在建安二十五年，即辅佐刘备平定汉中不久，法正便病逝了，终年四十五岁。当时刘备十分哀伤，连哭数日，追封他为翼侯。

法正与诸葛亮，虽性格不同，处世原则也有很大差异，但两人在军国大政上却能形成很好的互补：诸葛亮擅长治理内政，法正善于谋划军事，所以每逢大军出征，都是由诸葛亮坐镇成都，负责后勤，而法正则随刘备同行，出谋划策。

而今，法正不在了，意味着从今往后，蜀汉的内政和军事都不得不由诸葛亮一肩挑了。

刘备逃到白帝城后，却没有进一步西逃的动向，吴军大将徐盛、潘璋等人都觉得这是个大好机会，纷纷上书，请求进攻白帝城，彻底消灭刘备。

孙权咨询陆逊的意见。陆逊与大将朱然等人都认为不妥，便联名上书说："如今曹丕正在大举集结军队，表面上说是帮助我们讨伐刘备，实则包藏祸心，故大军不宜追击，应各回驻地。"

陆逊的谨慎是对的，因为此时的曹丕的确已经蠢蠢欲动了。

早在蜀汉与东吴两军对峙之际，曹丕便命人一直在搜集战场上的情报。当他得知刘备竟然在崇山峻岭上连营七百里时，不禁对群臣道："刘备不懂军事，岂有将营寨延伸七百里而能拒敌的？兵法上说，凡是在树林、原野和洼地扎营的，必定被敌人击败，此乃兵家之大忌！看来，孙权的捷报，不日便会送来了。"

在这一点上，曹丕的判断还是很准确的。短短七天之后，东吴大破刘备的捷报便送到了洛阳。

刘备败逃后，当初奉命沿北岸进兵的黄权顿时成了一颗弃子，进退两难，无所依归。

想要西行撤回益州吧，沿途的城池关隘皆已被东吴占领，根本无路可走；索性投降东吴吧，黄权又担心留在成都的家眷会有危险，毕竟现在东吴已是蜀汉的死敌。

万般无奈之下，黄权只能往北走——投奔曹魏。

虽说曹魏也是蜀汉的敌人，但眼下跟东吴比起来，敌对的意味显然要弱一些，所以黄权只能两害相权取其轻。

得知黄权降曹，蜀汉的有关部门立刻上报刘备，请求逮捕黄权的妻儿老小。刘备想起黄权当初的劝谏，若以黄权为前锋，自己坐镇后军，水陆并进，恐怕就不会遭遇如此惨败了。于是，刘备否决了有司的提议，答复说："是我辜负了黄权，不是黄权辜负我啊。"

黄权到了魏国后，曹丕问他："阁下弃暗投明，是为了效法当年的陈平和韩信吗？"

陈平和韩信早年都追随项羽，后来转投刘邦，成了西汉的开国功臣。曹丕把黄权抬到如此高度，显然是想把他树立为典型，以便在政治上加以宣传。

黄权可能没看出领导的意图，或者知道被立为典型不是什么好事，便实话实说道："臣受刘备厚恩，既不可投降东吴，回蜀汉又无路可走，所以才归命陛下。而且，臣是败军之将，得免一死，已属万幸，岂敢说效法古人呢？"

尽管曹丕对这样的回答不是很满意，可不管怎么说，愿意投奔曹魏，还是值得表彰的，遂任命黄权为镇南将军，封育阳侯，并加"侍中"衔，赐他"陪同乘车"的特殊待遇。

不久，有人从蜀汉叛逃过来，声称黄权的妻儿都让刘备给杀了。曹丕一听，马上下诏，命黄权发丧。毕竟这是一个很好的宣传点，有利于把蜀汉描黑。不料，黄权依旧"不识抬举"，说："臣与刘备、诸葛亮推诚相待，他们都知道臣的志向。这恐怕是个谣言，还请再等一段时间。"

后来，消息得以证伪，人家妻儿果然活得好好的，搞得曹丕很是没趣。

其实，在"妖魔化对手"这种事上，曹丕还是比刘备嫩了点儿。人家刘备为了把他描黑，愣是给大活人刘协办了个轰轰烈烈的追悼会，丝毫不担心被打脸；可他想黑刘备，却总是不得要领，一份黑材料都办不下来。

随着夷陵之战的落幕，刘备与孙权的纷争自然告一段落，而曹丕跟孙权之间的博弈，则迅速由暗处转到了明面上。

双方博弈的焦点，就是孙权是否真心臣服。

要验证这一点，最简单的办法，就是看孙权愿不愿意把儿子孙登送到曹魏去当人质。

早在夷陵之战前，曹丕就已向孙权提出了这个要求，可孙权一直以各种理由推托。直到战后，此事依旧悬而未决。曹丕开始不爽了，打算派重臣辛毗、桓阶出使东吴，给孙权下最后通牒——赶快把儿子送过来，否则朕有理由怀疑你称臣是假的。

让曹丕万万没想到的是，辛毗和桓阶还没动身，孙权的答复就来了，意思很明确，他不会送儿子来当人质。

这无异于是在赤裸裸地告诉曹丕——不用怀疑我的称臣之举，因为它本来就是假的。

直到此刻，曹丕对孙权的幻想才终于破灭。

在“称臣”这件事上，与其说是孙权成功地忽悠了曹丕，还不如说是曹丕被自己的虚荣和自欺心理成功地蒙蔽了。

孙权之所以敢摊牌，无非是因为他已经在西线击败并重创了刘备，两线作战的危险已经解除，所以他现在完全有信心回头在东线跟曹丕干上一仗。

曹丕感到自尊心和智商都受到了极大的侮辱，不禁勃然大怒，决定讨伐东吴。然而，现在讨伐东吴，真的是好时机吗？

答案当然是否定的。

刘晔立刻表示了反对，说：“东吴刚刚打了胜仗，上下齐心，且有山川险阻可以依恃，很难在短时间内打败他们。”

当初刘晔劝曹丕攻吴，是因为可以跟刘备东、西夹攻，有必胜的把握，所以是最佳时机；如今他阻止曹丕，则是因为刘备败了，战机已经错失，而东吴士气正盛，所以绝非出兵的好时机。

这才是正确的战略思维。

可曹丕身为曹魏皇帝，偏偏不具备这种思维。他当初不肯进攻东吴，是因为孙权表现得十分“乖巧”；现在想打东吴，则是因为孙权惹他生气了。这样的思维方式，全凭个人好恶，无视客观情况，任由情绪主宰，毫无理性可言，根本不像是一个胸有韬略的帝王，更像是无知无识的一介匹夫。

“主不可以怒而兴师，将不可以愠而致战。”（《孙子兵法·火攻篇》）

君主不可以因一时的怒气而兴兵，将领不可以因一时的气愤而开战。曹丕之前在批评刘备“连营七百里”时，说他犯了兵家之大忌，貌似一副熟读兵书的样子，可轮到他自己，就把《孙子兵法》抛到九霄云外了。

黄初三年九月，曹丕不顾刘晔劝阻，命曹休、张辽、臧霸率军出洞口（今安徽和县南长江渡口），命曹仁率部出濡须，命曹真、夏侯尚、张郃、徐晃率部进围南郡，兵分三路，对东吴发起了全面进攻。

曹魏与东吴之间维持了短短几年的“政治蜜月期”，至此宣告终结。

孙权立刻调兵遣将，以三路御敌：命吕范率五个兵团及江防舰队，抵御曹休等人；命朱桓率部抵御曹仁；命诸葛瑾、潘璋、杨粲率部驰援南郡。

一切部署停当后，孙权又开始向曹丕释放烟雾弹，先是给曹丕上书，态度突然变得十分谦卑，表示愿意把土地和人民都献给曹魏，自己心甘情愿到交州去当寓公；稍后，又托人带话给曹丕，说想为儿子孙登向曹魏宗室求婚；没过几天，又说打算派张昭等人护送孙登前往洛阳……

总之，就是各种花式忽悠，简直是把曹丕的智商当成面团在反复蹂躏。

面对孙权这种反复无常、近乎恶作剧的行为，一般脑子不糊涂的帝王肯定懒得搭理，可曹丕竟然还板板正正地给孙权回了一封信，说：“朕与阁下，君臣大义已定，又怎么乐意劳师动众，兵临长江、汉水？倘若孙登早上入朝，我下午就把大军召回。”

都什么时候了，曹丕居然还在奢望孙登入朝，真是让人无语。

对于曹丕的这封回信，孙权的反应十分简洁明快，只有一个动作——改元。

就是从这个时候起，孙权自立年号“黄武”，从此再也不用曹魏的年号了。在中国历史上，这种行为的学名叫作“不奉正朔”，属于最正式、最具有标志意义的割据行动。

而且，耐人寻味的是，孙权起的这个年号，“黄”字取自曹魏年号“黄初”，“武”字取自蜀汉年号“章武”。这种各取一字的做法，显然并非无心，而是有意为之。换言之，孙权就是想通过这个年号昭告天下——

从今天起，我东吴就跟你们曹魏和蜀汉“三国鼎立”了！

曹丕还在指望孙登入朝，可孙权直接就用“改元”这个行动给撑回去了。这脸打的，真是啪啪作响。

曹丕捂着火辣辣的脸颊，愤然宣布御驾亲征。

当年十一月，曹丕自许昌南下，进抵宛城。就在这时，曹休从前线寄来了一份大表忠勇的奏疏，说：“臣愿率领精锐，龙骧虎步，跃马江南，连后勤补给都不需要，直接从敌人那里获取。臣一定每战必克，即便战死沙场，也请陛下不要挂念。”

稍有点实战经验的人都看得出来，曹休这是在吹牛。长江是一道天险，又不是一条小水沟，而且江上还有当时天下水战能力最强大的东吴水军把守，岂是你曹休想越就能越过去的？

反正吹牛又不上税，只要老板喜欢听就行了。

果然，曹丕还真喜欢听，而且还把曹休的吹牛当了真。他担心曹休贸然渡江、孤军深入会有危险，赶紧派快马传令，命曹休不得擅自渡江。

眼看老板被曹休忽悠得又急又忧，一旁的老臣董昭不忍心，只好把曹休的牛皮戳破，说：“臣看陛下面有忧色，想必是担心曹休渡江吧？说到渡江作战这种事，其实谁都不会轻易冒险，就算曹休有此雄心壮志，也势必不敢孤军南下，必须众将领配合行动。至于臧霸那些人，富贵功名都有了，不会再有更大的企图，只想终其天年、保有禄位而已，怎么可能心存侥幸、自投死地呢？若臧霸等人观望不前，曹休自己便退缩了。依臣看来，就算陛下命他们渡江，他们恐怕也会犹豫拖延，未必就会马上从命。”

曹丕闻言，将信将疑，却没说什么。

很快，董昭的判断就通过一场突如其来的小型遭遇战得到了证实。

当时，吴将吕范的舰队在江面上与魏军对峙。某日，吴军一侧的江面突然刮起暴风，不仅吹断了缆绳，还把吴军战船一股脑儿全都刮到了北岸的曹营前。曹休抓住战机，迅速出动，将晕头转向的东吴水军斩杀并俘虏了一千余人。

曹丕得到战报，立刻命曹休利用这个机会，率全军渡过长江。

不出董昭所料，之前还信誓旦旦的曹休真的接到渡江命令后，立马就怂了，好几天都按兵不动。东吴旋即派出援军，把被围困的吕范所部救了出来，返回南岸。曹休知道再不动就不好交代了，便命臧霸率部追击。可这个臧霸同样被董昭算准了，压根不想冒险追击，只是跟在吴军后面做做样子而已。

吴军见状，立刻杀了个回马枪，把臧霸打得大败而逃，魏军将领尹卢战死。

一个突破吴军长江防线的天赐良机，就这样被曹休和臧霸生生毁掉了。

黄初四年（公元223年）二月，曹仁率步骑数万进攻濡须，出兵前故意放出消息，声称要攻打东边的羡溪。镇守濡须的朱桓赶紧分兵前去援救，不料那一部人马走后，曹仁大军却径直向濡须杀来。

朱桓闻报，知道中了对手的声东击西之计，连忙又派快马去召回那支部队。可快马刚走，魏军已兵临城下。此时朱桓所部仅剩五千人，麾下众将无不忧惧。可朱桓却镇定自若，对众将道："敌军跋涉千里而来，人困马乏，而我军据守坚城，以逸待劳，定可百战百胜。即便是曹丕自来，尚且不足为虑，何况是区区曹仁？"

随后，朱桓也使了一出"空城计"，命部众偃旗息鼓，做出守备极其空虚的样子，暗中却严阵以待，就等魏军来攻。

曹仁见状，立刻命其子曹泰攻打濡须，又命部将常雕、王双乘上快船，攻击濡须水的江中小岛。

吴军将士的家眷都在这座小岛上。曹仁这一招，大有釜底抽薪之意。可是，随军谋士蒋济却不赞成去攻岛。他的理由是：东吴水军的战船都集结在上游不远处，一旦魏军进入江中，恐怕还没登岛，吴军就杀过来了；而吴军都是大型战舰，魏军则是小型快艇，根本不是对手，所以此举绝对是自寻死路。

曹仁不听，仍命曹泰等人按原计划行动，自己则率一万人马留守橐皋（今安徽巢湖市西北），作为各军的后援。

战斗打响后，主攻濡须的曹泰一路首先受挫。因为吴军兵力虽少，但依托坚固的防御工事，战斗力并不弱；而曹泰则被朱桓的"示敌以弱"迷惑了，颇有轻敌之心，所以仓促攻城，结果一战便被击退了。

曹泰退回大营后，本想稍作休整再行攻城，不料朱桓却亲率精锐从城中杀了出来。曹泰不敌，只好一把火烧掉大营，仓皇撤回橐皋。

另一路的战况，则不出蒋济所料，常雕、王双刚刚率部进入江中，便遭到东吴水军的猛烈进攻，结果常雕战死、王双被俘，所部一千余人或被砍杀，或落水溺毙，全军覆没。

东线战场的曹休和曹仁接连受挫，接下来，魏军的希望就全部落在西线战场了。西线，魏军的主攻目标是南郡的江陵。

此时镇守江陵的吴军大将是朱然。吕蒙临终前，特意向孙权推荐了他。

江陵是东吴的西边门户，战略意义自不待言。对东吴来说，此地不容有失，而对曹魏来说，则是志在必得。

所以，双方注定要在此地展开一场恶战。

永安托孤：刘备在玩权谋吗?

江陵外围，有东吴的两路援军，一路是孙权派出的诸葛瑾等人，驻扎在长江南岸的公安；另一路是大将孙盛，所部约一万人，驻扎在江陵东南面的江中岛。

这样的防御力量，应该说已经很雄厚了——两路援军与江陵守军互为掎角，魏军要想把江陵困死，显然没那么容易。

然而，西线魏军的战斗力，却让东吴方面大出意料之外。

黄初四年春，魏军西线统帅曹真展开了“围点打援”的行动：先是在正月，命张郃进攻孙盛，大破吴军，夺取了江中岛；紧接着在二月，又命夏侯尚击退了诸葛瑾、潘璋等人率领的援军；曹真本人，则亲率主力把江陵团团围困。

很快，江陵城便陷入了“中外断绝”的境地，加上城中疫病流行，仍有战斗力的兵员只剩五千人，形势极为险恶。

魏军的攻势异常猛烈，“起土山，凿地道，立楼橹”，几乎把所有能用的攻城手段全都用上了。守城将士惊恐万状，个个面无人色，只有朱然一如平常，毫无惧意。他不断激励将士，积极组织防御，非但顽强地守住了城池，还趁魏军暂停进攻的间歇，亲自率部出击，攻破了魏军的两座营寨。

就这样，魏军围困了江陵数月之久，却始终未能攻克。

不过，城中的情况也越来越糟糕了：战斗人员越打越少，粮食也即将告罄，军心不免再度动摇起来。当时，负责防守北门的江陵县令姚泰觉得肯定守不住了，便暗中派人与魏军联络，准备打开城门投降。

所幸，朱然及时察觉，斩杀了姚泰，这才稳住了军心。

为了援救江陵，孙权决定派水军夺回江陵东南面的江中岛，打破魏军的封锁。魏军大将夏侯尚得到情报，立刻上报曹真，并提出了一个针锋相对的计划：派重兵把守江中岛，然后在江面上架设浮桥，直达北岸，以便大军随时进出。

曹真及众将都认为这个办法可行，因为如此一来，对江陵的封锁就会非常稳固，那么城池自然指日可下。

很快，魏军便实施了这个计划。

当身在宛城的董昭得知这一消息后，顿觉大事不好，立刻上书曹丕，说："先帝（曹操）智勇过人，用兵却十分谨慎，从不敢轻敌若此。凡是行军作战，前进容易，后退困难，这是兵法常理。即便在没有险阻的平地作战，撤兵尚且不易，何况深入江中，更要考虑后路，因为胜败无常，战场上不可能事事如意。如今，大军进驻江中岛，可谓至深；靠浮桥运送部队，可谓至危；只有一条道路通行，可谓至狭。三者皆兵家之大忌，我军却全都犯了。倘若吴军集中兵力攻击浮桥，我军稍有失误，岛上的精锐便会悉数成为吴国的俘虏，不再是魏国所有了。臣为此甚感忧虑，寝食难安，可前线那些将领却都自以为得计，这不是糊涂吗？何况汛期将至，一旦江水暴涨，我军如何防御？用兵之道，若无法战胜敌人，至少要保全自己，为何将自己置于险境，却毫无恐惧之心呢？万望陛下明察。"

曹丕见到奏疏，也惊出了一身冷汗，立刻下诏，命夏侯尚所部即刻撤出江中岛。

不出董昭所料，就在夏侯尚接到诏令、匆忙撤退的同时，东吴水军已经在东、西两侧集结了两支舰队，正准备夹攻浮桥。

魏军人数众多，浮桥却十分狭窄，撤退时不免一片慌乱，几乎堵得难以通行。所幸，曹丕的命令来得非常及时，当东吴水军逼近浮桥时，夏侯尚所部刚好全部通过浮桥，安全撤到了北岸。

魏军将士惊魂甫定之际，回头一看，不禁又捏了一把冷汗——吴军大将潘璋早已准备了大量舟船，上面满载芦苇，只等靠近浮桥便纵火焚烧。

假如撤退命令晚到一步，浮桥必定被付之一炬，而夏侯尚的这支部队也必定会全军覆没！

十余日后，果然又如董昭所料，长江水位迅速暴涨，把江中岛完全淹没了。曹丕既后怕又感慨，对董昭道："你对这件事的判断，何其精准啊！"

不久，魏军军中突然爆发疫情，将士们纷纷病倒，战斗力大幅下降，曹丕知道再耗下去凶多吉少，只好无奈地发布了诏令，命三路大军全部撤退。

曹魏对东吴发起的这场声势浩大的全面进攻，就这样无果而终了。

差不多从这个时候起，魏、蜀、吴三国进入了一个为期数十年的战略相持阶段，因为通过夷陵之战和魏、吴之间的这场大战，所有人都逐渐看清了一个事实——如今鼎足而立的这三个政权，已经在某种程度上达成了战略均势，谁也不可能轻易吃掉谁，更不用说一统天下。

虽然从综合实力的角度看，还是曹魏最强，但这种强大却远远不足以让它在短时间内吞并其他两国，甚至都不足以让它彻底战胜其中任何一国。简言之，就是守则有余、攻则不足。

这八个字，对蜀汉和东吴也同样成立。

尽管东吴分别击退了来自蜀汉和曹魏的全力进攻，可这已经是它的国力所能承受的极限，所以不可能对二者展开大规模的反攻，充其量只能是在东线与曹魏进行旷日持久的局部交锋。

至于蜀汉，在夷陵惨败后，向东扩张遭遇重挫，从此便不敢再打荆州的主意了。它唯一能做的，就是修复与东吴的关系，然后向南稳定大后方，向北寻求突破。这正是后来由诸葛亮主导的战略。

如果说在曹操的全盛时期，"一统天下"仍然是有可能实现的一个目标，那么到了如今这个三国鼎立的时代，这四个字，已经越来越像一个不切实际、遥不可及的梦想了。

刘备逃到白帝城后，为了图吉利，将此地改名永安，取"永远平安"之意。

可是，这世上哪有什么永远的平安呢？

自从起兵以来，刘备几乎无时无刻不在面对各种危险，所谓的平安，或许就是这一个危险与下一个危险之间的短暂间歇罢了，何来"永远"？

更何况，即便刘备一路披荆斩棘，化解了所有的危险，到最后，总有一个危险是他无法化解的，那就是——死亡。

黄初四年春，刘备在战败的羞愤中抑郁成疾，一病不起。

二月，诸葛亮接到诏令，马不停蹄地从成都赶到了永安。三月，刘备病势沉重，陷入弥留。

一代枭雄，一位草根逆袭的王者，终于到了跟这个世界说再见的时候了，不论他有多少遗憾、多少不舍。

刘备把诸葛亮召到病榻之前，命他以丞相之职辅佐太子刘禅，并以尚书令李严为副手。

这对相知多年的君臣，在最后的时刻，执手相看泪眼，当然并没有“无语凝噎”，而是留下了一段简短却意义重大的对话。

> （刘备）谓亮曰：“君才十倍曹丕，必能安国，终定大事。若嗣子可辅，辅之；如其不才，君可自取。”亮涕泣曰：“臣敢竭股肱之力，效忠贞之节，继之以死！”（《三国志·诸葛亮传》）

这就是历史上著名的“永安托孤”（也称白帝托孤）。

刘备对诸葛亮说：“你的才干，超过曹丕十倍，必能安定国家，完成大业。如果刘禅可以辅佐，就请辅佐；如果他没有君主之才，你可以取代他。”

诸葛亮哭着说：“臣岂敢不竭尽全力，以忠贞之节报效，死而后已！”

这段对话，乍一看就是正常的托孤遗言，但仔细品味，其中有四个字，却与历史上大多数政治遗言截然不同，似乎大有深意，遂令千百年来的无数后人争讼不已，至今仍无定论。

这四个字就是刘备说的“君可自取”。

老皇帝托孤，却跟顾命大臣说，我儿子要是不成器，你就取而代之，自己当皇帝。

这种话，简直会把顾命大臣活活吓死。相信诸葛亮在那一刻，一定会汗流浃背，惶恐莫名。他当时流下的眼泪，如果说有七分是哀伤，那么另有三分，恐怕便是惊惧和惶恐了。

正因为刘备这话实在是超乎常理，所以他的动机就十分耐人寻味：刘备说这种话，究竟是出于真诚之心，以国家大事为重，希望诸葛亮“能者上位”，不必顾忌君臣之义，还是出于帝王权谋，忌惮诸葛亮的能力，所以既要托孤，又要防止权臣篡位，故而留此遗言终身震慑诸葛亮？

这两种针锋相对、水火不容的观点，历来都有很多拥趸，而且似乎都言之成理。

前者，以《三国志》作者陈寿为代表，他说：“其（刘备）举国托孤于诸葛亮，而心神无贰，诚君臣之至公，古今之盛轨。”（《三国志·先主传》）

很显然，陈寿认为刘备托孤完全是出自真诚之心。所谓“心神无贰”，强调的就是刘备之言纯属发自肺腑，绝无弦外之音，更不存在“权谋论”那种阴暗的动机，所以刘备与诸葛亮之间的君臣大义，才能成为古往今来的典范。

元代史学家胡三省、清代史学家赵翼，也都持类似观点。胡三省说：“自古托孤之主，无如昭烈（刘备）之明白洞达者。”赵翼也说：“千载下犹见其肝膈本怀，岂非真性情之流露！”

对刘备“永安托孤”进行阴谋论解读的代表，则非乾隆皇帝莫属。乾隆在《御批通鉴辑览》中说：“昭烈于亮平日以鱼水自喻，亮之忠贞岂不深知，受遗时何至作此猜疑语，三国人以谲诈相尚，鄙哉！”

这话的意思是：刘备跟诸葛亮平时常以鱼和水来比喻彼此的关系，可见刘备深知诸葛亮的忠贞，可为何托孤时要说这种猜疑的话呢？三国时代的人，大多崇尚诡诈之术，实在可鄙！

可能同样是皇帝，所以乾隆自认为更懂刘备的心思，于是习惯成自然地从帝王心术的角度来解读刘备的话，结论当然就是“猜疑”和“谲诈”了。

那么，当刘备说“君可自取”时，其背后的真正动机到底是哪一种呢？是出自真心，还是出自权谋？

我的答案是——两者兼而有之。

理由很简单：人都是复杂而矛盾的，刘备尤其如此。

我们在前文说过，刘备这个人，很难用一个固有的标签来界定他。你说他仁义，他确实有很多仁义之举；你说他诡诈，他确实也经常打着仁义之旗行权谋诡诈之事。

刘备为什么要行仁义？

因为这不仅出自他的天生性情，也是出于立身处世和现实斗争的需要。这一点我们在前文也分析过，像刘备这种草根出身的苦孩子，没有任何资源，只能以仁义立身创业，有意识地跟曹操、袁绍这些豪门子弟进行差异化竞争，才有可能拿到逐鹿天下的入场券。

刘备为什么要行权谋诡诈之事？

原因也一样，要想在乱世安身立命并且逐鹿天下，不懂权谋怎么混？不行诡诈之术怎么可能建立霸业？

所以，“高尚/卑鄙”“真诚/虚伪”“仁义/诡诈”这些通常看上去水火不容的品质，就可以水乳交融地结合在刘备一个人身上。甚至我们也可以说，这些矛盾的东西，同样存在于古往今来的许许多多政治人物身上。

弄清了这个前提，我们就不难得出一个结论：刘备托孤之时的心理状态不可能是简单而纯粹的。

首先我们必须承认，刘备与诸葛亮的确相知莫逆，否则既不会有“三顾茅庐”的千古佳话，也不会有刘备对关羽和张飞说的那句经典之言：“孤之有孔明，犹鱼之有水也。”此后又经过这么多年的并肩作战，两人之间更是结下了深厚的“革命情谊”。此外，对于诸葛亮的能力、才干和忠诚，刘备也是高度认可的。所以，刘备要托孤，诸葛亮必然是舍此无他的不二之选。就此而言，刘备的托孤之举当然是真诚的，因为他绝不可能把儿子和蜀汉基业托付给一个能力不足或忠诚度不够的人。

可与此同时，我们也不能忘记，刘备毕竟是一个皇帝，而且是在乱世之中草根逆袭的皇帝。这样的人，怎么可能没有复杂而深沉的帝王心术呢？

帝王心术的核心，其实就是对任何人，都不可能给予百分之百的完全信任。

这并不是说刘备不相信诸葛亮，而是刘备不相信人性。靠自己的本事拼杀出来的帝王，对人性都有很深的洞察，对于世事无常、人心善变更有着深刻的体认。所以，刘备相信诸葛亮的忠诚，与刘备担心诸葛亮未来有变成权臣的可能，这两者并不矛盾。或者说，即使是矛盾的，这两种心态也完全可以在刘备的心中并存。

古人常说“主少国疑”，意思是即位的君主年少，人心便会疑惧不安。刘备托孤的这一年，刘禅才十七岁，是典型的未经世事的少主。何况知子莫若父，阿斗生性懦弱、才具平庸，刘备不可能不清楚。这样的一个少主，搭配一个年富力强、能力出众的顾命大臣，其结果，就使后者极有可能成为架空君主的权臣。这在两汉四百余年的历史上可谓屡见不鲜。

对此，刘备必然会有所预见，也必然会感到担心。尽管所托付的这个人，是他一直以来都高度信任的诸葛亮；尽管眼下的诸葛亮，其忠诚度是无可怀疑的。可刘备不敢保证，此时德才兼备的诸葛亮，在大权独揽若干年后，其品德不会败坏，其野心不会膨胀。

所以，刘备索性把这层担心直接表露了出来。当然，表露方式是很委婉、很高明的，是推心置腹、充满真诚的。不管诸葛亮对“君可自取”四个字作何理解，理解到什么程度，总之刘备相信，诸葛亮在听到这四个字时，内心一定会感到极大的震撼，而且这种震撼必将伴随诸葛亮的一生——无论何时回想起来，都会觉得言犹在耳。

如果诸葛亮是始终忠贞不渝的，那么这四个字，就是对他的勖勉和鞭策。

如果诸葛亮有朝一日起了异心，那么这四个字，就是对他的敲打和震慑！

这就够了。

对于行将就木的刘备而言，他能做的，也只有这么多了。至于未来的蜀汉霸业会走向何方，未来的天下大势会如何演变，就不是他所能关心和左右的了。

托孤之后，刘备还给阿斗和另外两个儿子留下了一段语重心长的遗言。

> 人五十不称夭，吾年已六十有馀，何所复恨，不复自伤，但以卿兄弟为念。……勿以恶小而为之，勿以善小而不为。惟贤惟德，能服于人。汝父德薄，勿效之。（《三国志·先主传》注引《诸葛亮集》）

人到五十岁死亡，就不算夭折，我已经六十多岁了，还有何遗憾？我自己虽然无憾，但对你们兄弟甚是挂念。不要因为恶行很小就去做，也不要因为善事很小而不做。只有贤能和品德，能让人敬服。你的父亲德行不够，你不要效法。

后人从刘备的这段遗嘱中，摘出了两句为人处世的格言。这两句话从此成为流传千古的经典之语，至今仍然脍炙人口：勿以恶小而为之，勿以善小而不为。惟贤惟德，能服于人。

刘备对仁德的注重，于此可见一斑。作为一个草根逆袭的皇帝，刘备一生固然做过不少权谋诡诈的事，但作为一个性情宽厚的人，刘备仁德的这一面，却是毋庸置疑也不容抹杀的。

临终之际，刘备把次子刘永叫到床前，叮嘱道："我死以后，你们兄弟要像侍奉父亲一样侍奉丞相。"

曹魏黄初四年（蜀汉章武三年）四月二十四日，刘备病逝于永安，享年六十三岁，谥号"昭烈"。

盖棺论定之际，陈寿在《三国志·先主传》中给了刘备很高的评价。

> 先主之弘毅宽厚，知人待士，盖有高祖之风，英雄之器焉。……机权干略，不逮魏武，是以基宇亦狭。然折而不挠，终不为下者，抑揆彼之量必不容己，非唯竞利，且以避害云耳。

刘备气度恢宏，意志坚毅，性情宽厚，有知人之明，善待士人，具备高祖刘邦的风范和英雄的器宇。刘备在机变、权术、才干、谋略方面不及曹操，所以事业格局相对有限。然而，刘备能够百折不挠，始终不肯屈居曹操之下，是因为他料定以曹操的器量，终究容不下他，这不仅是为了争权夺利，也是为了不被曹操所害。

同年五月，太子刘禅即位，改元建兴，封诸葛亮为武乡侯，领益州牧，且"政事无巨细，咸决于亮"（《资治通鉴·魏纪二》）。

也就是说，从这一刻开始，蜀汉的一切政务，无论大小，全部都由诸葛亮裁决。

这一年，诸葛亮虚岁四十三，属于人生中的黄金时期，正是大干一番事业的年纪。上天在这一刻把蜀汉的这副重担交到他的手上，既是一种命运的偶然，也是一种历史的必然。

诸葛亮小刘备整整二十岁，所以刘备打下的基业，迟早是要交棒给他的。这一点，其实早在刘备当年三顾茅庐、在隆中与诸葛亮一起策划天下大计的时候，就已经注定了。

“先帝创业未半而中道崩殂，今天下三分，益州疲弊，此诚危急存亡之秋也……”

黄初四年的夏天，当诸葛亮扶着刘备的灵柩走在回成都的路上，这句话肯定是他当时的内心写照，只是后来才被他记录在了《前出师表》上。

属于曹操的时代，属于刘备的时代，都已经随着这些枭雄的离去消散于历史的尘烟中。接下来，将是一个属于诸葛亮的时代，以及即将与他同台竞技的司马懿的时代。

这一刻，胸怀天下的诸葛亮定然踌躇满志，同时也如临如履。

第七章

南征与北伐

三征东吴：曹丕劳师无功

诸葛亮刚刚总揽蜀汉大政，益州南部的蛮夷部落就蠢蠢欲动了。

带头造反的人，是益州郡（治今云南昆明市晋宁区）的地方豪强雍闿。此人先是杀了当地太守正昂，暗中归附东吴；不久蜀汉朝廷派来了新太守张裔，又被这家伙给绑了，送给了东吴。

东吴乐得在蜀汉的后院放火，便任命雍闿为永昌郡（今云南保山市）太守。此时的永昌郡还在蜀汉治下，所以东吴这一招纯属慷他人之慨——反正就是送雍闿一顶空头官帽，至于地盘嘛，当然是你雍闿自己去抢。

蜀汉的官员又没死绝，岂能让你说抢就抢?

永昌郡的功曹吕凯和府丞王伉马上带兵封锁了边界。雍闿进不了永昌郡，就命同乡孟获去煽动附近各部落的酋长，又先后拉拢了牂牁郡（治今贵州福泉市）太守朱褒以及越嶲郡（治今四川西昌市）的蛮夷酋长高定。一时间，各地蛮夷纷纷起兵响应，大有星火燎原之势。

此时的蜀汉正值国丧，诸葛亮知道不宜用兵，便暂时忍了下来，尽量以怀柔政策进行招抚。

招抚南方的同时，诸葛亮在内政、外交方面做了一系列工作。

首先，是“约官职，修法制”，即建立健全官员的任免制度，并修订各种法令规章。

其次，是“务农殖谷，闭关息民”，即加强农业生产，扩大粮食储备，并关闭边境，让民众休养生息。

最后，就是修复与东吴的外交关系。“联吴抗曹”是诸葛亮长期主张的外交战略，只可惜之前由于各种内外因素遭遇了严重挫折，蜀吴之间的关系也彻底破裂。然而如今，一切已时过境迁，关羽、吕蒙这些鹰派人士都不在了，连一心想夺回荆州、为关羽报仇的刘备都已撒手人寰，所以，是到了重新修复蜀吴关系的时候了。

蜀汉建兴元年（曹魏黄初四年）十月，诸葛亮派遣使臣邓芝出使东吴，来到了武昌。

一开始，孙权避而不见。因为他还没想好，到底是该联合蜀汉对付曹魏，还是该联手曹魏对付蜀汉。

邓芝看出了孙权的心思，便主动上表，说：“臣今日前来，也是为了吴国的利益，不光是为了蜀国。”

孙权这才接见了他，但说话很不客气，存心要让邓芝难堪。他说：“孤当然也愿意跟蜀汉重修旧好，但却担心你们君主幼弱、国土狭小、形势逼仄，难免被魏国所乘，无法自保啊。”

这就叫赤裸裸的鄙视，连修饰都省了。

邓芝却不以为意，从容答言：“吴、蜀两国，共据有四州之地（扬州、益州、荆州、交州）。大王是当世英雄，诸葛亮也是一代人杰；蜀国有山川之固，吴国有三江之险（长江、汉水、濡须水）。合两国之所长，互为唇齿，进可兼并天下，退可鼎足而立，此乃自然之理。大王如果归附魏国，魏国必然会希望大王入朝，且要求太子充当人质，若不从命，则以此为由进行讨伐，而我国也会趁此时机顺流东下。如此一来，江南之地，恐怕就不再是大王所有了。”

你鄙视我，我就威胁你，有来无往非礼也。

别以为我不知道你孙权的软肋：你跟我们可以平等结盟，但跟曹魏只能卑躬屈膝地称臣；我们不会拿你儿子当人质，可人家曹丕却会。

所以，不必耻笑我们“主弱国小”，想想你自己的处境吧。不跟我们结盟，你迟早会面临被魏、蜀两国东西夹攻的困境，只怕到时候后悔就来不及了。

这就是谈判和说服的艺术——不要去讲自己需要什么，而要关注对方需要什么；只要踩到对方的需求和痛点，他的理性自然会告诉他该怎么做。

果然，孙权被踩到痛处了。

他默然良久，最后只说了四个字："君言是也。"

于是，邓芝圆满完成了修复双边关系的使命，蜀吴联盟再度缔结。

东吴黄武三年（公元224年，曹魏黄初五年）夏，孙权也派出使臣张温出使蜀汉。"自是，吴、蜀信使不绝。"（《资治通鉴·魏纪二》）两国的邦交完全恢复了正常化。

在此期间，孙权越来越倚重陆逊。

与蜀国的许多外交事务，孙权都交给了陆逊，让他直接与诸葛亮接洽。当时陆逊驻守夷陵，离蜀汉较近，孙权索性把自己的印章多刻了一个，就放在陆逊那里。然后，每当有寄给蜀汉的国书，孙权都让陆逊过目，凡是他觉得拿捏不定的地方，就授权陆逊修改，改完重新缮写，再加盖孙权的印章，就直接发出去了。

很显然，在此时的东吴，陆逊已经越来越有"社稷重臣"的味道了。

不久，邓芝再次出使吴国，孙权这回跟他说话就客气多了，道："若将来天下太平（意指灭掉曹魏后），孤与贵国君主分治天下，不也是乐事一桩吗？"

这话一方面是客气、示好，一方面也有试探的意味——若真有那么一天，你我双方还能像现在这样相安无事吗？

邓芝淡淡一笑，道："天无二日，土无二王。假如消灭了曹魏之后，大王却未深刻认识天命，那么到时候，两国君主自当各施恩德，两国臣子也会各尽其忠，然后战鼓敲响，真正一统天下的战争，恐怕才刚刚开始。"

孙权没料到邓芝会把话说得这么露骨，不由大笑道："你可真诚实，岂不正是如此！"

在这个世界上，所谓的同盟，都是为了共同的利益暂时走到一起的。总有一天，昔日的盟友必定会因各自的利益而分道扬镳，甚至刀兵相见。

既然这个道理大家都懂，那又何必藏着掖着呢？索性打开天窗说亮话，也省去了那些假惺惺的外交辞令和暗戳戳的彼此猜疑。

得知吴、蜀两国“破镜重圆”、再度修好，曹丕就像一个打翻了醋坛子的“第三者”一样，怒不可遏，宣布要第二次讨伐东吴。

主不可以怒而兴师。

这个错误，曹丕已经犯了一次，可他显然并未吸取教训。

侍中辛毗连忙劝谏，道：“如今天下刚刚安定不久，我国地广民稀，此时用兵，臣认为不见得有利。当年，先帝虽屡次出动精锐，但每次到达江边，却很快就班师了。如今，我军的兵力并不比过去多，要想获胜，不是一件容易的事。今日之计，不如让百姓休养生息，大力开展屯田，十年后再来用兵，定可毕其功于一役，不必屡屡出师。”

曹丕冷冷道：“照你的意思，是不是要把这些事留给子孙？”

辛毗答：“昔日，周文王就是把讨伐商纣之事留给了武王，只因时机并不成熟。”

曹丕根本听不进去，旋即下达了战争命令。

黄初五年八月，曹丕命时任尚书仆射的司马懿留守许昌，然后亲率水军、乘坐龙舟，经蔡河、颍水进入淮河，抵达寿春（今安徽寿县）。九月，大军进抵广陵（今江苏扬州市）。

东吴立刻做出反应，一边在江面上集结了大量战船，一边采纳了大将徐盛的疑兵之计，沿长江南岸，搭建木架，外面裹上芦苇，做成假城墙、假城楼，从石头城（今江苏南京市西北）到江乘（今江苏南京市东北），连绵相接数百里，且在一夜之间全部完成。

此时江水正涨，江面波涛汹涌，曹丕来到北岸，望着江中帆樯林立的东吴水军，以及对岸绵延不绝的“百里长城”，不禁长叹一声，对左右道：“我们虽有强大的骑兵，却无用武之地，看这情形，无法攻击啊。”

兴师动众而来，可仗还没打自己就先泄了气，足见曹丕的出兵之举有多么草率。曹魏骑兵面对东吴水军本来就毫无优势，这早已是人所共知的常识，何须带着大军吭哧吭哧跑到长江边上，才来发出如此感叹呢？

正当曹丕面对长江天险一筹莫展之际，老天爷又突然发威，刮起了一阵暴风。曹丕乘坐的龙舟失去控制，在惊涛骇浪中颠簸漂荡，险些倾覆。

连敌人的面都还没见着，御驾亲征的曹丕就差点掉进江里喂了鱼。这样的惊魂一幕，令他原本便已所剩无几的斗志彻底丧失殆尽。

此时的曹丕已经在心里打退堂鼓了，可又找不到台阶下，只好问了群臣一个莫名其妙的问题："孙权会不会亲自来？"

群臣没看懂老板的心思，异口同声说："陛下御驾亲征，孙权恐惧，必以举国之师抵御，却又不敢把大军交给臣下，所以一定会亲自前来。"

这下尴尬了。

曹丕这么问的用意，其实是想让群臣回答说孙权不会来，这样他便可就坡下驴，以"棋无对手"、没有机会教训孙权为由，赶紧班师回朝。

最后还是精明的刘晔看出了老板的尴尬，便道："孙权以为陛下乃万乘之尊，必不会亲临前线，因此他一定会把防御任务交给将领，自己坐镇后方，肯定不会来。"

这台阶铺得就挺舒服了，不但说孙权不会来，还解释了孙权不来的原因，是因为他以为曹丕不会来。潜台词就是：如果孙权知道曹丕来，那他一定不敢不来。

总之这么一说，既给了老板台阶，又妥妥地保住了老板的面子，实在很有水平。

曹丕又装模作样地等了几天，然后便以"吴王不至"为由匆匆班师了。

如果说曹丕第一次大举伐吴，还算给孙权造成了一定威胁的话，那么这次御驾亲征，竟以如此潦草的方式收场，只能说徒然给孙权增加了笑柄。

经过这两次挫败，刘晔和辛毗都以为，曹丕一定会痛定思痛，总结经验教训，不会再轻易出兵了。可他们万万没想到，短短半年后，天子曹丕就在朝会上宣布，他要再一次亲征东吴。

这回，刘晔、辛毗都已心死，不愿再劝谏了。不过，还是有一个叫鲍勋的朝臣站了出来，极力劝阻。

这个鲍勋，就是当年曹操的老战友鲍信之子，时任宫正，相当于总监察长之类的。

他说："王师屡屡出征，却始终未能克敌制胜，只因吴蜀两国唇齿相依，凭借山川险阻，故而难以攻克。去年，陛下乘坐的龙舟在长江漂荡，几乎搁浅于南岸，圣躬陷入险境，臣下无不破胆，宗庙险些倾覆，此事足以成为百世之戒。如今，陛下又要劳师远征，每日的军费足有千金，国库虚耗，却徒然令敌人耀其兵威，臣以为万万不可。”

这就叫哪壶不开提哪壶。去年龙舟遇险的糗事，犹如曹丕心头的一道伤疤，他自己虽然牢牢记着，却恨不得把所有人的这块记忆都给删除掉。现在可倒好，你鲍勋竟敢在朝会上公然揭开这道伤疤，让曹丕的天子颜面往哪儿搁?

曹丕勃然大怒，当场把鲍勋贬为治书执法，然后正式下发了三征东吴的诏令。

黄初六年（公元225年）闰三月，战争令下达；五月，曹丕进抵魏国的水军基地谯县；八月，曹丕亲率舟师，自谯县出发，经由涡水进入淮河；十月，曹丕率大军进抵广陵。

有道是兵贵神速，可曹丕的这场亲征，其进军速度却让人十分困惑——从闰三月下令出兵，然后整整花了七个月的时间，大军才刚刚开到前线。

这样的速度，只能用龟速来形容。就算是步行，从许昌到广陵，恐怕也要不了七个月时间。对此，我们只能理解为，曹丕在此期间还在不断训练水师，所以这七个月，大多数时候是在练兵，而非行军。

然而，打仗是最讲究时机的。之所以说兵贵神速，一来是要让敌人没有防备，打他一个措手不及；二来是必须考虑到季节、气候、山川地形等自然条件，会因时间的推移而发生变化，从而对行军作战产生重大影响。

但是曹丕的这场亲征，完全不顾这两条战争的常识，一边练兵一边行军，磨磨蹭蹭，拖拖拉拉，其结果就是当他来到长江边上时，已经是天气严寒的冬季，而东吴军队更是严阵以待了。

当然，冬季也不是不能打仗，问题在于——冬季更容易出现不利于作战的因素。

也要怪曹丕运气不好，这年冬天，气温骤降，比往年冷了很多，以致原本一年到头哗哗奔流的长江竟然罕见地结冰了！

刚抵达广陵时，江面尚未结冰，曹魏的十几万水陆大军在江上和岸上一字排开，“旌旗数百里”，军容甚为壮观。曹丕身披甲胄，骑在高头大马上，“临江观兵”，胸中顿时涌起一片豪情，当即赋诗一首。诗名叫《广陵观兵》，开头是这么几句：

观兵临江水，水流何汤汤！戈矛成山林，玄甲耀日光。
猛将怀暴怒，胆气正从横。谁云江水广？一苇可以航……

必须承认，这诗写得还是很有水平的，可谓气象恢宏，英武豪迈，大有乃父曹孟德之风。中国文学史把曹操、曹丕和曹植并誉为“三曹”，视为建安文学的代表，不是没有道理的。

然而，尽管曹丕豪气干云，这回似乎是志在必得，可老天爷偏偏又跟他过不去——上回是用一场风暴把他耍得团团转，这回直接就让长江结冰了，看你“一苇杭（航）之”的牛还怎么吹！

望着原本滔滔奔流的江水，变成了一片白茫茫的坚冰，曹丕忍不住喟然长叹：“嗟乎！固天所以限南北也！”（《资治通鉴·魏纪二》）

苍天啊，你这是注定要用长江来分割南北啊！

没办法，由于曹丕“龟速行军”的失误，加上老天爷从中作梗，曹魏第三次大规模的东征，再度以“劳师无功”的结局黯然收场。

曹丕下令班师，然后带着陆军先撤。令人始料未及的是，就在曹丕北返的路上，竟然遭到了东吴的一次突袭。

这次突袭的策划者是东吴大将孙韶。他派部将高寿等人，率五百名敢死队员，于深夜埋伏在魏军的必经之路上，然后对曹丕的车驾发动了突然袭击。

魏军猝不及防，差一点就让高寿得手了。虽然魏军凭借人多势众，最后还是击退了高寿，但副车和主车车顶的羽盖竟然被高寿给劫走了，可见当时战况的惊险。

曹丕受到了极大的惊吓，同时也感到了极大的耻辱。

可以想见，如果天假以年，让曹丕多活个一二十岁的话，他一定会不遗余力地对东吴发动第四次、第五次乃至更多次的讨伐。

不过，人算不如天算。谁也没料到，在回到洛阳的短短五个月后，曹丕就驾崩了，时年仅四十岁。

七擒孟获：诸葛亮平定南中

就在曹丕第三次讨伐东吴的同时，诸葛亮也打响了平定南方的战役。

诸葛亮一直以来的战略目标和人生使命就是北伐中原，但在此之前，他必须先稳定自己的大后方。如果以雍闿为首的南方蛮夷始终在后院放火，诸葛亮就什么事也干不成。

所以，在总揽蜀汉大政将近两年、内政和外交都上了轨道之后，诸葛亮立刻发布了南征的命令，并决定亲自挂帅。

蜀汉建兴三年（曹魏黄初六年）三月，诸葛亮率领大军从成都启程，向南中（今云南、贵州及四川东南部）进发，时任参军的马谡送到了数十里外。

马谡是马良的弟弟（马良已在夷陵之战中死于武陵郡的五溪地区），因才智过人，擅长军事谋略，颇受诸葛亮赏识。此次出征，诸葛亮看他送了这么远，知道他一定有话要说，便道："你随我参议军事也有些年头了，这一次，有什么好的想法？"

马谡答道："南中的蛮夷部落仗着山川险阻、路途遥远，久已不服朝廷，纵然今日打败他们，明日他们便会复叛。如今，丞相欲以倾国之力北伐，征讨强敌曹魏，南方蛮夷知道我们内部空虚，便会越发猖獗。倘若要把他们消灭殆尽，以绝后患，既非仁者之心，且仓促之间也难以斩草除根。而用兵之道，攻心为上、攻城为下，心战为上、兵战为下，愿丞相此行，能收服南方蛮夷之心。"

事实上，"攻心为上"也是诸葛亮此次南征要达成的战略目的，当然不必等到马谡来提醒。不过，马谡能与他"英雄所见略同"，还是让诸葛亮甚感欣慰。

当年七月，诸葛亮大军攻入越嶲郡，所向披靡，每战皆克，很快就斩杀了雍闿、高定和朱褒。与此同时，诸葛亮另外派遣的两支偏师也进展顺利：一路由将领李恢率领，从益州郡攻入；一路由将领马忠率领，由牂牁郡攻入。最后，三路人马在南中成功会师。

面对蜀军犁庭扫穴般的强大攻势，孟获却毫无惧意，仍纠集余众负隅顽抗。

诸葛亮知道，孟获深受当地汉人和夷人的拥戴，要真正平定南方，必须搞定此人；而要搞定此人，与其从肉体上消灭，不如从心理上征服。

所以，诸葛亮向全军下达了命令：孟获这个人，必须生擒！

接下来，就是历史上著名的“七擒孟获”的故事，《三国演义》对此有十分精彩的演绎。不过，所谓“七擒七纵”的传奇故事，在正史中的记载却非常简略，大致过程是这样的。

诸葛亮下达生擒孟获的命令后，蜀军果然抓住了孟获。然后，诸葛亮故意带孟获参观蜀军军营，以显示蜀军部伍的严整。逛了一圈后，问他说：“这样的军队怎么样？”

孟获却一脸不屑，道：“之前是因为不知虚实，才会落败。如今承蒙盛情，让我观看了军营，如果只是如此，我要战胜你们，可谓易如反掌。”

一听他把牛皮吹得这么大，诸葛亮不禁笑了起来，当即就把孟获放了，让他整兵再战。

然后，史书只用一句话，就把这个生动曲折、扣人心弦的传奇故事一笔带过了：“七纵七禽，而亮犹遣获，获止不去，曰：‘公，天威也，南人不复反矣！’”（《资治通鉴·魏纪二》）

就是说，孟获前后一共跟诸葛亮较量了七回，却每回都被生擒。到最后一次，诸葛亮依然要放他走，孟获终于心悦诚服，反倒不走了，说：“明公天威赫赫，我们南中之人从此不会再造反了。”

“七擒孟获”的故事，其实在陈寿的《三国志》中本无记载。如今我们看到的这个版本，最早见于《华阳国志》，稍后见于裴松之为《三国志》作注所引的《汉晋春秋》，最后被司马光收录进了《资治通鉴》。千百年来，这个故事到底是不是史实、有几分是史实，一直是有争议的，迄今尚无定论。

首先，孟获在历史上是否实有其人，他到底是汉人还是彝人，历来就有争议。其次，即便孟获其人及其民族身份得到确认，可“七擒七纵”的故事到底是不是真的，也还有争议。有些学者就怀疑它是民间传说，不过也有学者认为，诸葛亮生擒孟获，没有杀他，而是以攻心为上，这件事应该是有的，只是后来的“七擒七纵”过于离奇，可能出自虚构。

不论孟获的故事是真是假，总之，诸葛亮“五月渡泸，深入不毛”（《后出师表》），彻底平定了南中，巩固了蜀汉的大后方，则是确凿无疑的史实。

平定叛乱本就不易，之后如何治理，以防死灰复燃，就更是一件困难的事了。

当益州郡、永昌郡、牂牁郡、越嶲郡悉数平定后，诸葛亮采取了一个大胆的办法，即起用了一批蛮夷酋长担任各郡县的官员。

用今天的说法，这就叫“夷人制夷，高度自治”。

可是，马上有不少人提出了异议，认为这些夷人不值得信任。诸葛亮则耐心解释了他这么做的理由。

其一，如果由朝廷直接委派官员，就必须配备军队，那么军队所需的粮秣给养就会成为一个难题。

其二，若只委派官吏，而不派兵驻守，那么，由于这些夷人的父子兄弟很多都死于这次叛乱，所以必然会起而报复，这将成为极大的祸患。

其三，朝廷派来的官员，与当地夷人之间，难免会互相猜疑：官员担心遭到夷人的报复，夷人同样担心遭到官员的镇压。如此，南中便永无宁日了。

最后，诸葛亮对这个“夷人制夷，高度自治”的政策进行了总结，说：“我的目的，就是既不留军队驻守，也无须耗费粮秣给养，同时还要达到稳定当地秩序、夷汉两族和睦共处的目的。”

后来的事实证明，诸葛亮施行的这个政策是完全正确的，“自是，终亮之世，夷不复反”（《资治通鉴·魏纪二》）。

在诸葛亮的有生之年，南中的夷人再也没有发动过叛乱。

平定南中，不仅实现了巩固大后方的战略目的，而且还有一个非常现实的好处，就是得到了大批财产和物资，如金银、丹漆、耕牛、战马，等等，从而在蜀汉之后的北伐发挥了很大的作用。

蜀汉建兴四年（公元226年，曹魏黄初七年）春，诸葛亮一回到成都，就立刻着手进行北伐的战备工作了。而不久之后，来自曹魏的一个重大消息，更是让诸葛亮坚定了北伐的信心。

这个消息就是——曹丕驾崩了。

黄初六年冬，当曹丕从陆路先行撤退后，水军仍有数千艘战船滞留在江淮一带，被坚冰所阻而动弹不得。

文武百官纷纷建议，干脆就让水军就近驻扎，展开屯田。只有尚书蒋济坚决反对，他说："这一带，东接高邮湖，北临淮河，一旦水势上涨，敌人的舰队很容易沿水路发动攻击，不可作为驻兵和屯田之所。"

曹丕采纳了蒋济的建议，并将数千艘战船全都交给了他，让他想办法解决。

蒋济旋即组织了大批工兵，一口气在精湖（今江苏高邮市北）一带开凿了四五条运河，将所有战船通过运河全部牵引到一起，然后修筑了一道水闸，阻断湖水，令水位升高，最后再开闸放水，终于令数千艘战船全部脱困，进入淮河，并安然回到了谯县的水军基地。

黄初七年正月，曹丕回到洛阳，颇为感慨地对蒋济道："对任何事情都不能不加以研究啊。之前水军受困，我一度打算烧掉一半的战船，幸亏有你设法挽救，而且还跟我差不多同时抵达谯县。回想你每次的建议，都甚合我意。从今往后，凡是讨伐孙权的大计，都由你来仔细思考和筹划。"

看曹丕的表态，似乎从此要开始重视朝臣的谏言了。可事实上，这也就是蒋济救出了水军，立了大功，他才这么说。曹丕这个人，其实是容不得逆耳之言的，而且还有一个很严重的缺点——睚眦必报。

就以鲍勋为例。

这位曹操的老战友之子，早年在魏郡当治安官的时候，抓过一个犯罪分子。当时曹丕还是太子，而鲍勋抓的这个人，是他的宠妃郭氏的弟弟。曹丕就替小舅子说情，希望鲍勋把人放了，没想到鲍勋竟然不给面子，还是依法把那个家伙治罪了。

经此一事，曹丕自然是对鲍勋怀恨在心。

曹丕即位后，鲍勋仍然没有学乖，好多次犯颜直谏，更让曹丕怒火中烧。之前曹丕要三征东吴，鲍勋又当面劝谏，就被曹丕给贬官了。

可仅仅是贬官，还是难解曹丕心头之恨。再加上此次东征又狼狈收场，曹丕憋着一肚子火无从发泄，于是新账老账一块儿算，借着一件芝麻绿豆大的小事，就命司法部门把鲍勋收监了。

司法部门先是判鲍勋五年徒刑，后来觉得太重，又改判为罚黄金两斤。曹丕顿时暴跳如雷，咆哮道："鲍勋非死不可，你们竟敢包庇纵容！把参与审判的司法官员全都抓到军法处，我要把你们这些老鼠全都埋进一个巢穴！"

曹丕的原话是："当令十鼠同穴！"（《三国志·鲍勋传》）

这话说得，实在是有些丧心病狂，完全失去了一个皇帝应有的理智和修养。

以钟繇、华歆、陈群、辛毗、高柔、卫臻等人为首的朝廷重臣们看不过眼，纷纷上表，力陈鲍信当年有功于太祖（曹操），如今鲍勋即便有罪，也应宽大处理。可是，曹丕一心要置鲍勋于死地，当然听不进任何人的话。

时任廷尉的高柔坚决不肯执行曹丕的诏命。曹丕怒不可遏，便使了一招调虎离山，一边传召高柔入宫，一边派人去了廷尉寺的监狱，直接就把鲍勋给杀了。

一位忠直敢言的功臣之后，就这样死在了曹丕蓄意报复的屠刀下。

曹丕挟私报复的屠刀一旦举起，是不会轻易放下的。紧接着，又有一个人险些步了鲍勋的后尘。

这个人就是曹洪，时任骠骑将军，封都阳侯。

论辈分，曹洪是曹丕的堂叔；论资历，曹洪是曹魏的开国功臣。而且当年曹操刚起兵时，被董卓的西凉铁骑击败，曹操被射落马下，就是曹洪拼死保护，才救了曹操一命。所以，不管从哪个角度来讲，曹洪似乎都没有理由成为曹丕的报复对象。

可是，曹丕还是把屠刀挥向了曹洪。

这到底是为什么呢?

说起来挺可笑的。事情还是源于曹丕当太子的时候，由于曹洪这人一向腐败，很会捞钱，家里富得流油，曹丕有一回手头紧，就想跟曹洪借一百匹绢。没想到，曹洪这家伙是个吝啬鬼，竟然不肯借。曹丕颜面大失，于是就把曹洪的名字也记在了报复名单上。

这回，杀完鲍勋，曹丕立刻想起了曹洪，便以曹洪的门客犯法为由，把他扔进了监狱，而且一下就判了死刑。

大臣们当然又是纷纷劝谏，可曹丕一概不听。

危急时刻，曹丕的亲娘卞太后站了出来，厉声责骂曹丕，说："当年要不是曹洪救了先帝，我们哪有今日？"

曹丕虽然不敢反驳，但也不肯放人，事情就这么僵持着。

卞太后忍无可忍，便去找此时已被曹丕立为皇后的郭氏，说："如果曹洪今天死了，我明天就命皇帝把你废了！"

郭皇后无辜躺枪，说起来也挺冤的，可她哪敢跟盛怒之下的老太后讲道理呀？没办法，郭皇后只能一把鼻涕一把泪地向曹丕哭诉，劝他放过曹洪。

曹丕被搞得心烦不已，只好赦免了曹洪的死罪。但是，死罪可免，活罪难逃。曹丕还是罢免了曹洪的官职，并剥夺了他的爵位和全部封邑。

曹洪就这样捡回了一条命。痛定思痛，他肯定会为当年的吝啬悔断了肠子。同时，他也一定会感到困惑——不就是区区一百匹绢吗，居然值得你一个堂堂皇帝下死手来报复？！

是的，曹丕的小肚鸡肠和睚眦必报，的确超出了人们的想象，也难怪会把他的亲娘卞太后气得连道理都不讲了。

假如老天爷再让曹丕多活几年，相信后面一定还会有人遭殃。也就是说，早年得罪过曹丕、被他暗戳戳记在报复名单上的人，一定不止鲍勋和曹洪。

所幸，对于这样一个几乎已经丧失理智的曹魏天子，老天爷终于出手进行了干预，提前把他召回“天庭”，让他做述职报告去了。

黄初七年五月，年仅四十岁的曹丕突然患上重病，一下就卧床不起了。

曹丕的嫡长子、时年二十三岁的曹叡，极为仓促地被立为太子。

曹叡是甄宓所生。他之所以直到曹丕病重的这一刻才被立为太子，与他母亲甄宓当年的失宠及最后的结局有关。

曹丕早年也是深爱甄宓的，但即位后，转而宠幸郭氏等其他嫔妃，故始终未立甄宓为皇后。甄宓遭到冷落，自然心怀不满，不免生出了一些怨言。郭氏觊觎皇后之位，就向曹丕吹枕头风，添油加醋地构陷甄宓。曹丕大怒，于黄初二年将甄宓赐死，旋即立郭氏为后。

母亲被赐死，曹叡自然也随之失宠了。曹丕把他的爵位降了一级，分明已无意立他为太子。不过，曹叡的幸运在于，郭皇后无子，于是曹丕把他过继给了郭皇后，如此一来，曹叡就依然还是嫡子。且曹叡很聪明，知道现在郭皇后是自己唯一的靠山，所以对她极其恭敬，从而讨得了郭皇后的欢心。

正因如此，曹丕才没有彻底冷落曹叡。有一回，曹丕带曹叡出去打猎，看见一大一小两头鹿，曹丕射杀了母鹿，然后命曹叡射杀子鹿。曹叡没有从命，而是忽然掉下眼泪，哽咽着说：“陛下已杀其母，臣不忍复杀其子。”（《三国志·明帝纪》注引《魏末传》）

这显然是一句双关语，表面说的是鹿，其实说的正是曹叡自己的命运。

曹丕闻言，心中某个柔软的地方瞬间被触动了。他恻然良久，最后，终于慢慢放下了手中的弓箭。

这一年五月十六日，曹丕陷入弥留，紧急传召中军大将军曹真、镇军大将军陈群、抚军大将军司马懿入宫，宣布遗诏，命他们三人为辅政大臣。

十七日，曹丕驾崩，谥号“文皇帝”。

同日，曹叡即位。数日后，追尊生母甄宓为“文昭皇后”。

盖棺论定之际，陈寿在《三国志・文帝纪》中给了曹丕这样一段评价。

> 文帝天资文藻，下笔成章，博闻强识，才艺兼该；若加之旷大之度，励以公平之诚，迈志存道，克广德心，则古之贤主，何远之有哉！

文帝曹丕有文学天赋，下笔成章，学识广博，才艺兼备。如果再有宽宏的器量，能以公平和诚意激励人，立定志向，保持正道，广施仁德，那么与古代的贤能君主比起来，也就不会相差太远了。

陈寿这段话，乍一看好像都是褒奖之词，但只要稍加品味，就知道他用的其实是寓贬于褒的“春秋笔法”。其中奥妙，就在于前半段是褒，后半段却用一个假设性的“若”字进行转折，然后就把所有贬义改头换面装了进去。换言之，后半段用的褒义词越多，就说明曹丕的缺点越多。

如果我们把“若”字拿掉，重新翻译一下，那么陈寿真正想说的话，其实是这样的：文帝曹丕的器量不够宽宏，不能以公平和诚意激励人，志向不坚定，无法保持正道，也未能广施仁德，所以跟古代的贤能君主比起来，还差得远呢。

至于前半段，说曹丕很有文学才华、学识广博等，的确是实情，也值得称赞，可关键的问题在于，曹丕的身份是皇帝，不是文人——当一个皇帝别无其他优点，只剩下文学才华值得夸的时候，他还是一个合格的皇帝吗？

换言之，夸一个皇帝不从治国才干上夸，而只夸他很有文学才华，这就跟夸一个文人不从文学才华上夸，却只夸他很会玩政治一样，与其说是在夸人，不如说是在拐着弯骂人。

千秋忠义《出师表》

黄初七年六月，曹丕暴病而亡的消息传到东吴。孙权大喜过望，遂趁曹魏国丧之际，亲自率军从武昌出发，进攻曹魏的江夏郡（治今湖北云梦县）；同时命诸葛瑾从江陵北上，进攻襄阳。

此时，镇守江夏的是魏国大将文聘，而坐镇襄阳的则是司马懿。一个是身经百战的宿将，一个是文武双全的重臣，所以，东吴此次出兵，基本上无机可乘，很难捞得着便宜。

风闻孙权御驾亲征，魏国的群臣倒是有些担心，便在朝会上纷纷建议，立刻出兵驰援江夏。可是，年轻的新君曹叡却颇为镇定，说："孙权善于水战，这次之所以敢从船上下来，改为陆地进攻，是想趁我们不备罢了。现在，文聘已经据城坚守，与孙权对峙。作为进攻方，其兵力若非数倍于我，终究是不敢久留的。"

曹叡的判断没错。此次出兵，孙权并非志在必得，只是想试探一下曹魏的虚实而已——若有机可乘，就捞一些便宜；若实在没机会，也就算了，并不强求。

所以，只要曹魏方面稍有可疑动向，孙权就绝不会冒险在坚城之下久留。

稍早之前，魏国朝廷派了一个叫荀禹的御史来前线劳军。巧的是，他刚到江夏，就碰上孙权攻城。荀禹便拉来附近县城的一些兵，连同自己的随从步骑，共计一千多人，举着火把在山上窜来窜去，故布疑兵。

孙权一看，以为是魏国援兵到来，担心腹背受敌，立刻解围而去。

而进攻襄阳的诸葛瑾那一路，则被司马懿击破，部将张霸被斩杀。另外，东吴还有一支偏师，也被曹真击破于寻阳。

相比于东吴的试探性进攻，此时的诸葛亮，则有着无比坚定的北伐决心。

蜀汉建兴五年（公元227年，曹魏太和元年）三月，诸葛亮用一年多时间完成了各项战备工作后，亲率大军，向汉中进发，拉开了第一次北伐的序幕。

临行前，诸葛亮命长史张裔和参军蒋琬留守成都，代他主持丞相府工作，同时给刘禅上了一道语重心长、言辞恳切的奏疏。

这道奏疏，就是中国历史上赫赫有名的《出师表》（也称《前出师表》）；

这篇文章，也是中国文学史上久负盛名的经典之作，千百年来备受后人赞誉。今全文收录于下。

先帝创业未半而中道崩殂，今天下三分，益州疲弊，此诚危急存亡之秋也。然侍卫之臣不懈于内，忠志之士忘身于外者，盖追先帝之殊遇，欲报之于陛下也。诚宜开张圣听，以光先帝遗德，恢弘志士之气，不宜妄自菲薄，引喻失义，以塞忠谏之路也。

宫中府中，俱为一体；陟罚臧否，不宜异同。若有作奸犯科及为忠善者，宜付有司论其刑赏，以昭陛下平明之理，不宜偏私，使内外异法也。

侍中、侍郎郭攸之、费祎、董允等，此皆良实，志虑忠纯，是以先帝简拔以遗陛下。愚以为宫中之事，事无大小，悉以咨之，然后施行，必能裨补阙漏，有所广益。

将军向宠，性行淑均，晓畅军事，试用于昔日，先帝称之曰能，是以众议举宠为督。愚以为营中之事，悉以咨之，必能使行阵和睦，优劣得所。

亲贤臣，远小人，此先汉所以兴隆也；亲小人，远贤臣，此后汉所以倾颓也。先帝在时，每与臣论此事，未尝不叹息痛恨于桓、灵也。侍中、尚书、长史、参军，此悉贞良死节之臣，愿陛下亲之信之，则汉室之隆，可计日而待也。

臣本布衣，躬耕于南阳，苟全性命于乱世，不求闻达于诸侯。先帝不以臣卑鄙，猥自枉屈，三顾臣于草庐之中，咨臣以当世之事，由是感激，遂许先帝以驱驰。后值倾覆，受任于败军之际，奉命于危难之间，尔来二十有一年矣。

先帝知臣谨慎，故临崩寄臣以大事也。受命以来，夙夜忧叹，恐托付不效，以伤先帝之明，故五月渡泸，深入不毛。今南方已定，兵甲已足，当奖率三军，北定中原，庶竭驽钝，攘除奸凶，兴复汉室，还于旧都。此臣所以报先帝而忠陛下之职分也。至于斟酌损益，进尽忠言，则攸之、祎、允之任也。

愿陛下托臣以讨贼兴复之效，不效，则治臣之罪，以告先帝之灵。若无兴德之言，则责攸之、祎、允等之慢，以彰其咎。陛下亦宜自谋，以咨诹善道，察纳雅言，深追先帝遗诏。臣不胜受恩感激。今当远离，临表涕零，不知所言。

综观此文，诸葛亮对刘备和蜀汉的忠贞之情，千载之下读之，依然令人感怀动容。全文仅六百余字，就有十三处提到“先帝”，可见在诸葛亮心中，他这一生只有一个使命，就是报答刘备的知遇之恩，并竭尽全力完成“北定中原”“兴复汉室”的大业。

然而，此时的蜀汉皇帝刘禅，却不像一个可以继承乃父遗志、光大蜀汉基业的人。

从诸葛亮对刘禅不厌其烦的叮嘱和劝诫中，我们不难发现，此时的刘禅（时年二十一岁），很可能已经有了一些令人不安的表现，如公私不分、赏罚不明、亲小人远贤臣，等等。换言之，诸葛亮很可能已经意识到，这位少主绝不是一个励精图治、奋发有为的帝王，充其量只能成为一个庸庸碌碌的守成之君。

所以，倘若诸葛亮不能在有生之年完成北定中原的大业，那么当蜀汉帝国真正交到刘禅的手上时，其前途和命运恐怕就堪忧了。也许正因如此，诸葛亮才会在这道奏疏中，表现出一种强烈的危机感和紧迫感。

这一年，诸葛亮已经四十七岁了。虽说正当盛年，但以古人的平均寿命而论，他肯定不敢指望自己还能活很久。事实上，诸葛亮也的确在短短七年之后，便因戎马倥偬、积劳成疾而与世长辞了。因此，诸葛亮才会在生命的最后这段岁月里，以一种“明知不可为而为之”的近乎偏执的姿态，不惜耗尽蜀汉国力，对强大的曹魏发动一次又一次的北伐。

说到底，这既是受内心的使命感和责任感的驱使，也是受到了“少主昏庸，国力弱小”这两大无奈现实的逼迫。

主动出击，锐意进取，或许还有一丝成功的希望，可若是守着益州的这一亩三分地，故步自封，苟且偷安，迟早会变成曹魏砧板上的鱼肉！

所以，诸葛亮别无选择。

这一点，在他于次年所上的《后出师表》的开篇，就已经说得很明白了：

“先帝虑汉、贼不两立，王业不偏安，故托臣以讨贼也。以先帝之明，量臣之才，故知臣伐贼才弱敌强也；然不伐贼，王业亦亡，惟坐待亡，孰与伐之？”（《三国志·诸葛亮传》注引《汉晋春秋》）

这段话的大意是：先帝当年，正是出于“汉、贼不两立，王业不偏安”的考虑，才把讨伐曹魏的大业托付给臣。以先帝的睿智，估量臣的才干，当然知道让臣去北伐就是以弱敌强。然而，若不北伐，蜀汉迟早也会败亡，与其坐等败亡，不如主动去讨伐敌人。

从诸葛亮的前、后《出师表》中，后人不但可以读出彪炳千秋的忠义精神，往往也能从其字里行间读出悲壮的气息。

之所以悲壮，正是因为“北伐”对诸葛亮而言，不仅是一种主动承担的使命，也是一种历史给定的、无法逃避的宿命。

得知诸葛亮大举出兵、进驻汉中，年轻的魏国天子曹叡坐不住了，立刻准备集结兵马，先发制人，对汉中发起进攻。

时任散骑常侍的近臣孙资及时劝阻了他。孙资从以下三个方面提出了不宜出兵的理由。

其一，当年曹操征讨汉中张鲁的时候，就曾在阳平关遭遇重挫，只是凭运气才转败为胜。后来，夏侯渊部被围，也是曹操亲率大军才救了出来。因此，曹操曾不止一次感慨道：“汉中简直就是上天为人间特设的地狱，而褒斜道则无异于一条五百里长的石洞。”可见汉中地势之险峻。

其二，曹操用兵如神，可面对蜀汉的崇山峻岭和东吴的长江天险，也知道难以逾越，所以从不逼迫将士尽死力，更不争一朝一夕之功，这就叫“见胜而战，知难而退”。

其三，主动进攻的一方，兵力通常要比防守的一方多出数倍。现在若主动进攻汉中，考虑到地形险阻的因素，所需的兵力和后勤人员就更多。到时候，就只能把长江沿线防备东吴的十五六万守军全都调到西线。如此一来，魏国的整个兵力部署就全乱套了，而且军费开支将非常巨大。

综合上述理由，孙资提出的对策是：命各路将领分别据守险要，以逸待劳。如此只需数年，魏国的国力就会比现在更加强大，而蜀汉和东吴会慢慢衰弱下去。

曹叡闻言，这才打消了主动进攻的念头，从此确立了只守不攻的战略。

诸葛亮进驻汉中后，并没有急着开战，而是先在“隐蔽战线”上跟曹魏交了一次手——对一位重要人物进行了策反。

这个人，就是当初从蜀汉叛逃曹魏的孟达。

此时的孟达，正驻守在新城郡的房陵县。此地位于魏、蜀、吴三国的交界地带，战略地位十分突出。若能把他争取过来，就可以从荆州方向威胁曹魏，策应诸葛亮的北伐行动。

可是，孟达既然已经跳槽，他还会跳回来吗？

诸葛亮是不会打无准备之仗的。早在战前，他便已掌握了孟达的情报，知道他如今在曹魏那边日子过得并不舒坦。

孟达当初降曹，一开始还是很滋润的，因为文帝曹丕很器重他，而曹魏重臣桓阶、夏侯尚跟他的私交也非常好。可后来，曹丕驾崩，桓阶和夏侯尚又先后病故，孟达在曹魏的靠山就全都没了。身为降将，本来就矮人一头，如今又没了靠山，在官场上就不好混了，难免遭人排挤。孟达惶惶不安，便又打起了跳槽的主意——要么跳回蜀汉，要么跳到东吴。

就在这时候，诸葛亮向他抛出了橄榄枝。

如此正中下怀，孟达随即开始与诸葛亮秘密通信。当然，像孟达这种人，是不会只找一条后路的。在与诸葛亮暗中联络的同时，他也跟东吴搭上了线，给自己同时准备了两条后路。至于最终究竟要跳到哪一边，就得看形势发展了。

对于孟达这种没有原则、毫无底线的精致利己主义者，诸葛亮自然也看得很清楚。所以，他是不会给孟达“待时而动”的机会的——北伐之战马上就要打响，战机稍纵即逝，岂能容你首鼠两端、犹豫观望？

为了迫使孟达尽快起兵，诸葛亮施展了谍战手法，派了一个叫郭模的部属，假装向曹魏的魏兴郡（治今陕西安康市）太守申仪投降，然后把孟达叛变的消息泄露了出去。

诸葛亮为什么选了申仪这个人？

因为他跟孟达有仇。

申仪就是曹魏原上庸太守申耽的弟弟。当年孟达是刘备这边的，奉命攻打上庸，申耽、申仪两兄弟扛不住，便投降了刘备。可没过多久，孟达投奔曹魏，掉过头来又打了一回上庸，结果刘封逃回成都，而申耽、申仪这哥俩只好硬着头皮又叛回了曹魏。

好你个杀千刀的孟达，有这么欺负人的吗？打了我们兄弟两回，害得我们在曹魏和蜀汉之间反复横跳，跳得脸都丢光了。现在你自己又要叛回蜀汉，做人竟然这么无耻。好吧，你自己要作死，那我就帮你一把，让你死得快点儿！

申仪立刻派出快马，把孟达要起事的消息密报给了朝廷。

孟达也不是吃素的。申仪的密报一到朝廷，马上就有眼线给他通风报信了。孟达大为惊恐，便打算提前起兵。

此时，司马懿正驻守宛城，离新城较近，朝廷便把收拾孟达的任务交给了他。司马懿马上给孟达写了封信，各种温言安抚，表示绝对不相信申仪的情报，让他放宽心。孟达见信，长长地松了一口气，于是起兵之事便又搁置了。

诸葛亮当然不能坐等，于是再三催促。孟达只好去信敷衍，说："宛城距洛阳八百里，距离我这儿有一千二百里。司马懿就算得到我起兵的消息，也要先上奏朝廷，然后等待诏命，这样一来一回，至少也要一个月。到时候，我的城防已经坚固，各军也都严阵以待了。何况，我所在的房陵地势险峻，司马懿必定不会亲自来，若是曹魏的其他将领来，我则毫不担心。"

孟达现在是脚踩魏、蜀、吴三条船，最终到底要上哪一条，这决心可没那么好下。所以，他只能采取拖字诀，拖到形势明朗的时候再做决断。

可是，孟达万万没料到，此时司马懿的屠刀已经向他砍了过来。

司马懿前脚刚发出那封忽悠他的信，后脚便率部南下，以急行军的速度向房陵进发了。临行前，诸将都认为孟达已经分别跟蜀汉和东吴取得联络，恐怕没那么好对付，应暂且观望，不宜马上出兵。司马懿却道："孟达是个没有信义的人，现在正狐疑不决，应该在他下决心之前把他解决掉。"

于是，短短八天后，司马懿就兵临城下了。

孟达大惊失色，赶紧写信向诸葛亮告急，说："我刚刚起兵才八天，司马懿就到城下了，没想到他如此神速啊！"

事实上，孟达不是刚刚起兵八天，而是直到城池被围才仓促起兵的。

当然，诸葛亮对此早有预料，所以已经提前派出了援兵。与此同时，东吴也向房陵派出了援军。

然而，诸葛亮打了提前量，司马懿同样没有落于后手。早在他从宛城出发之时，便已另外派出了两路打援的人马。所以，诸葛亮和东吴的两支援军，全都遭到了阻击。

这就叫棋逢对手。

诸葛亮和司马懿这对命定的冤家，尽管现在还没有正面交手，却已经通过孟达间接地较量了一回。

曹魏太和二年（公元228年）正月，司马懿围攻房陵十六天后，终于攻破城池，然后斩杀了孟达。

诸葛亮的策反行动彻底失败。

这次行动之所以功败垂成，首先，固然是因为孟达脚踩三条船，根本不是真心回归蜀汉；其次，司马懿这个对手太过强大，也是一个重要原因。

孟达的败亡，虽然对诸葛亮的北伐大计不会有太大影响，但还是给这场即将打响的大战蒙上了一层不祥的阴影。

“子午奇谋”与“西出祁山”

蜀汉北伐曹魏，首要目标就是关陇地区，即关中和陇右（也称陇西）。

从汉中进攻关陇，主要有东、中、西三条进军路线可供选择。

东路，从子午道穿越秦岭，可直趋长安。子午道开辟于秦末汉初，历来是关中与汉中、巴蜀之间的交通要道，当年刘邦在鸿门宴后，被迫由灞上到汉中就汉王位，走的就是子午道。三国时期的子午道，全长一千余里，其中八百里以上穿行在山间，而其核心路段“子午谷”，长六百六十里，地势尤其险峻，道路异常崎岖。相比于其他两条路线，这条路最难走，危险程度最高，但若出奇兵，可直接威胁关中重镇长安。

中路，走斜谷道，可进攻郿县。这里有两条河流，一条叫褒水，向南流入汉水；一条叫斜水，向北流入渭水。利用两条河谷开辟出来的道路，就是斜谷道，又名褒斜道。这条路虽然同样要穿越秦岭，但比子午道好走一些，所以在秦汉时期，由汉中向关中和长安运送物资，大多取此路，不取子午道。

西路，出阳平关，再出祁山，可进攻陇右。《三国演义》中所谓的诸葛亮“六出祁山”（其实真正出祁山只有两次），说的便是这条路。祁山位于今甘肃礼县东北，有“地扼蜀陇咽喉，势控攻守要冲”之称。相对于子午道和斜谷道，这条路要好走得多，既相对安全，又有利于后勤运输；但其缺点有二：一是绕了远路，二是只能威胁曹魏的西北边陲，离关中和长安太远，不足以对曹魏造成强有力的打击。

开战前，诸葛亮召开了一次军事会议，主要就是商议进军路线和相应的作战方案。时任丞相司马的魏延就是在这时候，提出了历史上著名的“子午谷奇谋”，即出动一支精锐，走最危险的子午道，出其不意，直取长安。

魏延之所以敢提出如此冒险的计划，首先是对自己有足够的信心，其次是对敌人有充分的了解。

此时，镇守长安的是曹魏的安西将军夏侯楙。

此人来头很大。他既是曹魏名将、开国功臣夏侯惇之子，又是曹操的女婿，娶了曹操之女清河公主，而且是文帝曹丕的发小，关系非同一般。所以曹丕刚一即位，就把镇守长安和关中的重任交给了他。

然而，来头大不等于本事大。这个夏侯楙，其实是个地道的纨绔子弟，“性无武略，而好治生”（《三国志·夏侯惇传》注引《魏略》），就是军事上一窍不通，却很善于经营家业。说白了，就是爱钱，也很会搞钱。除了贪财，夏侯楙还很好色，家里侍妾成群，所以跟清河公主的夫妻关系非常糟糕。

曹魏派这么一个毫无武略又贪财好色的家伙来镇守长安，对蜀汉而言不正是天赐良机吗？

因此，魏延便大胆地向诸葛亮提出了建议，说：“夏侯楙胆怯无谋，若给我精兵五千，带足五千人的口粮，从褒中（治今陕西汉中市西北）出发，沿秦岭东行，从子午道一路向北，不出十日，便可进抵长安。夏侯楙一看我兵临城下，必定弃城而逃。到时候，长安就剩下督军御史和京兆太守等一帮文官，不足为虑。至于粮秣给养，一部分取自长安军粮，一部分取自百姓，足以解决。魏国若想集结兵力，最快也要二十来天，而丞相亲率主力出斜谷道，可赶在魏国援军之前抵达。如此，则咸阳以西之地，便可一举平定。”

魏延摩拳擦掌，信心十足，可诸葛亮听完后，却当头给他浇下了一盆凉水，直接否决了他的提议。

诸葛亮认为，此计太过凶险，不如西出祁山，从相对平坦的大路进军，以常规作战方式扫平陇右，这才是可保无虞的万全之策。

众所周知，诸葛亮一生谨慎，所以他的这个战略计划，也是出于安全和审慎的考虑，与魏延的冒险奇袭之计，恰成鲜明对照。

那么，魏延的“子午奇谋”与诸葛亮的“西出祁山”，究竟孰优孰劣、孰是孰非呢？

这是一个历来争论不休的问题。迄今为止，支持魏延与支持诸葛亮的两派观点仍旧针锋相对，吵得不亦乐乎，谁也说服不了谁。

支持魏延的人认为，基于“蜀弱魏强”的客观事实，蜀汉要伐魏，就必须行险出奇，打闪电战，一举夺取长安，据有关中。由于关中在地理位置上居于关东与陇西之间，且长安本是西汉都城，又是东汉和曹魏时期的陪都，其政治意义非同寻常，一旦拿下长安和关中，既能斩断曹魏中央与陇西的联系，又能极大地振奋蜀汉的人心和士气，所以“子午奇谋”绝对是北伐的上上之策，可媲美当年韩信的“暗度陈仓”，却被诸葛亮弃之不用，实在可惜。

由此，持该观点的人顺理成章地得出结论：诸葛亮固然是伟大的政治家，但军事方面的才干却十分有限，谨慎有余而胆略不足，用兵只知“以正合”，不知“以奇胜”，以致一生中五次北伐都劳师无功，始终打不到曹魏的要害，只是徒然消耗蜀汉的国力而已。

支持诸葛亮的人则认为，子午谷一向被称为“死亡之谷”，其险峻程度超乎想象，历史上从未有人成功通过子午道袭取长安。即便魏延顺利通过，拿下长安，但此时的长安历经多年战乱，早已破败不堪，蜀军的粮秣给养一定会出问题。魏延想在无险可守的关中平原以战养战，难度太大；且曹魏的关东援军一旦反扑，其进军速度一定会比诸葛亮走斜谷道快得多，所以魏延凶多吉少。总之，“子午奇谋”属于不可能完成的任务，不仅是冒险，甚至可以说是荒诞。

反观诸葛亮的“西出祁山”，从战术层面上讲，进可攻，退可守，且路途虽远，但后勤运输更为便利，是既稳妥又可行的计划。若是从更高的战略层面上讲，则“西出祁山”几乎可以说是蜀汉集团多年规划的大战略。早在二十多年前，诸葛亮的“隆中对”就已提出，蜀汉的整体战略便是“跨有荆、益，西和诸戎，南抚夷越，外结好孙权，内修政理”。如今，除了“西和诸戎”这一项，其他战略目标基本都已达成。而诸葛亮所说的“诸戎”，指的就是陇右一带的羌人和胡人。由此可见，西出祁山，扫平陇右，其实是蜀汉集团早就确定的战略方向，也是势在必行的重大战略步骤，绝非诸葛亮的权宜之计或一时兴起的产物，更不能用“谨慎有余，胆略不足”来概括和评价。

总之，持该观点的人认为，正是因为蜀汉的国力弱于曹魏，才应该以“蚕食”之策稳扎稳打，步步为营，以陇西为北伐基地，由西向东渐次推进，而不能贸然出兵长安，企图一口吞掉关中。

综观上述两种观点，可谓见仁见智，各有各的道理。

然而，历史是无法假设的，我们不能因为魏延之策没有被采纳，就认为一旦实行定有奇效，就只盯着“子午奇谋”的各种亮点而无视诸多不利因素。同样，我们也不能因为诸葛亮在历史上的忠义形象而“为尊者讳”，一意替他的北伐战略辩护，而不去分析其最终失败的根本原因，或者对诸葛亮本身的局限性视而不见。

历史上，诸葛亮的北伐的确是失败了，我们固然可以探讨其失败的原因，也不妨追究他的决策失误和个人缺点，但不能据此认定，魏延的战略就一定能成功。同理，虽然历史上从未有人能通过子午道袭取长安，但我们也不能据此认定，魏延就一定不能。

结论好下，可出于假设的结论意义不大。对于历史上各种悬而未决的问题，包括这个蜀汉北伐的战略问题，固然可以争论、辨析，也可以拥有各自的立场和观点，但所有的争论和辨析，只是为了尽量廓清历史迷雾、厘清逻辑谬误，同时尽可能地从更为宽广的维度去接近历史真相。倘若立场和观点先行，那么所有人都可以从史料中找到对自己有利的证据，可这么做非但不一定能证明自己的正确，反而有可能窄化我们解读历史的视野。

因此，在关于蜀汉北伐战略这一千古争讼的问题上，我并不打算选边站队、拥护哪一方的观点。说到底，给出一个确定的结论是容易的，可有什么意义呢？

解读历史，重要的不是找到确定的结论，而是学会辨析和思考；有意义的，也不是拥有某种立场和观点，而是在容纳各种不同立场和观点的同时，获得一种全局性的视野，以及一种更透彻、更清明的理性。

诸葛亮确定了“西出祁山”的战略计划后，故意放出假情报，扬言蜀军要从斜谷道进军，进攻郿县，然后命赵云和邓芝进据箕谷（今陕西太白县），布下疑兵，吸引魏军主力。

曹叡得到情报，立刻任命曹真为“关中战区司令”（都督关右诸军），相当于撤换了花花太岁夏侯楙，然后命曹真率大军进驻郿县，严防死守。

见疑兵之计奏效，诸葛亮旋即亲率主力，西出祁山，进攻陇右，正式拉开了北伐曹魏的大幕。

自从刘备兵败夷陵后，蜀汉一直寂寂无闻，此刻突然倾巢而出，大出所有人的意料，魏国朝野无不震恐。而几年来养精蓄锐的蜀军一上战场，也展现出了非常好的精神面貌，军容齐整，号令严明，令陇右一带的曹魏官民颇为胆寒。于是，短短一个月内，魏国管辖下的天水郡、南安郡（治今甘肃陇西县东南）、安定郡便望风而降，相继归附了蜀汉。

三郡叛降的消息犹如一场飓风，自西向东席卷而去——传到关中，“关中响震”；传到洛阳，魏国大臣们也全都蒙了，“未知计所出”（《资治通鉴·魏纪三》）。

危急时刻，反倒是年轻的魏国天子曹叡显得颇为镇定，说：“诸葛亮一向躲在巴蜀的群山后面固守，如今却自己送上门来，要按兵法来看，诸葛亮必败无疑。”

不管曹叡是故作镇定还是真的有把握，总之在这个时候，皇帝自己是绝不能慌乱的，而曹叡的表现也没有让人失望。他立刻集结了五万精锐步骑，命大将张郃率领，即刻奔赴陇西，抵御蜀军。紧接着，为了安定人心、鼓舞士气，他又御驾亲征，赶到了长安坐镇。

应该说，诸葛亮的第一次北伐，开局是非常漂亮的，不但兵不血刃拿下了陇西三郡，且引起了魏国朝野上下的极大震动，颇有先声夺人之势。如果接下来能够稳扎稳打，不犯决策上的错误，那么这场北伐一定会大有斩获。

只可惜，诸葛亮还是犯了错误，而且是一个不可饶恕的错误。

他错用了马谡这个人。

前文说过，马谡此人还是有一些优点的，史称其“才器过人，好论军计”，所以诸葛亮对他非常器重。不过，马谡的缺点也很明显，就是眼高手低，只会纸上谈兵。刘备对此早有洞察，所以临终前特意叮嘱诸葛亮，说：“马谡言过其实，不可大用，君其察之！”（《三国志·马谡传》）

然而，诸葛亮却把刘备的话当成了耳旁风，照旧对马谡青睐有加。

平心而论，诸葛亮器重马谡，这本身并没有问题，不一定非得因为老板一句话就弃而不用。问题的关键，在于怎么用。像马谡这种人，最适合他的角色就是军事参谋，也就是在沙盘前比比画画，在帷幄中献计献策。事实上，诸葛亮一直以来也都是这么用他的。此次出征，诸葛亮就让马谡以“参军”之职跟随左右，然后天天“引见谈论，自昼达夜”。

如果诸葛亮始终把马谡当谋士用，就足以发挥其“好论军计”之所长，避开其“言过其实”之所短。这才是最高明、最妥善的用人之策。可诸葛亮错就错在，竟然脑子一热，把马谡放在了一个最不适合他的位置上。

什么位置？

前锋大将。

当时，军中的魏延、吴懿等人，都是身经百战的宿将。众人都认为，应该从他们当中挑选一人出任前锋大将。可诸葛亮却无视所有人的正确建议，偏偏把这个最重要的职务，交给了“言过其实，不可大用”的马谡！

刘备若九泉之下有知，恐怕会气得把棺材盖都踢开。

一个只会纸上谈兵、毫无实战经验的军事参谋，就这样被诸葛亮委以重任，然后率领各军，进驻街亭（今甘肃张家川县西北），负责抵御曹魏名将张郃，还有他的五万虎狼之师。

真实的战场绝非固定不变的沙盘，真实的敌人更不是任你摆弄的兵棋，不论你在帷幄之中的推演如何出神入化，真刀真枪的战争都会分分钟教你做人。

马谡率领大军一到街亭，整个人的状态就完全不对劲了，史称其“违亮节度，举措烦扰，舍水上山，不下据城”（《资治通鉴·魏纪三》）。也就是说，一到前线，马谡就把诸葛亮事先所做的指示抛诸脑后了，大有“将在外君命有所不受”的风范，然后给部众下了一堆命令，却都不得要领，让部众不堪其扰又无所适从；最后，他居然放弃了水源和城池，把大军拉到了街亭附近的山上安营扎寨。

也许，马谡这么做，是为了避免与擅长野战的魏军正面交锋，企图占据有利地形，居高临下遏制魏军，发挥蜀军打山地战的优势。这显然是一个军事参谋惯有的思维方式，应该说理论上没错。可要命的是，习惯了兵棋推演的人往往会忽略将士们吃喝拉撒的问题，所以马谡就把“喝水”这一看似最不起眼、实则性命攸关的细节给忘了——蜀军驻扎的这座山上，完全没有水源！

马谡犯了教条主义错误，可蜀军上下难道就没有一个脑子清醒的人吗？

当然有。部将王平就一再劝阻，指出此举的危险性，然而极度自负的马谡根本听不进去。

悲剧就此注定，再也无法挽回。

张郃大军一到，立刻发现了蜀军的这个重大失误。于是，经验丰富的张郃马上命人切断了附近的各处水源，然后安坐在大营之中，等到蜀军上下一个个渴得嗓子冒烟、浑身瘫软的时候，才命全军发起进攻。

这一仗的结果，可想而知。多日缺水、处于虚脱状态的蜀军毫无战斗力可言，一触即溃，四散逃命。估计，那些逃出去的蜀军士兵，第一时间肯定是去找水喝。

在大军崩溃之际，唯一一支建制完整、有序撤退的部队，就是王平所部。他率领麾下的一千余人擂响战鼓，严守营垒，以至张郃怀疑敌人设下埋伏，遂稍稍延缓了进攻态势。王平抓住这个时机，集合所部及各部的残兵败将，慢慢撤离了营寨，并安全回到了位于西县（今甘肃礼县东北）的诸葛亮驻地。

蜀军在街亭遭遇惨败的消息很快就传到了汉中，驻守箕谷的赵云和邓芝部难免军心动摇。曹真趁此时机发起反攻，赵云和邓芝不敌，只好撤出了箕谷。

不过，赵云毕竟是久经沙场的老将，虽然兵败，撤退时却有条不紊，所以兵员和物资基本上没什么损耗。事后，诸葛亮曾问邓芝：“街亭大军败退时，兵不顾将、将不顾兵，为何箕谷撤退时，部队建制仍能保存完好？”

邓芝答：“关键在于赵云亲自断后，而且粮草、甲仗等军需物资都没有丢弃，将士们自然不会慌乱。”

随着西线的主攻战场和东线的佯攻战场相继溃败，蜀军顿时陷入了进退失据的困境。

诸葛亮无奈，只好下令全线撤退。临走时，诸葛亮带走了西县的百姓一千余家，将其迁到了人口稀少的汉中安置。

诸葛亮的第一次北伐，就这样以轰轰烈烈的形势开局，而以损兵折将的溃败收场。

这么大的一口黑锅，自然得有人来背。而这个“背锅侠”，当然非马谡莫属。

街亭惨败，马谡肯定是直接责任人，这一点毋庸置疑。然而，当初无视所有人的正确意见，硬是把马谡推上前线的诸葛亮，难道不该背负更大的领导责任吗？从这个意义上说，难道不是诸葛亮害了马谡，同时葬送了这场北伐吗？

可最后的处理结果，却是诸葛亮挥泪斩了马谡，然后上书刘禅，轻描淡写地“自贬”了三级。

这里就有一个问题值得追问：马谡是不是非死不可？

事实上，在杀马谡之前，蒋琬就提出了质疑。他说：“天下未定而戮智计之士，岂不惜乎？！”（《资治通鉴・魏纪三》）

诸葛亮的回答是：“孙武之所以能制胜于天下，在于用法严明；晋悼公的弟弟杨干擅闯军营，大将魏绛便斩杀了他的仆人。如今四海分裂，大战刚刚开始，若是废弃了军法，如何战胜强敌？”

军法严明是对的，可因为打了败仗就杀头，显然过于严苛了。毕竟胜败乃兵家常事，若是败一仗就杀一将，不要说蜀汉本来就面临人才凋零的局面，即便是人才济济的曹魏，也经不起这么折腾。况且，真要如此严苛的话，身负领导责任的诸葛亮本人，是不是也该引颈就戮？

在重用马谡这件事上，诸葛亮本来就犯了拔苗助长的错误，根本没有给马谡一个逐步历练、慢慢成长的机会，一上来就让他挑重担，指望他打胜仗，而且是面对曹魏那种强敌，这不是异想天开，跟赌博无异吗？

现在马谡败了，恰恰证明诸葛亮用人的方法错了。这正是反思和自我检讨的时候。诸葛亮如果真的要从失败中吸取教训，就应该给马谡一个戴罪立功的机会，也给自己一个认识错误、改正错误的机会。

可诸葛亮偏偏把马谡给杀了，这其实不是执法严明，而是诿过塞责，是在用一个错误掩盖另一个错误。换言之，诸葛亮执意要杀马谡，与其说是为了维护军法，不如说是为了掩饰自己因用人失当而生出的内疚和自责，从而减轻自己的挫败感和负罪感。

此次追责，除了斩杀马谡外，将军李盛也被斩了，另有黄袭等人被剥夺了兵权，连赵云也被贬了，从镇东将军降为镇军将军。

令人颇感遗憾的是，回到成都不久，赵云就因病去世了。也就是说，在历史上被誉为“常胜将军”的赵云，人生中的最后一场仗，其实是以失败收场的。不过，最后这点小小的瑕疵，丝毫掩盖不了他身为一代名将的光芒。

在所谓的蜀汉“五虎将”中，关羽和张飞都有显著的性格缺陷；马超因不顾父亲及一大家人死活，一直遭人诟病；黄忠除了斩杀夏侯渊外，别无值得称道的事迹；似乎只有赵云，既有显赫战功，又有忠义品格，而且性格沉稳、行事谨慎，可以说是唯一一个在各方面都近乎完美的人。所以，后世也常把赵云称作“具有大臣局量的儒将”，的确是实至名归。

在处罚别人的同时，诸葛亮也象征性地“自贬”了三级，结果就是以右将军行丞相事，即职位降了，但丞相的职权却丝毫没有削弱。

这也没办法。此时的蜀汉，若没有诸葛亮总揽军国大政，恐怕连自保都成问题，还奢谈什么北伐大业。

全军上下唯一一个受到嘉奖的，就是之前曾劝谏马谡、之后又有序撤军的王平，被擢升为讨寇将军，封亭侯。

蜀军败退后，曹真一举收复了天水、南安、安定三郡。鉴于蜀汉在祁山一线遭遇惨败，所以曹真推断，蜀汉若二次北伐，极有可能兵出散关，进攻陈仓一线，遂命部将郝昭镇守陈仓，并大力修缮城防工事。

此次北伐，蜀汉可以说是颗粒无收。唯一让人感觉欣慰的是，之前天水郡归降时，郡中的一名参军投到了诸葛亮的麾下。

此人现在还默默无闻，但若干年后，却成了威震一方的蜀汉名将，也是在后诸葛亮时代独撑蜀汉大局的砥柱之臣。

他，就是姜维。

诸葛亮经过一番考察，对姜维的胆识和智谋颇为赏识，遂任命他为仓曹掾，并参与军事。

二次北伐，激战陈仓

蜀汉在西北对曹魏用兵，东吴的孙权自然也不会闲着。

此时，孙权的当面之敌，就是镇守合肥的魏国扬州牧、天子曹叡的族叔曹休。考虑到之前几次进攻合肥都劳师无功，孙权这回打算智取，设法引诱曹休出兵，再围而歼之。

如何才能让曹休出兵呢?

孙权找来了鄱阳郡太守周鲂，让他在山越人中物色一个曹魏熟知的山民首领，佯装投诚，诱使曹休南下接应。

周鲂说："山越首领，不过是些小人物，恐怕靠不住，万一事情泄露，曹休就不会上钩。我愿意担当此任，把我的亲人派出去，送信给曹休，声称我遭到打压，即将被诛杀，故而愿以全郡归降魏国，请求曹休出兵接应。"

孙权同意了这个计划，随后便跟周鲂演了一出苦肉计。

他接连派出好几拨钦差到鄱阳郡，以各种事由调查周鲂，故意把事态搞得很大；而周鲂则做出一副惊恐万状的样子，不但对自己施加"髡刑"，剃光了头发，还顶着一个光头跪在郡政府的大门口，连声向钦差谢罪。

这出"闹剧"很快便搞得尽人皆知。曹休先是收到了周鲂的信，本来还半信半疑，现在一看出了这档子事，遂深信不疑，旋即率领十万步骑南下，向皖县（今安徽潜山市）进发，准备接应周鲂。

为了配合曹休的行动，曹叡立刻命司马懿出兵攻击江陵，命贾逵出兵攻击濡须口，在三条战线上同时对东吴发起进攻。

东吴黄武七年（公元228年，曹魏太和二年）八月，孙权得到战报，立刻亲率大军，进驻皖县，然后命陆逊为大都督，以朱桓、全琮为左右督，各率三万人，严阵以待。

曹休刚走到半路，就得到了孙权进驻皖城的情报，这才意识到自己上当了。

可是，倘若现在打道回府，让曹休的一张老脸往哪儿搁?

仗着自己麾下有十万大军，曹休决定豁出去了，跟孙权玩一把大的，遂继续进兵。

孤军深入，两翼空虚，此乃用兵之大忌。吴将朱桓觉得这是天赐良机，赶紧向孙权建议，说："曹休不过是因曹魏宗亲的关系，才担任要职，本人并非智勇双全之名将。这一战，我相信他一定失败；而他一旦败逃，只有两条路线可走，一是夹石（今安徽桐城市北硖山），一是挂车（今安徽桐城市西南）。而这两条，都是险峻的窄路，只要派一万人，分别用树木石头把路堵死，就能歼灭敌军，生擒曹休。臣请求率部前往，将两条路全部截断。"

孙权也觉得此计可行，便咨询陆逊的意见。

不料，陆逊却直接否决了。孙权出于对陆逊的尊重，只好作罢。

事后来看，曹休败退之际，走的果然就是夹石道。只可惜，智者千虑，必有一失。吴军最后虽然赢了，但由于陆逊没有采纳朱桓的计策，所以白白错失了更大的战果。

当时，得知曹休孤军深入，魏国方面有不少人都觉得大事不妙。时任尚书的蒋济立刻向曹叡上奏，说："曹休深入敌境，与孙权的精锐正面对决，而东吴大将朱然等人据守长江上游，可乘机进攻曹休后背。臣认为如此境况，对我军极为不利。"

此外，时任前将军的满宠也上奏说："曹休虽然明智果决，但很少指挥大兵团作战。此次进军路线，背靠群湖，面对大江，易进难退，此乃兵法所谓的'悬挂之地'。曹休大军一旦进入无彊口（今安徽庐江县西），便应严密戒备。"

然而，还没等魏国朝廷对这些预警做出反应，曹休大军便已长驱直入，过了无彊口，进抵石亭（今安徽潜山市东北）。

陆逊的大军早已在此等候多时。

双方在石亭展开大战。陆逊亲率中军迎战魏军主力，命朱桓、全琮从左右两翼发动攻击。魏军由于长途奔袭，战斗力难免受到削弱，而吴军以逸待劳，且是主场作战，士气自然高昂。一番激战后，魏军渐渐不敌。曹休见状，只好下令撤退。

吴军在后面紧追不舍。

魏军撤至夹石道，人马辎重挤成一团，于是原本井然有序的撤退迅速演变成了一场大溃逃。吴军趁势发起猛攻，斩杀并俘虏了魏军一万多人，缴获辎重车辆一万余辆；魏军的粮秣、器械及一干军需物资，全部落入吴军之手。

若无意外，曹休本人也难逃此劫。

就在曹休拼死抵抗、近乎绝望之际，一支魏国援军突然杀到，救了他一命。

这支援军，就是原本计划进攻濡须口的贾逵所部。

当曹休孤军深入吴境之际，曹叡便急命贾逵迅速向曹休靠拢，以便策应。贾逵一接到命令，就知道曹休这回麻烦大了，对左右说："敌人并未在濡须口布防，说明大军都集结在了皖县一带，曹休深入敌境，此战必败。"

随后，贾逵率部水陆并进，急行二百余里，途中抓到了舌头，一问之下，才知曹休已在夹石遭遇惨败。众将一听，顿时傻了眼，纷纷建议就地驻扎，等待后方援军。

关键时刻，这个曾经在曹操去世之际全力稳定洛阳局势的贾逵，再度展现出了过人的胆色。他对众将说："曹休溃败，道路断绝，进不能战，退不得归，情势危急，恐怕支持不到天黑。不过，敌军以为曹休没有援军，才敢一路追击到夹石，我们若疾进，便可出其不意。敌军发现我们后，必然退走。如果在这里等待援兵，敌军便会据守关隘，切断道路。到那时候，就算援兵再多又有何用？"

紧接着，贾逵便率领部众，昼夜兼程赶往夹石，且沿途故意大张旗鼓，制造大批援军到达的假象。

吴军得到情报后，摸不清对方虚实，遂见好就收，主动撤出了战场。

贾逵迅速占领夹石。至此，被围困数日、早已断粮的曹休所部才得以死里逃生。

回到洛阳后，曹休主动上书谢罪。曹叡念在他的宗室身份，不予追究。可曹休自己却羞愤难当，没过几天，背部忽生恶疮，旋即一病而亡。

曹叡遂命满宠"都督扬州"，接替曹休坐镇合肥。

魏国在石亭之战中遭遇惨败的消息，很快就传到了蜀国。

诸葛亮大为振奋，马上决定要发动二次北伐。然而，此时距离第一次北伐失败还不到一年，群臣普遍认为，蜀国的元气尚未恢复，不宜再大举用兵。

为了说服群臣和刘禅，诸葛亮又写了一道奏表，这就是历史上与《出师表》同样知名、可谓之“双璧”的《后出师表》。

先帝虑汉、贼不两立，王业不偏安，故托臣以讨贼也。以先帝之明，量臣之才，固知臣伐贼，才弱敌强也。然不伐贼，王业亦亡，惟坐待亡，孰与伐之！是故托臣而弗疑也。

臣受命之日，寝不安席，食不甘味，思惟北征，宜先入南。故五月渡泸，深入不毛，并日而食。臣非不自惜也，顾王业不得偏全于蜀都，故冒危难，以奉先帝之遗意也，而议者谓为非计。今贼适疲于西，又务于东，兵法乘劳，此进趋之时也。谨陈其事如左：

高帝明并日月，谋臣渊深，然涉险被创，危然后安。今陛下未及高帝，谋臣不如良、平，而欲以长计取胜，坐定天下，此臣之未解一也。

刘繇、王朗各据州郡，论安言计，动引圣人，群疑满腹，众难塞胸，今岁不战，明年不征，使孙策坐大，遂并江东，此臣之未解二也。

曹操智计，殊绝于人，其用兵也，仿佛孙、吴，然困于南阳，险于乌巢，危于祁连，逼于黎阳，几败北山，殆死潼关，然后伪定一时耳。况臣才弱，而欲以不危而定之，此臣之未解三也。

曹操五攻昌霸不下，四越巢湖不成，任用李服而李服图之，委任夏侯而夏侯败亡。先帝每称操为能，犹有此失，况臣驽下，何能必胜？此臣之未解四也。

自臣到汉中，中间期年耳，然丧赵云、阳群、马玉、阎芝、丁立、白寿、刘郃、邓铜等及曲长、屯将七十余人，突将、无前、賨叟、青羌散骑、武骑一千余人。此皆数十年之内，所纠合四方之精锐，非一州之所有。若复数年，则损三分之二也，当何以图敌？此臣之未解五也。

今民穷兵疲，而事不可息；事不可息，则住与行劳费正等。而不及今图之，欲以一州之地，与贼持久，此臣之未解六也。

夫难平者，事也。昔先帝败军于楚，当此时，曹操拊手，谓天下已定。然后先帝东连吴越，西取巴蜀，举兵北征，夏侯授首，此操之失计，而汉事将成也。然后吴更违盟，关羽毁败，秭归蹉跌，曹丕称帝。凡事如是，难可逆见。臣鞠躬尽瘁，死而后已，至于成败利钝，非臣之明所能逆睹也。

在这篇雄文中，诸葛亮一开篇就以“先帝”的名义抛出了“汉、贼不两立，王业不偏安”的口号，从“继承刘备遗志”的政治高度给刘禅和群臣施加压力。

然后，他从六个方面分析了蜀汉必须北伐的理由。

其一，诸葛亮以汉高祖刘邦为例，说刘邦和帐下谋臣们都那么厉害，还不是要经历艰难困苦才取得成功？如今，陛下你的才干不及刘邦，我们这些谋臣也不如张良和陈平，怎么能指望与曹魏长期相持，然后啥事也不干就把天下平定了？

其二，他举了刘繇、王朗的例子，说这两人当初就是因为坐而论道，消极怯战，才使孙策坐大，最后吞并江东的。言下之意，蜀汉要是不作为，必然步刘、王二人之后尘。

其三、其四，诸葛亮接连搬出了“三国一哥”曹操，来为自己的北伐失利辩解。他说，就连曹操那种智慧超群、谋略过人、用兵足可媲美孙武、吴起的人，一生中也打了很多败仗，用人也屡屡失误，那大家凭什么要求他诸葛亮一出手就打胜仗呢？

其五，他谈到了兵力问题。自去年北伐以来，在不到一年时间里，以赵云为首的七十多位宿将相继去世，蜀军各部精锐也减员一千多人。这些都是刘备当年从四方招募的人才，不是益州一地所能提供的，再过几年，减员肯定更严重，到时候拿什么跟曹魏抗衡？

其六，关于军费问题。诸葛亮认为，北伐固然耗费甚巨，但就算消极防守，不也同样要花那么多军费吗？若不主动出击，仅凭益州一地的财政收入，要想跟国力强盛的曹魏打持久战，必输无疑。

最后，诸葛亮又以刘备当年的创业史为例，强调了“以弱胜强”的可能性，给刘禅和群臣打气鼓劲。当然，诸葛亮说了这么多，其实也是在给自己打气。因为谋事在人，成事在天，北伐到头来会是什么结果，谁也不知道。所以，诸葛亮说自己只能做到“鞠躬尽瘁，死而后已”，至于成败利钝，就不是他所能预料的了。

应该说，诸葛亮一再坚持北伐，在战略上是肯定没错的，因为国力弱小的蜀汉，只有自强不息才能避免灭亡的命运。而诸葛亮对国家的忠诚和对事业的坚贞，千百年来也感动并激励着无数后人，不愧为古代人臣的楷模。

然而，毋庸讳言的是，金无足赤，人无完人——诸葛亮在军事方面的才干，远远不及他在治国理政方面所表现出的能力，也远远配不上他“北定中原”“兴复汉室”的雄心壮志。

在《三国演义》中，诸葛亮被罗贯中塑造成了一个无所不能的全才，不仅足智多谋、料事如神，还可以呼风唤雨，简直是神一般的存在，以至历史上真实的诸葛亮，相对而言反而鲜为人知。无怪乎鲁迅会吐槽罗贯中，说他“状诸葛之多智而近妖”。

事实上，综观蜀汉的五次北伐，我们能够给予诸葛亮最好的评价，顶多也就是八个字：屡败屡战，坚韧不拔。倘若纯粹从军事能力的角度看，或许就只能用“乏善可陈”来形容了。

如果说第一次北伐，诸葛亮最大的错误还只是在“用人不当”上，那么接下来的第二次北伐，就没什么借口好讲了，其失败的原因只有一个——能力不足。

蜀汉建兴六年（公元228年，曹魏太和二年）十二月，诸葛亮发动二次北伐，率数万大军兵出散关，进围陈仓。

而这个进攻方向，早就在曹真的预料之中。经过将近一年的经营，此刻的陈仓城已是固若金汤。虽然守将郝昭的麾下只有一千余人，但对蜀军来讲，这座城池仍然是一块异常难啃的硬骨头。

蜀军试探性地进攻了几次，陈仓岿然不动。

诸葛亮决定用最小的代价拿下陈仓，便派了一个叫靳详的郝昭同乡，到城门下喊话，劝郝昭投降。

郝昭站在城头，大声回应道：“曹魏的国法，你很熟悉；我的为人，你最清楚。我荷国厚恩，且一家老小都在洛阳，叛降的后果是什么，不说你也知道。所以，你不必多言，我必与此城共存亡，请你回去向诸葛亮致谢，然后让他尽管来攻。”

靳详遂无功而返。

诸葛亮不死心，让靳详再去劝一次，说：“你就告诉他，就凭他那点兵力，肯定不敌，不要做无谓的牺牲。”

靳详只好硬着头皮又跑了一趟，转达了诸葛亮的话。没想到，这回郝昭不耐烦了，索性搭弓上箭，瞄准了靳详，厉声道：“该说的都说完了，我认识你，我的箭可不认。”

靳详吓得面无人色，慌忙一溜烟跑回了大营。

没办法，劝降不成，那就只能强攻了。诸葛亮自认为，自己大军数万，而郝昭只有区区一千余人，且曹魏援军不会这么快赶到，所以这一仗几乎是稳操胜券，陈仓必破无疑！

然而，郝昭及其部众的战斗力之强悍，以及抵抗之顽强，完全超出了诸葛亮的想象。

第一轮进攻，蜀军动用了“云梯”“冲车”等大型攻城器械。

在真实的古代战场上，云梯绝非我们在影视剧中常见的那种长长的竹梯，而是由三个部分构成：一、底部装有车轮，可以移动（所以准确的称呼应该叫“云梯车”）；二、车上配有防盾、绞车、滑轮等器具，可令梯身上下仰俯，倚架于城墙上；三、梯身顶端装有钩状物，用以钩住城墙上的雉堞，并可保护梯首免遭守军的推拒和破坏。

面对蜀军的云梯，郝昭的对策是用“火箭”，即在箭头后部绑附浸满油脂的麻布等易燃物，点燃后用弓弩发射。郝昭命部众用火箭射击云梯，结果云梯纷纷着火，上面的蜀军士兵都被活活烧死。

值得一提的是，中国历史上首次出现“火箭”一词，就是来自这场守城战。

云梯都烧毁了，蜀军只好用“冲车”撞击城门。郝昭的对策，则是用大石磨砸，而且石磨还用粗绳拴上，可以多次回收、反复利用，一个石磨足以对付好几十台冲车。

第一轮进攻彻底失败。

不过，诸葛亮并不气馁。仗着蜀军人多，诸葛亮决定从四个方向同时攻城。当然，前提是要先填平城墙下的壕沟。考虑到魏军弓弩的远程打击能力很强，诸葛亮便命人打造了数十座“井阑”。所谓井阑，即底部装有车轮、高度达到百尺的移动箭楼，弓弩手可以躲在里面，居高临下对敌人进行移动射击。

井阑一上，效果显著，蜀军很快就把魏军的弓弩手压制下去了，于是壕沟被迅速填平。第二轮进攻，看来马上就要得手。可是，诸葛亮万万没料到，当蜀军费尽九牛二虎之力攻上城墙时，蓦然发现——里面居然还有一圈城墙！

这不是见鬼了吗？陈仓什么时候多出了一座内城？战前的情报根本没提这茬啊！

里面的城墙，当然不是事先建好的，而是郝昭趁着蜀军打造井阑、填平壕沟的这些天，命部众和城中工匠临时修建的。如此一来，内城的防御线大为收缩，士兵的守备密度提升，抵抗力无疑变得更强了。

诸葛亮有些傻眼。

打外城已经耗费了不少时日，如今再打一遍内城，时间肯定不允许，因为蜀军带来的军粮有限，而且魏国的援兵很快就会到来。

所以，第三轮进攻，诸葛亮别无选择，只能打地道战。

郝昭很快察觉了蜀军的新动向，旋即采取了新的对策。

你挖竖的地道进来，我就挖横的地道拦截，而且一条横的就能截断你好几条竖的，看谁耗得过谁！

就这样，蜀军拼了老命挖掘的众多地道，无一例外全都被魏军给拦截了。

三轮进攻下来，诸葛亮使尽浑身解数，几乎把能想到的攻城战术全都用上了，可郝昭却兵来将挡、水来土掩，始终有办法破解诸葛亮的招数。

这场攻防战前后历时二十多个昼夜，蜀军将士累得精疲力竭，陈仓城却依旧纹丝不动。

此时，曹真早已派出将军费耀等大批援军，正风驰电掣地朝陈仓而来。

除了曹真的援军，魏国天子曹叡还亲自点将，命驻守方城（今河南叶县西南）的张郃即刻出征，驰援陈仓。

为了鼓舞士气，曹叡御驾亲临，前来为张郃饯行，然后问他：“待将军抵达，陈仓会不会陷落？”

张郃略为沉吟，胸有成竹道：“等我抵达时，诸葛亮恐怕早已撤军了。”

张郃之所以这么有把握，是因为料定蜀军的粮秣支撑不了多久。

果不其然，当张郃昼夜兼程赶赴陈仓，刚走到半道时，前方就传来消息，说诸葛亮已然解围而去了。

原本胜券在握的第二次北伐，再度以劳师无功的结局黯然收场。

数万大军对付一千余人，结果竟然打成这个样子，可谓颜面尽失，令人无语。

唯一的收获，就是蜀军撤退之际，曹魏将领王双率部追击，诸葛亮果断杀了个回马枪，斩杀了王双，总算是捞回了一点面子。

两次北伐，蜀汉均以优势兵力攻击曹魏，却接连失败，这其中固然有蜀军战斗力不及魏军的原因，但最根本的，恐怕还是蜀军的最高统帅诸葛亮的确不善用兵。

可是，诸葛亮即便明白自己的不足，又能怎么办呢？

除了告诉自己“尽人事，听天命”外，唯一能够告慰诸葛亮的，也许就是回顾刘备当年屡败屡战、屡仆屡起的创业史了。

既然当年先帝可以凭借这种顽强不屈、百折不挠的精神打出一片天地，那我诸葛亮为什么就不能用同样的精神去从事北伐大业呢？

蜀汉建兴七年（公元229年，曹魏太和三年）春，班师回到成都还没几天的诸葛亮，就出人意料地命部将陈式再度北上，兵锋直指祁山附近的武都、阴平（治今甘肃文县）二郡。

曹魏雍州刺史郭淮立刻从驻地上邽（今甘肃天水市）出发，南下驰援。

而让郭淮没有料到的是，他刚一出动，诸葛亮便亲率主力迂回到了建威（今甘肃西和县）。此地位于武都、阴平的北面，这就意味着，如果郭淮要南下援救二郡，势必把自己的后背暴露给诸葛亮，并陷入蜀军的包围圈。

得到情报后，郭淮无奈，只好放弃救援，撤回了驻地。

很快，诸葛亮便与陈式合兵一处，顺利攻下了武都和阴平。

这场战役，被视为诸葛亮的第三次北伐。此役虽然规模不大，且对曹魏的威胁很小，但总算是在接连败北之后取得的一场胜利，不仅让诸葛亮扬眉吐气了一回，而且一定程度上振奋了蜀汉的军心，意义还是不小的。

蜀主刘禅见诸葛亮好不容易打了胜仗，连忙恢复了他的丞相之职，以示嘉奖。

就在诸葛亮第三次北伐取得胜利之际，即当年四月，时年四十八岁的吴王孙权在武昌正式称帝，改元黄龙。

古人常说“天无二日，土无二王”，但在此刻的中国大地上，却足足有三个皇帝、三个朝廷，以及三个分庭抗礼的国家。

之前的魏、蜀、吴虽然实质上已经进入三国鼎立的状态，但名义上还不是完全对等的三个国家，毕竟孙权的“吴王”是魏国册封的，东吴在名义上仍是曹魏的藩属国。可随着孙权的称帝，名实相符的真正意义上的三国鼎立，就正式出现了。

历史在这里又掀开了新的一页。

滚滚长江东逝水，浪花淘尽英雄。是非成败转头空。青山依旧在，几度夕阳红。

过往的一切，就像一轮血色残阳渐渐落入了地平线。而金戈铁马、波澜壮阔的三国时代，仍将在未来的岁月里，持续演绎它的恢宏、浩荡和精彩。

（未完待续）